KB251152

조직신뢰

- 회사신뢰와 상사신뢰를 중심으로 -

조직신뢰

- 회사신뢰와 상사신뢰를 중심으로 -

이영석 著

머리말

오늘날은 물적 자본에 비해, ―인간의 지식이나 기술과 같은 개인단위의 인적 자본과 함께 사회적 자본인 신뢰가 조직의 성장과 운영에 있어서 더 중요하게 부각되고 있다. 그것은 급변하는 경영환경 속에서 신뢰가 경제적 번영의 원천으로서 그 중요성이 점점 커져가고 있으며 (Fukuyama, 1995), 사회를 원활하게 움직일 수 있는 윤활유와 같은 역할을 하기 때문이다(Whitney, 1994). 특히, 조직 내에서의 신뢰는 조직 내 구성원 간에 활발하고 긍정적인 상호 작용을 가능하게 하는 중요한 매개체이다. Shaw(1997)는 신뢰를 기적의 성분, 정화제, 결합자, 구성원들을 조직에 통합할 수 있는 접착제 등으로 말하고 있고, Covey(1994)는 신뢰가 효율적인 의사소통의 가장 본질적인 성분이며 모든 종류의 조직을 결합시키는 기본적인 원칙이라고 말하고 있다. 또한 Block(1993)은 신뢰를 조직성공의 본질적인 요소로 보았으며, 책임감, 작업설계, 역할, 기술의 변화와 계속적 향상을 가져오는 선행 요소라고 말하였다.

조직 내에 신뢰가 축적된 회사에는 구성원들 간의 자발성과 협력의 질이 높기 때문에, 구성원들로부터 이해와 협력(Scott, 1980), 몰입과 헌신을 보다 더 기대할 수 있어서 고성과 조직으로 성장해 나갈 수 있는 잠재력이 있다(Marshall, 1999). 신뢰는 개방적 태도, 위험을 감수하고자 하는 태도, 혁신적인 사고와 행동, 그리고 높은 수준의 협력을 가능하게 하는 본질적인 것이다. 신뢰는 조직의 성공, 팀 효과성, 대인간 협력, 개인적 신념 등의 네 가지 수준의 조직성과에 영향을 미치는 조직의 구조적 및 문화적 특징(Shaw, 1997)으로서, 신뢰가 없다면 조직은 빠르게 변화하는 경영환경에서 경쟁력을 갖기가 더욱 힘들어진다. 이러한 이유에서 산업현장에서는 조직 내 신뢰증진을 위한 교육 등 많은 노력이 이루어지고 있다(이영석, 1999).

조직 내에서 발생하는 신뢰는 구성원이 조직 실체에 대해 갖는 신뢰와 구성원 상호간에 발생하는 신뢰의 두 가지로 구분할 수 있다. 조직구성원이 실체에 대해 갖는 신뢰는 회사에 대한 신뢰와 부서 간의 신뢰가 있으며, 구성원 간에 발생할 수 있는 대인간 신뢰는 부하의 상사에 대한 신뢰, 상사의 부하에 대한 신뢰, 동료 간의 신뢰로 구분할 수 있다. 조직 내 신뢰유형을 다른 측면으로 보면 수평적 관계의 신뢰와 수직적 관계의 신뢰로 구분할 수 있다(McCauley & Kuhnert, 1992). 수평적 관계의 신뢰는 부서 간 신뢰, 동료 간 신뢰를 의미하며, 수직적 신뢰는 구성원이 회사나 하위 조직에 대해서 갖는 신뢰와 부하로서 구성원이 상사에 대해서 갖는 신뢰가 있다.

조직 내의 다양한 신뢰유형들 중에서 조직효과성에 많은 영향을 주는 것은 수평적 신뢰이기보다도 회사나 상사에 대한 수직적 신뢰인데, 이는 한국사회에서는 조직신뢰의 무게가 수평적 인간관계보다는 수직적 인간관계에 놓여있는 것과 관련된다. 더욱이 상급자 개인의 책임과 의무가 강조되는 한국사회의 위계화된 집단문화가 그대로 반영된 결과라고도 볼 수 있다. Nahan(1994)은 상사에 대한 신뢰와 조직에 대한 신뢰가 생산성을 증가시키고 효율성 증가에 중요한 요인이 됨을 주장하였다. 따라서 본 책에서는 조직에서의 수직적 신뢰관계인 회사에 대한 신뢰와 상사에 대한 신뢰를 중심으로 살펴보고자 한다.

구성원들의 회사에 대한 신뢰는 회사와 구성원 간의 일체감 형성, 경영진에 대한 믿음, 함께 일하는 사람과의 즐거움, 활기차게 일하는데 방해가 되는 불편사항이나 불만사항의 해소 등을 가능하게 해 주는 무언의 규칙으로서 작용한다. 수년간 지속되는 구조조정과 작은 기업으로의 변신, 가상조직에서의 기업 활동 등과 같은 기업조직 형태의 변화뿐만 아니라 연봉제 도입을 통한 성과주의 문화의 지향, 노사관계의 갈등 심화, 조직 내 지식경영의 중요성 확대, 직업안정성보다는 고용가능성을 추구하는 구성원들의 의식 변화, 이에 따른 이직의 증가 등 기업들은 오늘날 많은 변화를 경험하고 있다. 이러한 조직 내·외부의 환경변화에 능동적으로 대응하기 위한 공통적인 주제는 조직 내 신뢰를 어떻게 구축할 것인가 하는 문제이다.

한편 구성원들의 상사에 대한 신뢰는 부하와 상사를 함께 연결시키는 동시에 리더십의 정당성을 부여하는 척도이다. Shaw(1997)는 리더와 구성원의 사고나 마음에서 신뢰는 중요하고 근본적인 가치라고 말한다.

본 책에서는 '회사신뢰나 상사신뢰를 가져오는 결정적인 요인들은 무엇이고, 어떻게 이러한 신뢰를 증진할 수 있는가?' 하는 의문에 대한 대답을 제시하고자 한다.

이를 위해 회사신뢰와 상사신뢰의 개념을 보다 체계적으로 정립하고, 회사신뢰 및 상사신뢰에 영향을 미치는 결정 요인들과 결과변인들을 포괄하는 조직신뢰의 통합모형을 다룰 것이다.

목 차

표 목차

그림 차례

제 I 장 이론적 배경

제1절 신뢰란 무엇인가?

1. 신뢰의 정의

신뢰는 사회적 관계의 근간을 이루는 기반으로서, 사람들 사이에 관계가 형성된 곳이라면 어디든지 관심을 갖고 다루어져 온 주제이다. 많은 사람들이 일상적으로 '신뢰'라는 단어를 사용하고 있지만, 사람들마다 그 의미에 대해서 상이한 주관적인 해석을 가지고 있다.

신뢰에 대한 정의의 어려움은 일상생활에서뿐 아니라 학문적 연구에서도 나타난다. 지금까지 신뢰는 심리학, 조직행동, 인사관리론, 마케팅, 정치학, 경제학, 행정학 등 다양한 분야에서 연구되고 정의되어 왔으며, 이러한 이유로 신뢰가 조직의 효과성에 많은 영향을 미치는 중요한 개념임에도 불구하고 구성개념에 대한 일치된 정의가 없는 실정이다(Hosmer, 1995). 그러나 이렇듯 신뢰에 대한 여러 사회과학적 관점들 간에 통합이 결여되어 있음에도 불구하고, 신뢰를 명료하게 표현하거나 여러 관점들을 통합하려는 노력은 거의 없어 왔다(Lewicki & Bunker, 1995).

신뢰의 정의에 대한 고찰은 두 가지 측면으로 나누어 볼 수 있다. 첫 번째는 단일 차원적 정의로서, 신뢰의 속성을 무엇으로 보는가 하는 관점이다. 즉, 단일 차원적 접근은 신뢰를 태도(Attitude), 신념(Belief), 기대(expectation), 행동(Behavior), 특성(attribute) 중 어느 하나의 속성으로 정의한다. 두 번째는 신뢰의 다차원적 정의로서, 신뢰를 여러 속성들의 결합으로 보는 관점이다. 즉, 다차원적 접근은 신뢰를 여러 속성들의 결합으로 보고, 이를 인지적, 정서적, 행동적 차원으로 구분하여 정의한다. 따라서 이러한 두 가지 측면들을 중심으로 신뢰의 정의를 살펴보고 난 뒤, 최근 조직심리학자들로부터 널리 받아들여지고 있는 Rousseau, Sitkin, Burt 그리고 Camerer(1998)의 통합적 정의를 통해 본 연구에서 다루고자 하는 회사신뢰와 상사신뢰에 대해 정의하고자 한다.

1) 신뢰의 단일 차원적 정의

지금까지의 신뢰에 대한 정의들을 살펴보면, 첫 번째는 태도(attitude)로서의 신뢰를 정의하고자 하는 접근이다. 예를 들면, "상사가 성실하게 의사소통에 임할 것이라는 기대를 가지고, 민감하거나 개인적인 이슈에 대하여 상사들과 개방적으로 의사소통하는 것이 자유롭다는 지각"(Koys & DeCotiis, 1991), "관리자의 의도를 불신하고, 관리자의 능력을 의심하며, 관리자의 자기만족적 임금 정책에 분개하는 마음가짐"(Farnham, 1989) 등이 상사신뢰의 태도적 정의에 해당한다. 태도란, 특정의 대상이나 행동에 대하여 호의적인지 비호의적인지에 관한 전반적 감정(feeling)이나 사람들의 일반적 평가와 관련된 개념이다(Ajzen & Fishbein, 1980). 따라서 태도적 정의에서는 신뢰대상에 대한 전반적인 평가로서 신뢰를 정의하며, 양극 형용사를 이용하여 신뢰대상에 대한 전반적 호의도를 측정하려고 한다. 그러나 태도적 접근은 그 정의와 측정에서 신념이나 기대가 혼입되어 있다는 문제점을 가지고 있다.

두 번째는 신념(belief)으로서 정의하려는 접근이다. 예를 들면, "타인의 행동이나 말에 확신을 갖고 선의(good intentions)를 기꺼이 보이려는 정도"(Cook et al., 1980), "상사의 성실성, 인격, 능력에 대한 신념을 통해, 자신의 상사가 자신에게 확신과 지지를 보여준다고 지각하게 되는 것"(Mishra & Morrissey, 1990) 등이 신념적 정의에 해당한다. 신념이란 특정의 특성, 성질, 속성들이 사실이라고 여기는 정도이다(Ajzen et al., 1980). 따라서 그러한 속성들이 사실이라고 여기는 정도를 측정하게 되므로, 신뢰와 확신이 혼입되어 있다는 문제를 가지고 있으며(Swan, Trawick, Rick, & Richard, 1988), 신뢰 주체의 행동적 의도 측면을 포함하는 경우들도 있어서 Carnevale와 Wechsler(1992)는 일부 신뢰에 대한 신념적 정의는 너무 광범위해서 그것을 구성개념으로 보기 힘들다고 지적하였다.

　세 번째는 기대(expectation)로서 정의하려는 접근이다. 기대는 각각의 신념들이 개인에게서 갖는 특출성이 가중되어 나타나는 신념들의 총합으로서, 신념의 부산물이다(Ajzen & Fishbein, 1980). 따라서 기대로서의 정의는 그 속에 신뢰와 밀접한 관련이 있는 신념들이 포함되는 것으로, 어느 정도 사회교환이론(Blau, 1964)을 기반으로 한다. 예를 들어, Cummings와 Bromiley(1996)는 신뢰를 "상대방이 명시적이든 묵시적이든 약속에 따라 행동하기 위해 충실하게 노력할 것이며 상호간이 관계에서 정직하게 행동하고 또 기회가 되더라도 거래관계에서 거래파트너를 과도하게 착취하면서까지 이기적인 이익을 추구하지는 않을 것이라는 믿음의 정도"라고 정의하고 있다. 또한 Mayer 등(1995)은 신뢰를 "상대방을 감시하거나 통제하지 않더라도 상대방이 자신에게 중요한 어떤 행동을 잘 해낼 것이라는 기대에 근거하여 상대방의 행동에서 발생할 수도 있는 위험가능성을 기꺼이 수용하려는 것"이라고 정의하고 있다. 이러한 정의들은 신념, 태도, 행동의도를 모두 포함하는 일련의 신념들의 총합으로 기대를 나타내고 있으며, 신뢰 객체와 주체 간의 교환관계를 포함하고 있다.

　Barber(1983)는 매우 일반화되어 있는 기대의 개념 중 신뢰의 의미를 담을 수 있는 기대의 개념을 자연적이고 도덕적인 사회질서의 준수와 이행에 대한 기대, 사회체계 내에서 우리와 관련된 사람들의 역할에 관련된 기대, 상호관계 속에서 다른 사람의 이익을 자신의 이익보다 우선해야 할 의무에 대한 기대 등이라고 제안하였다. 이러한 기대들이 조직과의 신뢰, 대인간의 신뢰에 내포되어 있어야 한다는 것이다.

네 번째는 행동(behavior)으로서 정의하려는 접근이다. 신뢰를 행동적으로 정의하는 연구자들은 신뢰행동을 신뢰가 존재하는 증거라고 주장해 왔다. Zand(1981)는 "타인이 당신의 취약성(vulnerability; 내가 통제할 수 없는 사람에게 나를 맡기는 것)을 보호해줬을 때 얻게 될 혜택, 보상, 만족보다는 그 타인이 당신의 취약성을 보호하는 데 실패하거나 이를 남용할 때 입게 될 처벌, 손실, 박탈이 더 큰 상황에서, 그 사람에 대한 당신의 취약성을 기꺼이 증가시키는 것"이라고 정의하였다. 이와 관련하여 Zand(1981)는 '신뢰행동'이 관찰될 때가 바로 신뢰가 존재한다는 증거를 나타내는 것이라고 주장한다. 그러나 이러한 주장은 기질론 연구가 받는 비판(즉, 어떤 행동이 표면적으로 나타나면 실제로는 보이지도 않고 측정되지도 않음에도 불구하고 그것이 가설적으로 존재하는 '기질'에 근거하여 예측될 수 있다는 비판)과 동일한 비판을 받을 여지가 있다(Davis, Blake & Pfeffer, 1989). 직관적으로 높은 신뢰가 협력을 가져오고 낮은 신뢰가 경쟁을 가져올 것이라고 생각되지만(Zand, 1972), 협력이나 경쟁을 가져오는 원인은 신뢰 외에도 무수히 많을 수 있다. 따라서 이러한 접근은 신뢰의 발달과 다른 구성개념들 간의 관계를 설명하는 데 있어서 설명력의 한계를 갖게 된다.

다섯 번째는 특성(attribute)으로서 신뢰를 정의하는 것이다. 특성이란 교환대상의 특징을 말한다. 개인의 경우에는 그 사람의 신체적 능력이나 특징을 말하고 조직의 경우에는 그 조직의 역량이나 정책들을 말한다. 따라서 특성적 접근에서는 신뢰대상자나 신뢰 주체의 특성으로서 신뢰성(trustworthiness)을 조사하는 데 중점을 둔다. 예를 들어, Moorman, Deshpande 그리고 Zaltman(1993)은 신뢰를 신뢰대상의 특성에 초점을 두고 "상대방의 전문성, 신뢰성, 계획성으로부터 얻어진 것"이라고 정의하였고, Tway와 Davis(1993)는 신뢰를 신뢰 주체의 특성에 초점을 두고 "누군가 또는 어떤 대상에 대해 경계심을 갖지 않고 상호 작용하려는 준비상태"라고 정의하였다. 그러나 신뢰에 대한 특성적 정의는 이론적 및 경험적 한계를 갖는다. 먼저, 사회적 교환이론에 따르면 신뢰는 교환당사자들이 쌍방의 조건들을 필요로 한다는 점에서 어느 한쪽 대상의 특성에 초점을 맞추는 것은 옳지 않으며(Blau, 1964), 더욱이 경험적으로는 교환의 어느 한쪽 대상만의 특성으로 신뢰를 측정하게 되면, 상대편 특성의 분산이 모두 오차분산으로 간주된다는 점에서 문제점을 갖는다(Weidner, 1997).

지금까지 신뢰의 단일 차원적 접근에 대해 살펴보았다. 먼저, 신뢰의 단일 차원적 접근들은 신뢰의 어느 한 가지 특징만을 중심으로 신뢰를 정의하려 해왔으나, 신뢰의 복합적인 심리적 상태를 어느 하나의 특성만으로 설명하기에는 설명력이 부족하다는 단점을 극복하기가 어렵다. 이러한 이유에서 단일 차원 속성들을 인지적 속성, 정서적 속성, 행동적 속성으로 분류하여 이들 속성들이 결합된 다차원적 속성으로 신뢰를 정의하려 하는 것이 보다 타당하다 하겠다.

특히, 신뢰의 정의에 대한 특성(attribute)적 접근의 경우에는 신뢰하는 사람(신뢰 주체)이나 신뢰받는 사람(신뢰 객체)의 개인적 특성을 신뢰로 정의하려 하고 있으나, 최근 많은 연구자들은 이러한 개인의 특성들이 신뢰 자체라기보다는 신뢰에 영향을 미치는 요인들로 간주하고 있다. 즉, 신뢰 객체의 특성들(예, 능력, 성실성 등)은 신뢰의 기반 또는 선행 요소로 보고 있으며(김명언, 이영석, 2000; 김정호, 서용원 2000; 이주일, 2000; Mayer et al., 1995; McAllister, 1995), 신
뢰 주체의 특성들(예, 신뢰성향)을 신뢰 객체의 특성들이 신뢰에 미치
는 영향을 조절하는 조절변수로서 보고 있다(Mayer et al., 1995;
Rotter, 1967).

따라서 이상에서 살펴본 신뢰의 단일 차원 접근들 중 특성적 접근은
신뢰의 기반에 대한 논의에서 다루기로 하고, 특성적 접근을 제외한
다른 접근들을 중심으로 한 다차원적 접근에 대해 살펴보고자 한다.

2) 신뢰의 다차원적 정의

신뢰에 관한 단일 차원적인 정의와는 달리 신뢰가 다차원으로 구성
되어 있다는 주장들이 제기되어 왔다. 이러한 주장에는 신뢰가 인지적
요소와 정서적 요소의 이차원이라는 주장(Johnson-George & Swap,
1982; McAllister, 1995)과 인지적, 정서적, 행동적 요소의 다차원적인
개념이라는 주장(Lewis & Weigert, 1985; Zand, 1972)이 있다. 전자
의 입장에서는 신뢰를 상대방에 대한 인지적 선택과정과 평가적 태도
로 한정되는 데 반하여 신뢰가 행동의도까지 포함되어야 한다는 것이
후자의 입장이다.

신뢰의 인지적 차원이란 사회적 관계에서 대상에 대한 지식이나 신
념을 근거로 어떤 대상을 믿거나, 그 대상을 믿지 않을지를 결정하는
인지적 선택과정을 말한다. 어떤 신뢰대상에 대한 신뢰 여부는 과거의
경험, 지식, 그리고 상호 작용에 근거한 신뢰가능성에 대한 판단이 선
행되어야 한다. 다시 말해서, 신뢰란 신뢰할 만한 이유가 존재하여야
하는 것이다. 상대에 대해서 완전한 정보를 가지고 있을 경우는 확실성
으로 신뢰형성이 의미가 없을 것이며, 상대에 대해 완전히 무지할 때는
신뢰의 가능성은 아주 없기 때문에 신뢰가 의미가 없다. 신뢰는 어느

정도의 불확실성을 전제로 하기 때문에 인지적인 평가가 선행되어야 하는 것이다(Barber, 1983; Lewis et al., 1985). 신뢰 여부에 대한 인지적 판단과정에 영향을 미치는 다양한 '믿을 만한 이유'가 있지만, 인지적으로 상대방을 신뢰할 수 있기 위해서는 상대방과의 긍정적인 상호작용을 통한 경험이 먼저 형성되어 있어야 한다(McAllister, 1995).

신뢰의 인지적 차원은 합리적 예언(즉, 기대)을 가능하게 해 준다(Wicks, Berman & Jones 1998). 다시 말해, 신뢰의 인지적 차원은 딜레마 상황에서 미래에 발생할 수 있는 사건과 관련한 정보의 수집과 전달과정을 협동적으로 처리할 수 있게 해 주고, 계산적이어서 위험에 대비하는 기능을 하고, 위기상황에서 상호간의 취약성(vulnerability)을 이용하지 않을 것이라는 확신을 갖게 해 준다.

신뢰의 정서적 차원은 신뢰대상에 대해 좋아하거나 싫어하는 등의 긍정적 태도나 긍정적 기대에서 오는 느낌을 말한다. 정서적 차원은 상대방에 대한 정보와 지식에 근거하기보다는 일정 시점에서 나타나는 반응에 근거하는 경향이 있으며, 많은 경우 상호간에 형성되는 감정적, 정서적 유대감에 근거한다(Lewis et al., 1985; Clark & Pyane, 1997). 따라서 신뢰의 정서적 차원은 상호간에 감정적이고 정서적인 노력을 가능하게 하는 사회적 상황을 창출하여 상대방에 대한 배려와 관심으로 나타난다. 더욱이 이러한 유대는 상호간에 믿음으로 강화된다. 정서는 신뢰의 핵심이며 정서적인 유대감이 형성되어야 신뢰가 발전될 수 있으며, 이를 가능하게 하는 정서는 신뢰를 받는 사람이 호의를 지니고 있다는 믿음을 포함한다. 다시 말해, 신뢰에 정서 차원이 있음으로 인해 신뢰의 유지와 발전이 가능하다는 것이다(Wicks et al., 1998).

마지막으로, 신뢰의 행동적 차원은 사람들이 특정한 방식으로 행동하려는 의도를 말하는 것으로서, 신뢰에 대한 의존성을 증가시키고자 하는 의지로 볼 수 있다(Currall, 1990; Zand, 1972). 신뢰의 행동적

차원은 신뢰대상에 대한 긍정적 기대에 근거해 위험을 감수하겠다는
의지의 표현이며(Luhmann, 1979), 정태적인 심리상태에 그치는 것이
아니라 보다 적극적인 행동의 의지를 포함하는 것이다. 신뢰는 단순히
상대방의 신뢰로움에 대한 믿음을 갖는 것에 국한되는 것이 아니라,
그것이 이후의 행동으로도 일관되게 나타나야 한다. 결국 신뢰란 상대
에 대한 긍정적 기대감 혹은 인지적 판단일 뿐만 아니라 행동의 의지
까지 포함하여야 실체적 신뢰로서 온전한 의미를 갖는 것이다. 다시
말해, 신뢰의 인지적 및 정서적 차원을 넘어서 행동적 의지가 있어야
상대방에 대한 신뢰가 구체적인 행동으로 표출될 수 있다는 것이다.

지금까지 신뢰의 다차원적 접근에 대해 살펴보았다. 다차원적 접근은
단일 차원적 접근에 비해 신뢰에 대한 높은 설명력을 가지고 있다는
장점이 있다. 그러나 많은 연구자들이 일관성 없이 신뢰를 정의하고
측정해 온 까닭에 연구상의 많은 어려움을 겪어 왔다(Mishra, 1993).
신뢰에 대한 명확한 정의의 부족은 잘못된 명제와 이에 따른 잘못된
가설의 개발을 가져왔다(Weinder, 1997). 더욱이 지금도 신뢰를 측정하
고자 할 때 전반적 측정치 외에 구체적으로 어떤 차원(요소)을 가지고
신뢰를 측정해야 하는지에 대한 명확한 대안이 개발되지 못한 실정이
다. 다차원적 접근들이 갖는 이러한 문제는 신뢰에 대한 명확한 구조적
틀을 가지지 못한 채 임의적으로 신뢰를 정의하려 해온 관행에서 비롯
된 것이라 할 수 있다. 따라서 본 연구에서는 신뢰를 정의내리는 데 있
어서 보다 효과적인 다차원적 정의의 틀을 제공할 것이며, 이를 통해
이전의 연구보다 통합적이고 체계적으로 신뢰를 정의하고자 한다.

3) 회사신뢰와 상사신뢰의 정의

조직심리학자인 Rousseau 등(1998)은 최근에 신뢰에 대한 정의를

제시한 바 있는데, 이것은 현재 신뢰에 대한 가장 포괄적인 정의로 받아들여지고 있다. 이들은 신뢰를 "상대방의 행동이나 의도에 대한 긍정적인 기대를 바탕으로, 자신의 취약성을 수용하려는 심리적 상태"로 정의하고 있는데, 다른 정의들에 비해 체계적이고 명확하며, 방향성을 지니고 있고, 또한 전제조건을 설정하고 있다는 특징을 지닌다. 이들의 정의를 살펴보면, 신뢰의 정의에 포함되어야 할 몇 가지 구성요소를 찾을 수 있다: 1) 무엇에 대한 것인가(신뢰의 대상), 2) 무엇을 바탕으로 하는가(신뢰의 속성), 3) 무엇을 하는 것인가(신뢰의 결과).

구체적으로 살펴보면, 우선 신뢰의 대상이란, 신뢰 객체의 무엇을 신뢰하는가에 대한 물음이다. 신뢰는 신뢰하는 사람과 신뢰받는 대상 간의 상호 의존관계에서 발생되며(Barney & Hansen, 1994; Lewicki & Bunker, 1996), 이러한 상호 의존적 관계 속에서 쌍방은 서로 취약성을 가지게 된다. 만일 쌍방이 그러한 상호 의존적 관계를 지속할 필요가 없게 된다면 서로에 대해 취약성을 갖지 않게 되지만, 계속해서 그러한 관계를 유지해야 한다면 지금까지 상대방이 보여준 행동과 그러한 행동을 통해 지각된 상대방의 의도에 대해 많은 관심을 가지게된다. 따라서 신뢰의 정의에 있어서 상대방의 행동과 의도는 매우 중요한 의미를 갖는다.

둘째, 신뢰의 속성이란, 상대방의 행동과 의도에 대해 신뢰하는 사람이 지각하는 것을 의미한다. 지각(perception)이란 인지적 측면과 정서적 측면을 모두 포함하는 개념으로, 신뢰를 형성하기 위해서는 상대방의 행동과 의도에 대해 인지적 판단과 정서적 경험이 선행되어야 한다. 즉, 신뢰는 불확실성을 전제로 하므로 상대방의 의도에 대한 인지적 평가가 필요하게 되며(Barber, 1983; Lewis et al., 1985), 또한 상대방과의 행동적 경험을 통한 정서적인 유대감이 형성되어야 신뢰가 발전할 수 있게 되므로 정서 차원도 포함되어야 하는 것이다(Wicks et al., 1998). 따라서 신뢰의 정의 속에는 상대방에 대한 신뢰가 인지적 판단에 의한 것인지 또는 정서적 경험에 의한 것인지가 명확히 포함되어야 하는 것이다.

셋째, 신뢰의 결과란 신뢰를 통해 형성된 신뢰하는 사람의 심리적 상태를 의미한다. 신뢰는 상호 의존적 관계를 지속하고자 할 때 갖게 되는 자신의 취약성에 대한 행동의도를 포함해야 한다. 즉, 상대방의 행동과 의도에 대하여 긍정적인 정서와 인지적 평가를 갖게 되었다 할지라도, 관계를 지속하고자 할 때 경험하는 자신의 위험부담을 수용하려는 의지가 없다면 신뢰라고 할 수 없다(Lane, 1998). 이러한 심리적 상태가 신뢰를 확신, 기대, 협동, 예측성 등의 유사개념과 구별해주는 신뢰의 독특한 특성인 것이다. 즉, 확신은 위험이 전무한 경우이고, 기대는 위험이나 상호 의존성이 없어도 작동 가능하고, 협동은 신뢰가 필요조건이 아닌(일례로, 법적 강제력에 의해 행해질 수 있는) 행동이고, 예측성은 신뢰/불신을 증감시키는 하나의 요소이지 신뢰/불신 그 자체는 아닌 것이다(Mayer et al., 1995).

본 연구에서는 신뢰에 대한 Rousseau 등(1998)의 정의를 바탕으로 회사신뢰와 상사신뢰를 정의하고자 한다. 이들의 정의를 참조하면, 회사신뢰란 "회사의 정책실행이나 의도에 대한 긍정적인 기대를 바탕으로 자신에게 미칠 수 있는 위험부담을 기꺼이 수용하려는 심리상태"로 정의할 수 있으며, 상사신뢰란 "상사의 행동이나 의도에 대한 긍정적인 기대를 바탕으로, 자신에게 미칠 수 있는 위험부담을 기꺼이 수용하려는 심리적 상태"를 말한다.

2. 신뢰의 기능

그렇다면 조직에서 신뢰는 어떤 기능을 할까?

첫째, 신뢰는 조직 내에서 통제기능을 대체하는 기능을 한다. 조직에서 신뢰가 없다면 여러 가지 형태의 통제가 필요하게 된다. 그러나 높은 수준의 신뢰관계가 존재할수록 공식적, 비공식적 통제기제는 불필요하게 된다. 무엇보다도 기존의 공식적, 제도적 통제기제의 필요성이 감소할수록 신뢰구축의 순기능은 증가된다. Marshall(1999)은 "속도와 신뢰경영"이라는 저서에서 권위와 명령, 통제를 중시하는 계층적 구조의 기업을 계약기반 기업(transaction-based corporation)이라고 명명한 후 계약기반 기업에서는 권위와 통제가 주요 경영철학으로 활용되며 불신이 기업을 대표하는 특성으로 나타난다고 하였다. 이로 인해 조직 내 커뮤니케이션은 단절되고 구성원 간에 불안감이 발생하며 적극적인 업무추진이 어렵게 된다. 결국 업무에 필요한 정보가 공유되지 못하고 결과에 대한 주인의식이 결여되어 속도와 고품질 및 고수익을 기대할 수 없게 된다고 지적하고 있다. 반면에 상호관계의 질을 중시하는 관계기반 기업(relation-based corporation)에서는 신뢰가 조직문화의 중심으로 자리잡게 되어 상호 존중, 기업의 성실성, 고객 중심의 가치 등이 기업을 대표하는 특성으로 나타나게 된다. 이로 인해 구성원들은 수단이 아니라 목적으로 인식되며, 이러한 상호 존중이 구성원 간의 활발한 상호 작용을 가능하게 하여, 결국 높은 성과를 올리게 된다(Marshall, 1999).

둘째, 신뢰는 상호간 거래비용의 절감을 가져다준다. 상호간 교환관계에 있어서 신뢰는 일종의 사회적 추단율로 작용하여 거래비용과 노력의 감소를 가져다준다. 이 경우 신뢰는 당면한 딜레마적 선택상황에서 어떻게 반응해야 하는가에 대해 신속한 결정을 내릴 때 행위자가 용이하게 사용할 수 있는 일상적 단순법칙이 된다(Kramer, 1999).

셋째, 신뢰는 좋은 기업(good company)을 넘어서 위대한 기업(great company)을 만드는 원동력으로 작용한다(Collins, 2002). 신뢰가 높은 기업 조직은 구성원 상호간에 협력 증진(Shaw, 1997), 솔직한 피드백,

구성원 간의 높은 상호 영향력, 조직 또는 집단의 공동 목표달성에 대한 노력을 이끌어낸다(Ryan & Oestreich, 1998). 또한 신뢰는 구성원 간의 지식공유, 지식전이 등이 활발하게 이루어져 학습조직이나 지식경영의 효과적인 촉진에도 필수적인 요소가 된다(Fukuyama, 1995; 권석균, 이을려, 1999). Fukuyama(1995)는 이 같은 기능을 사회적 자산으로서 신뢰가 가지는 자발적 사회성(spontaneous sociability)으로 명명하고 있으며, Coleman(1990)은 물질적 자본이나 인적 자본과 대비하여 사람들 사이의 신뢰관계를 사회적 자본으로 명명하였다

3. 신뢰의 기반

신뢰는 대상이 지니는 어떤 측면에 기반을 두고 형성되는가? 이러한 물음에 대해 연구자들은 신뢰에 대한 정의의 다양성에 추가하여 신뢰의 기반을 여러 가지 하위범주로 분류하고 있다. McAllister(1995)는 신뢰의 두 가지 기반으로서 상대방의 역량이나 믿음에 대한 인지적 판단에 근거를 둔 인지기반 신뢰와 개인 간의 정서적 결속에 기반을 둔 정서기반 신뢰로 구분하고 있다. Lewicki 등(1995)은 계산기반 신뢰, 지식기반 신뢰, 동일시기반 신뢰로 구분하고 있으며, Sitkin(1995)은 신뢰의 세 가지 기반으로서 역량기반 신뢰, 호의성 기반 신뢰, 가치기반 신뢰로 구분하고 있다. Rousseau 등(1996)은 억제기반 신뢰(deterrence-based trust), 계산기반 신뢰, 관계기반 신뢰, 제도기반 신뢰로 구분하고 있다. Kramer(1999)는 조직 내에서 작용하는 신뢰의 기반들에 따라 나타나는 6가지 유형의 신뢰를 제안하였다. 기질적 신뢰(dispositional trust), 역사기반 신뢰(history-based trust), 제삼자기반 신뢰(third party-based trust), 범주화기반 신뢰(category-based trust), 역할기반 신뢰(role-based trust), 규칙기반 신뢰(rule-based trust)로 구

분하고 있다.

　김명언과 이영석(2000)은 이러한 신뢰기반을 다섯 가지로 요약하였
다. 첫째는 이익/손실기반 신뢰이다. 이것은 경제학자들이 주장하는
신뢰기반으로 합리적 선택이나 경제적 계산에 기초한 신뢰 지각이다.
두 번째는 호감정에 기반을 둔 신뢰이다. 이에 따르면, 신뢰는 신뢰하
는 자와 신뢰받는 자 간의 일정 기간을 통한 상호 작용 속에서 긍정적
감정과 기대가 조성될 때 형성된다. 셋째는 가치 동일시기반 신뢰이다.
이것은 일정 기간의 상호 작용 없이도 신뢰대상자가 신뢰자와 동일한
신념, 가치, 기본 전제를 지니고 있으면 신뢰가 주어질 수 있다는 점에
서 신뢰의 호감정 기반과는 구별된다. 또한 호감정은 정서적 기반인
반면 이 기반은 인지적 기반이다. 이 기반은 호감정 기반과 합해져서
'우리는 하나다'라는 강력한 유대감 인식을 형성한다. 네 번째는 능력
기반의 신뢰이다. 즉, 신뢰대상자가 신뢰하는 자의 기대를 충족시킬
수 있는 능력을 보유하고 있다고 인식할 때 신뢰가 높아진다. 다섯 번
째는 제도기반의 신뢰이다. 팀워크를 중시하는 조직문화, 권력의 남용
을 제어하는 법적 장치, 개인의 권익을 존중하는 사회적 규범 등은 신
뢰를 촉진하는 발판이 된다. 이 같은 제도적 신뢰기반은 이기적이며
기회주의적인 행동을 억제하는 통제적 기능도 병행해서 하게 된다. 따
라서 지나친 제도적 경직성은 오히려 신뢰형성의 걸림돌이 될 수도
있다.

　우리나라의 신뢰기반을 반추해 보면, 다섯 가지 기반들 중 앞의 세
가지 기반들이 주로 작동하고 있는 반면, 제도기반과 능력기반에서는
상당히 허약하다고 볼 수 있다. 특히 우리나라에서는 호감정과 동일시
기반의 복합기반인 연고적 신뢰기반이 서구문화권에 비해 강하게 작동
하고 있다(홍대식, 1998). 이 연고적 동질성에 근거한 신뢰는 선택적
정보처리와 자성예언의 메커니즘을 통해서 연고 밖의 사람들에 대한

과불신과 연고 내의 사람들에 대한 맹목적 과신뢰를 야기할 수 있다.

4. 신뢰의 발전과 붕괴

1) 신뢰의 발전

조직에서의 신뢰는 쌍방이 한 단계에서 다음 단계로 이동해 가면서 점진적으로 발전한다. 즉, 각 단계에서의 관계가 충분히 발전하여 성숙된 단계에 이르게 되면, 계산기반 신뢰로부터 지식기반 신뢰로, 그리고 동일시기반 신뢰로 이동하게 된다. 계산기반 신뢰는 신뢰를 어길 경우의 불이익이 신뢰를 유지함으로써 얻게 되는 이익을 초과하므로 신뢰를 하게 되는 경우를 말한다. 지식기반 신뢰란 상호 교류가 증가하면서 상대방에 대한 경험과 자료가 축적되어 상대방에 대한 예측가능성이 높아져서 상대방을 믿게 되는 경우이다. 동일시기반 신뢰는 상호간의 목표, 가치, 규범 등이 일치하는 것이 확인되면 서로를 대신할 수 있고 상대방이 나를 대변해 줄 것으로 믿는 것을 말한다(Lewicki et al., 1996). 그러나 모든 관계가 충분히 발전하지 않는다면, 신뢰는 계산기반 신뢰 또는 지식기반 신뢰 단계에서 더 이상 발전하지 않을 수 있다.

관계의 구축은 계산기반 신뢰 활동의 발전에서 시작한다. 이러한 활동들이 신뢰의 타당성(즉, 상대방이 일관적이고, 억제를 요구하지 않는다는 것)을 확신시켜 준다면, 쌍방은 상대방의 욕구, 기호, 우선순위에 대한 지식적 토대를 발전시키게 되고, 이러한 정보가 축적되어 상대방의 행동을 정확히 예측할 수 있게 되면, 쌍방의 관계는 지식기반 신뢰로 이동하게 된다. 쌍방이 서로에 대해 더 많이 학습하게 됨에 따라, 강력하게 서로의 욕구, 기호, 우선순위를 동일시하게 된다. 어느 하나의 속성에 대한 동일시는 더 많은 정보에 대한 탐색을 이끌게 되고, 그 결과 서로에 대해 동일시할 수 있는 더 많은 차원들이 나타나게 된다. 그러나 조직에서는 관계의 대부분이 지식기반 신뢰 단계에 머무르게 된다. 그것은 쌍방 중 어느 한쪽이라도 지식기반 신뢰를 넘어서기 위해 투자할 시간이나 에너지가 부족하거나, 더 밀접한 관계를 바라지 않을 수 있기 때문이다.

2) 신뢰의 붕괴

관계가 시작되는 시기인 계산기반 신뢰 단계에서는 상대방이 어떤 사람인지에 대한 확신이 없기 때문에 신뢰는 매우 깨지기 쉽다. 이러한 관계에서, 쌍방은 상대방에 대한 신뢰가 가져올 위험의 정도에 대해 주의하게 되며, 따라서 어느 한쪽이 신뢰를 파괴한다면, 그 관계는 빠르게 '급류'를 타고 추락할 수 있다. 그러나 이러한 단계에서는 신뢰가 깨진다 할지라도, 실망할 수는 있지만 감정이 상하지는 않게 된다.

신뢰의 수준이 향상되어 지식기반 신뢰 단계에 이르게 되면, 신뢰의 파괴는 보다 쉽게 나타나지 않는다. 이 수준에서의 신뢰 파괴는 상대방의 신뢰 파괴 행동이 그 사람의 자유로운 선택에 의해 이루어졌다고 지각될 때에만 나타나게 된다. 만일 그 사람의 행동이 상황적 요인들에 의해 통제되었거나 또는 다른 원인에 의한 인과적 설명이 가능할 때에는 신뢰의 파괴가 나타나지 않는다(Bies, 1987). 그러나 상대방의 행동이 그 사람의 자유의지에 의해 이루어졌다고 지각되면, 상대방에 대한 자신의 지식기반과 인식의 변화가 일어나게 되고, 그러한 경험은 상대방을 신뢰하려는 의지를 없어지게 할 수 있다. 결국, 자신이 상대방을 잘 알고 있다고 생각하여 상대방을 신뢰할 수 있었으나, 기대의 좌절은 자신이 상대방을 잘 알고 있지 못하다는 생각을 갖게 하고, 따라서 상대방에 대해 잘 알고 있다는 느낌이 회복될 수 없다면, 그 관계에서의 신뢰는 계속해서 쇠퇴하거나 깨질 수밖에 없게 된다.

　마지막으로, 동일시기반 신뢰 관계에서의 신뢰 파괴는 중요한 관계 변형 사건일 수 있다. 이 수준에서의 신뢰는 정체성 공유와 동일시에 토대를 두기 때문에, 신뢰의 파괴는 공동의 관심과 믿음을 저버리는 행동이다. 이러한 신뢰의 파괴는 그 관계의 토대인 가치들을 건드리는 것으로서 도덕적 파괴감을 창출한다. 또한 관계의 구조를 분열시키게 되므로 회복하는 데 많은 시간과 노력이 들게 되고, 회복한다 할지라도 그 관계의 구조가 결코 예전과 같게 유지될 수는 없다. 그러나 동일시기반 신뢰가 쉽게 깨지는 것은 아니다. 강한 동일시기반 신뢰 관계는 계산기반과 지식기반의 관계 측면들에 대한 강력한 도전을 견딜 수 있다. 즉, 계산기반 수준의 신뢰나 지식기반 수준의 신뢰를 파괴할 만한 사건들이 발생한다 할지라도, 쌍방 간의 관계가 동일시기반 수준의 신뢰관계를 형성하고 있다면, 두 사람 간의 신뢰는 변함이 없게 된다. 둘도 없는 친구 사이가 약속시간에 늦었다거나 예상 밖의 행동을 한다고 해서 깨지지는 않는 것과 마찬가지다.

제Ⅱ장 예비 연구 1: 회사신뢰의 결정 요인 탐색

제1절 연구 목적

지금까지 신뢰에 대한 연구들은 대부분 대인간 신뢰에 초점을 두어 왔으며, 상대적으로 회사에 대한 신뢰(즉, 회사신뢰)를 연구한 사례는 극히 드물다. 회사신뢰에 대한 초기의 연구로는 Hart, Capps, Cangemi, 그리고 Cailouet(1986)의 연구를 들 수 있다. 이 연구에서 밝혀진 회사신뢰의 구성요소로는 사전조사 결과 안전한 작업조건, 직무 안정성, 정보공유, 표현의 자유, 정확한 의사소통, 공정성, 예측가능성, 작업 관련 의사결정, 경영의사결정에 참여, 자신감의 표현, 관계구축, 목표에 대한 지지 등이 수집되었으며, 이를 토대로 최종적으로 개방성, 일치성, 공유된 가치, 자율성/피드백 등이 추출된 바 있다. 그러나 이들의 연구는 욕구만족에 초점을 두었기 때문에 이들이 열거한 요인들은 신뢰보다는 직무만족과 일치되는 요인들이라 볼 수 있다. 보다 최근에, O'Malley(1999)는 경영자의 사원에 대한 신뢰를 증진할 수 있는 네 가지의 관심 영역으로 개인적 성장감, 일과 사람의 통합, 개인적 편의, 그리고 안전과 보건 등으로 제시하고 있다. Mishra 등(1990)은 조직신뢰를 촉진하는 네 가지 요소로 개방적 의사소통, 의사결정에 있어 구성원들에게 더 많은 몫을 주는 것, 중요한 정보의 공유, 지각과 감정의 진실된 공감이 제시되었다. 한편 경영자에 대한 신뢰 연구에서는 과거행동과의 일관성, 성실성, 권한위임과 공유, 의사소통, 관심의 표명이 제시되어 있다(Whitener, Brodt, Korsgaard,& Werner 1998). 경영자는 회사의 대리인으로서 회사의 정책을 결정하고 집행한다는 측면에서 회사에 갖는 신뢰 요인으로 해석할 수 있다. Levering (2000)은 조직신뢰의 구성 요인으로 사원과 관리자 및 경영진과의 관계인 신뢰, 사원과 자신의 일과의 관계인 자부심, 함께 일하는 사원들과의 관계를 재미로 분류하고 신뢰는 다시 진실성, 개인존중, 공정성으로 구성하고 있다.

김호정(1999)은 신뢰와 조직몰입의 관계를 연구하였고, 박광섭 등 (1999)은 행정조직에서의 조직신뢰도의 결정 요인에 대한 연구를 실시하였으나 이러한 연구들은 외국의 척도를 국내에 단순히 적용하였을 뿐, 우리의 문화와 현실에 맞는 회사신뢰에 대한 연구라고 보기는 어렵다. 그것은 신뢰에 대한 선행 요인이 동양과 서양에서의 사회관계에 대한 관점들의 차이를 간과하고 있기 때문이다(이영석 등, 2000).

Hofstede(1980)와 Triandis(1989)는 서양의 문화가 개인주의(individualism)로 대표되는 반면에 동양의 문화는 집합주의(collectivism)로 대표된다고 주장함으로써, 모든 연구에서의 문화적 특성을 고려하는 것이 중요함을 지적하였다. 최상진(2000)은 서구의 사회교환 관계적 관점에서는 인간존재의 특성은 이기적이며, 사회구성 단위는 평등하고 독립적인 개인을 단위로 하고, 관계유지의 규범은 공정한 교환을 중시하며, 사회관계의 목표는 개인의 이익을 최대화한다는 명제에 기반을 두고 있는 반면에, 동양적 관점에서는 사람 간의 관계를 사회구성단위의 기본단위로 인식하여 이러한 관계의 융합이나 조화롭게 통일된 관계를 형성하는 것을 사회관계의 목표로 보고 있으며, 이러한 관계의 융합이나 조화로운 관계가 관계 속에 내포된 역할의 분명한 인식과 충실한 수행을 통해서 이루어지는 것으로 본다는 점에서 서구사회와 동양사회의 문화적 차이를 지적하였다. 이러한 관점들을 통해 본다면, 기존의 회사신뢰 선행 요인들에 대한 연구가 개인주의 문화에서 밝혀진 것들이므로 비교 문화적 관점에서 우리나라의 문화에 맞는 회사신뢰에 대한 연구들이 필요하다 하겠다. 한국생산성본부(1999)는 회사에 대한 신뢰측정치로 경영진의 진실성, 구성원들을 존중하고 있는지에 대한 인격적 대우. 개인존중, 평가, 보상, 승진에 대한 공정성, 학연, 지연 ,성별에 따른 편애가 없다는 공정성을 사용하고 있다. 그러나 이 연구도 일정한 차원 구분 없이 나열식으로 추출하여 요인으로서의 개념적 구성이 결여된 연구라는 한계가 있다.

지금까지 살펴보았듯이, 회사신뢰의 결정 요인에 대해서는 연구자마다 다르며, 일치된 결과가 없다. 그것은 지금까지의 연구들이 사례 수집을 통해 추출된 요인들을 나열하는 식의 연구에 그쳤기 때문이며, 이를 설명해 줄 수 있는 구체적인 개념적 틀을 갖추지 못하였기 때문이다. 신뢰의 연구가 깊이 있게 진행되기 위해서는 신뢰를 가져오는 공통적인 출처를 밝힐 필요가 있다. 따라서 본 예비 연구에서는 회사신뢰의 결정 요인들에 대한 개념적 틀을 구성하기 위한 예비 단계로서, 사례 수집을 통해 기업에서의 구성원들이 그들의 회사에 대해서 신뢰를 가질 때의 정성적 사례들을 수집하여 분류한 뒤, 이를 문항으로 개발하여 조사하고 탐색적 요인 분석을 통해 회사신뢰의 결정 요인에 대해 탐색해 보고자 한다.

제2절 회사신뢰 사례 연구

1. 방법 및 절차

1) 조사대상

회사신뢰의 결정 요인을 탐색하기 위하여 L사의 사무직 사원과 기능직 사원으로부터 신뢰와 불신(신뢰하지 않는)의 사례와 현상을 수

집하였다. 직급별 인원 분포는 기능직사원 373명, 사무직 사원 230명
으로 사무직의 직급별 분포는 사원/대리 188명, 과장/차장 35명, 부장
7명이었다.

2) 조사방법

조사는 사무직 사원에게는 자유기술설문지를 통하여 실시하였다. 자
유기술 설문지의 지시문은 "회사 생활을 하면서 귀하의 회사에 대하
여 무엇 때문에 신뢰 또는 불신을 경험하였는지를 기술하여 주시기
바랍니다."와 같은 내용으로 1998년도에 L제조회사로부터 자료를 수
집하였다. 이러한 방법으로 수집된 사례 중 신뢰사례는 200개, 회사에
대해 불신하고 있는 사례는 460개였다. 기능직 사원에게는 팀 단위 신
뢰증진 워크숍에 참여한 47개 팀의 373명으로부터 사례를 수집하였다.
연구자가 1995년에 개발하여 실시한 작업조 단위 신뢰증진 프로그램
과정 중에서 "회사가 신뢰를 보여준 사례", "회사를 믿고 의지할 수
있었던 사례" 등을 참석자별로 생각하게 하고 기술하도록 하였다. 신
뢰증진 팀 활동 프로그램은 부서 내의 구성원들 간의 신뢰를 증진하
기 위해 7-10명 정도의 작업조 단위로 운영된 1박 2일의 자율 변화
활동 형태의 프로그램이다. 토의 중 회사에 대한 신뢰는 회사가 신뢰
를 보여준 사례, 회사로부터 믿고 의지할 수 있었던 사례들을 참석자
별로 생각하게 하고 쓰도록 하여 참석자 간에 공유하는 토론을 통하
여 265개의 신뢰사례를 수집하였다. 회사불신은 회사를 믿지 못하는
사례, 상황, 사건, 또는 회사의 정책 중 또 다른 의도가 숨어 있는 것
이 아닌가 하는 의구심을 갖는 사례에 대하여 신뢰와 동일한 방법으
로 수집하여 총 284개의 사례를 수집하였다.

3) 내용분석 절차

수집된 신뢰불신의 전체 사례 1,209개 중 1,141개는 회사에 대한 신뢰와 불신의 사례이었으며 29개는 최고 경영자에 대한 사례, 35개는 상사와 동료에 대한 사례였다. 1,141개의 사례 중에서 단순건의사항과 같은 내용(예: "불신의 벽을 없애고 상호 협력하자" 등)들을 제외한 951개를 분석에 사용하였다. 사례 수집 후 연구자와 신뢰를 연구한 경험이 있는 심리학과 박사과정 수료자 2명이 각 사례를 분류하여 분류범주를 설정하고 범주별로 세부 행동을 분류하였다. 연구자 간에 일치되지 않은 분류는 합의하여 재분류하였다.

2. 내용분석 결과

수집된 사례들에 대한 분석 결과 13개의 범주가 도출되었다. 회사에 대한 불신경험은 반대 차원으로 해석하여 신뢰의 유형에 분류하였다. 내용분석을 통하여 도출된 범주와 세부범주별 빈도는 <표 3-1>과 같다. 본 사례 연구에서 규명된 신뢰를 결정짓는 범주들의 빈도를 보면 회사의 사원들에 대한 배려 관련 내용이 28%로 가장 많이 도출되었고, 절차공정성 12%, 조직문화 관련 내용 12%, 조직의 경쟁력을 갖게 하는 요소들이 10%, 분배공정성 7%, 구성원들에게 안정감을 제공하는 것 6%, 도덕성 6%, 약속이행 5%, 인정과 존중 5%, 자기성장 지원 4%, 조직구조와 운영의 합리성 2%, 사회에 대한 기여 2%, 관계의 효율성 1%의 순으로 도출되었다.

40

⟨표 3-1⟩ 회사신뢰의 범주별 내용 및 빈도

범주	신뢰사례		신뢰하지 않는 사례	
	하위범주	빈도	빈도	하위범주
배려 (270, 28%)	복리후생 제도	30	54	복리후생 제도 빈약
	복지시설	40	12	복지시설 부족
	가정생활 배려	16	54	사원생활 배려 부족
			24	근무환경 부족
	업무사항에 대한 고충처리	16	24	근무조건 열악
인정과 존중 (43, 5%)	성공적인 업무수행 시 그 노력과 성과를 인정	3	6	능력 불인정
	실수가 있더라도 최선을 다한 경우 인정	6	9	사소한 잘못 허용 안 됨
	인격적으로 존중	8	7	사원 무시
	사원들을 회사의 자산으로 인식	4		
구성원 성장 기회제공 (39, 4%)	나 자신이 성장할 수 있는 기회를 제공	7		
	나의 성장에 도움이 될 수 있는 교육 기회를 제공	32		
분배 공정성 (69, 7%)			17	급여보너스 인상 부족
			10	열심히 해도 보상은 변하지 않는다
			10	업무결과에 비해 부족
			32	노력에 비해 보상 부족
절차 공정성 (114, 12%)	각종 제도들이 일관된 방향으로 운영	4	19	경영정책, 인사제도의 비일관적 운영
			8	공정하지 못한 인사조치
			3	부문 간 차별을 둔다
			4	혈연, 지연에 의한 인사
			3	약속 불이행 시 사후 설명 없음
			14	제도변경 시행 시 사원의견 미반영
			31	근무평가기준 객관성 결여
			28	승진기준 공정성 결여
조직문화 (110, 12%)			18	부서 간 업무 비협조
			20	불안한 노사관계
	가족적인 분위기가 조성	27	4	경쟁을 부추긴다
	혁신적이고 창의적인 조직	13	9	창의적 아이디어 미반영
	경영환경에 유연하게 대응하는 조직	19		
조직구조 합리성 (18, 2%)	인력 수급이 체계적으로 이루어짐	2	12	인원이 적다
	부서별 인원배분이 적절	1		
	사업부제의 효과적 운영	1		
	팀제는 목적에 맞게 합리적 운영	2		
조직역량 (93,10%)	재무지표의 건전성	3	17	명확한 비전 없음
	관리 역량(지원 부문)의 경쟁 우위	6	18	업무처리절차방법 복잡
	기술력(제조, 설계)의 경쟁 우위	5	4	품질 고려 부족
			21	신사업 투자미비
	연구개발 능력의 경쟁 우위	3	16	지속발전을 위한 투자미비

범 주	신뢰사례			신뢰하지 않는 사례	
	하위범주	빈도	빈도	하위범주	
도덕성 (61, 6%)	비도덕적인 일을 하지 않는다	3	14	사원들 희생 강요	
			6	고객의 이익보다 회사이익 중시	
			8	정책이나 현황 설명기회 없음	
	투명한 경영	17	8	경영층 결정내용 공유 부족	
	정도 경영	5			
약속이행 (45, 5%)	어려운 경영환경에도 봉급과 상여 지급	20			
	노사협의 등 사원과의 약속이행	2	22	노사 간 합의 불이행	
	정해진 규정과 기준 준수	1			
사회기여 (22, 2%)	사회에 대한 기여와 봉사에 대해 자부심	4			
	우리나라 경제 발전에 기여	4			
	환경친화적인 기업	7	2	주주이익보다 회사이익 중시	
	국가적인 관점 고려	2	3	법을 지키지 않음	
관계의 효율성 (6, 1%)	동료들과의 관계 원만	4			
	만난 사람들은 내 인생에 있어 도움	2			
고용 안정감 (61, 6%)	안정된 일자리를 제공 노력	19	192	고용안정에 대한 불안감	
	회사는 망하지 않음	4			
	생활의 안정감 제공	13			
	안정된 직장	6			
(951, 100%)	합 계	361	590	합 계	

우선 배려의 내용으로는 사원들의 근무생활과 가정생활에 불편함이 없도록 복리후생제도나 복지시설, 고충처리에 대한 회사 차원의 관심과 지원 등이었다. 절차공정성으로는 인사제도의 운영절차와 기준의 공정한 적용과 관련된 내용으로 제도의 일관적 운영, 근무평가기준의 정확성, 사원들의 의견 반영, 편파에 의한 인사적용 등이 도출되었다. 조직문화 관련 내용은 회사의 가족적인 분위기, 환경변화에 유연하게 대응하는 정도, 혁신적이고 창의적인 조직분위기 등이 도출되었다. 회사가 외부 환경에 유연하게 대응하고 내부적으로는 도전과 모험을 허용하여 조직이 역동적일수록 구성원들은 회사에 신뢰를 가질 수 있다는 것을 의미한다 하겠다. 조직의 경쟁력을 갖게 하는 요소로서 관리역량, 기술력, 명확한 비전과 새로운 사업에 대한 투자 등의 사례들이 수집되었다.

분배공정성은 업무수행의 책임, 노력, 결과에 비해 받는 보상이 공정한가 하는 내용들의 사례들이 수집되었다. 안정감은 사원들에게 지속적인 일자리를 제공하고 직장생활의 안정감을 느낄 수 있는 기대감을 갖도록 하는 내용이 수집되었다. 도덕성은 회사가 내부적으로 투명경영을 하여 비도덕적인 일을 하지 않는 것을 의미한다 하겠다. 약속 이행은 노사협의 등 사원과의 약속을 지키고 어려운 경영환경에도 봉급과 상여를 지급하여 사원과 회사 간의 합의가 성실히 이행되므로 신뢰를 갖게 된다는 것을 의미한다 하겠다. 또한 인정은 사원 개개인을 인격적으로 대하고 노력과 성과를 인정하며 사원들을 회사의 자산으로 인정하는 것과 관련된 사례들이 수집되었다. 구성원 개개인의 성장을 위한 교육기회 제공 등의 자기성장 지원내용도 신뢰의 사례로 수집되었다. 조직구조합리성은 인력수급의 원활, 조직구조의 합리적 운영 등과 관련된 사례들이 수집되었다. 적은 수이지만 회사의 사회적 기여도 사례로서 도출되었는데 회사의 사회에 대한 봉사, 환경친화적인 정책, 등이 수집되었다. 마지막으로 관계의 효율성관련 내용은 조직구성원 간에 원만하고 상호 도움이 된다고 인식할수록 신뢰를 경험하게 된다는 내용의 사례가 수집되었다.

제3절 회사신뢰 결정 요인에 대한 탐색적 요인 분석

1. 방법 및 절차

1) 조사대상

본 예비 연구의 회사신뢰조사의 대상은 제조업 L사의 6개 지역 사

업장에 근무하는 851명의 사무직 사원이다. 조사대상자의 자세한 인구
통계학적 특성은 아래의 <표 3-2>와 같다.

〈표 3-2〉 회사신뢰 요인 조사대상자의 인구통계학적 분포

성 별		연 령		학 력	
남	767(90.1%)	19-25세	26(3.1%)	고 졸	95(11.2%)
여	51(6.0%)	26-30세	156(18.3%)	전문대졸	34(4.0%)
무응답	33(3.9%)	31-35세	267(31.4%)	대 졸	544(63.9%)
		36-40세	186(21.9%)	대학원졸	132(15.5%)
		41-45세	78(9.2%)	무응답	46(5.4%)
		46-50세	28(3.3%)		
		51-57세	7(0.8%)		
		무응답	103(12.1%)		
직 급		직 무			
사 원	245(28.8%)	영 업	183(21.5%)		
대 리	229(26.9%)	생 산	110(12.9%)		
계반장	15(1.8%)	연 구	209(24.6%)		
과 장	181(21.3%)	기 술	113(13.3%)		
차 장	71(8.3%)	기획/지원	188(22.1%)		
부 장	44(5.2%)	무응답	48(5.6%)		
임 원	1(0.1%)				
기 타	3(0.4%)				
무응답	62(7.3%)				

2) 조사방법

기업구성원들에 대한 조사는 본 연구자가 직접 실시하였다. 조사실
시의 목적은 구성원들이 회사에 대하여 신뢰하고 있는 정도를 파악하
여 회사에 대한 신뢰를 증진하기 위한 방안을 강구하기 위한 목적이
므로 성실하게 해 줄 것을 단위부서장을 통하여 설문작성자에게 전달
한 후에 실시하였다.

3) 질문지 구성

본 조사에 사용한 문항들은 회사를 신뢰하는 사례와 회사를 신뢰하지 않는 사례들의 분류 결과를 토대로 개발하였다. 회사신뢰에 대한 사례를 하위범주로 분류한 것을 토대로 문항화하고 회사를 신뢰하지 않는 불신사례도 하위범주로 분류한 것을 문항화하였다. 회사불신의 사례를 반대로 해석하면 신뢰의 사례가 될 수 있기 때문에 불신의 사례를 포함하지 않고는 회사신뢰를 포괄할 수 없다고 판단되었기 때문이다. 특히 공정성과 관련된 사례들은 예비 연구의 회사신뢰를 수집한 사례에는 나타나지 않았다. 공정성은 기존 여러 연구들(Hart et al., 1986; 한국생산성본부, 1999)에서 신뢰의 중요한 요인으로 추출되었기 때문에 포함하였다. 수집된 사례들로부터 개발된 문항은 회사신뢰 48문항과 회사불신에 대한 56문항으로 전체 104문항이었다. 신뢰문항은 긍정문항이었고 불신문항은 부정문항이었다. 문항들은 모두 7점 척도 (1=전혀 그렇지 않다, 7=매우 그렇다)상에서 반응하도록 하였다. 조사에 사용된 문항들은 <부록 1>에 제시하였다.

4) 분석방법

회사신뢰 척도의 타당성을 알아보기 위하여 공통변량의 시초 값을 중다상관자승(SMC)으로 하고 추정방식은 ML(Maximum Likeliwood)법으로 하여 탐색적 요인 분석을 실시하였다. 문항들을 요약된 군집으로 묶고자 직교회전(varimax)을 하여 세부 요인들을 추출하였으며 선정된 문항들을 기초로 각 요인들의 Cronbach's Alpha를 계산하였다. 탐색적 요인 분석과 내적 일치도 산출은 SPSS for Window 11.0이 사용되었다.

2. 분석 결과

각 요인의 eigenvalue와 설명분산비 및 해석가능성을 고려하여 <표 3-3>에 제시한 바와 같이 8개의 요인을 도출하였다.

제1요인의 문항들은 절차공정성에 관련된 내용들이다. 전체적으로 인사제도의 기준이나 절차들을 시행함에 있어서 공정하게 적용하는가와 관련된 내용들이다. Leventhal(1976)이 절차공정성의 구조적 결정 요인으로 제시한 바 있는 일관성, 편파억제, 의견개진기회, 정확성 등이 요인을 구성하는 것으로 나타났다.

제2요인은 경쟁력 있는 조직문화와 관련된 내용으로 변화에 대응하고 혁신적이며 도전과 모험이 장려되는 조직과 관련된 내용들을 포함하고 있었다.

제3요인은 구성원에 대한 인정과 성장의 기회를 제공하는 것과 관련된 요인으로서, 구성원들을 인격적으로 존중해 주며, 성장할 수 있는 교육기회제공 등의 내용들을 포함하고 있었다.

제4요인은 회사가 구성원들에게 시혜적으로 제공하는 배려와 관련된 내용으로 복지시설이나 복리후생, 고충처리 등과 같은 개인에게 회사가 베푸는 호의와 관련된 문항들을 포함하였다.

제5요인은 회사가 지켜야 할 원칙이나 기준을 준수하는 도덕적인 경영, 투명한 경영 등과 관련된 문항들이 포함되어 있었다.

제6요인은 조직운영의 방식이나 조직구조의 효율성과 관련된 요인이고, 제7요인은 분배공정성, 제8요인은 회사 내부 조직의 운영과 관련된 내용이 아닌 사회와 관련된 내용으로 사회에 대한 봉사와 기여에 대한 문항들로 구성되어 있었다.

〈표 3-3〉 회사신뢰에 대한 요인 구조

문 항	1	2	3	4	5	6	7	8
우리 회사는(에서는)								
봉급이나 보너스 인상 등을 결정하는 절차들은 공정하지 못하다.	.731							
승진을 결정하는 기준이나 절차는 공정하지 못하다.	.704							
열심히 일을 해도 받는 보상은 별로 달라지지 않는다.	.685							
사원들에 대한 근무 평가의 기준은 공정하지 못하다.	.669							
각종 제도의 시행과 변경은 일방적으로 이루어지는 경우가 많다.	.664							
회사정책이나 제도에 수용할 수 없는 경우에도 의견을 제시할 수 없다.	.598							
업무수행에 필요한 물적/인적 자원이 각 부서에 공평하게 배분되지 않는다.	.583							
능력 있고 업무수행이 뛰어난 사람들이 대우받지 못한다.	.536							
각종 제도의 시행/변경에 있어서 사원들의 의견을 반영하지 않는 편이다.	.526							
경영정책을 일관되게 추진하지 않는다.	.506							
학연, 지연에 의한 인사가 이루어지는 경향이 있다.	.451							
정해진 규정과 기준에 따라 업무수행이 이루어진다.	-.303							
혁신적이고 창의적인 조직이다.		.646						
도전과 모험이 장려되는 조직이다.		.634	.329					
경영환경에 유연하게 대응하는 조직이다.		.570						
기술력(제조, 설계)은 경쟁 우위에 있다.		.454				.313		
나를 인격적으로 존중해 준다.	-.300		.694					
가족적인 분위기가 조성되어 있다.		.323	.546					
나 자신이 성장할 수 있는 기회를 제공해 준다.			.521					
실수가 있더라도 최선을 다해 업무수행을 한 경우 인정해 준다.	-.305		.428					
나의 성장에 도움이 될 수 있는 교육 기회를 제공해 준다.			.397					.309
같이 근무하는 동료들과의 관계는 돈독하다.			.359					
복리후생 제도가 잘 되어 있다.				.771				
복지시설이 잘 되어 있다.				.710				
사원들에 세밀한 배려를 해 준다.			.306	.579				
사원의 업무사항에 대한 고충처리가 잘 이루어진다.	-.360		.314	.458				
비도덕적인 일을 하지 않는다.					.745			
투명한 경영을 하고 있다.					.691			
정도 경영이 지켜지고 있다.					.624			
회사의 조직구조는 효과적으로 운영되고 있다.						.654		
현재 운영되고 있는 팀제는 목적에 맞게 잘 운영되고 있다.						.597		
부서별 인원배분이 적절하다.	-.362					.504		
장기적 안목에서의 인력 수급이 체계적으로 이루어진다.	-.302	.424				.425		
우리 회사의 관리 역량은 경쟁 우위에 있다.		.349				.354		
내가 맡고 있는 책임에 비해 받고 있는 보상은 불공정하다.	.428						.804	
나의 업무수행의 성과에 비해 받고 있는 보상은 부족하다.	.408						.790	
회사를 위해 노력한 정도에 비해 내가 받고 있는 보상은 형편없다.	.414						.720	
우리 회사는 우리나라 경제 발전에 기여하고 있다.								.770
우리 회사는 환경친화적인 기업이다.		.307						.516
우리 회사의 사회에 대한 기여와 봉사에 대해 자부심을 느낀다.			.368					.481
eigenvalue(고유치)	16.87	2.84	1.52	1.34	1.14	1.13	1.10	1.00
Alpha(내적합치성)	.826	.881	.829	.862	.877	.809	.939	.795

제4절 회사신뢰 결정 요인 탐색을 위한 제2차 탐색적 요인 분석

1. 방법 및 절차

1) 조사대상

회사신뢰에 대한 제2차 탐색적 요인 분석은 엔지니어링 회사인 E사에 근무하는 327명의 사원에게 실시하였다. 대부분 사무직 사원들로서 조사대상자의 자세한 인구통계학적 특성은 아래의 <표 3-4>와 같다.

〈표 3-4〉 회사신뢰 요인 조사대상자의 인구통계학적 분포

성 별		연 령		학 력	
남	308(94.2%)	20대	21(6.4%)	고 졸	16(4.9%)
여	15(4.6%)	30대	197(60.2%)	전문대졸	10(3.1%)
무응답	4(1.2%)	40대	91(27.8%)	대 졸	259(79.2%)
		50대	3(0.9%)	대학원졸	36(11%)
		무응답	15(4.6%)	무응답	6(1.8%)

직 급		직 무	
사 원	46(14.1%)	영 업	18(5.5%)
대 리	74(22.6%)	기 술	175(53.5%)
과 장	102(31.2%)	기획/관리	128(39.1%)
차 장	38(11.6%)	무응답	6(6.8%)
부 장	48(14.7%)		
임 원	7(2.1%)		
무응답	12(3.7%)		

2) 조사방법

기업구성원들에 대한 조사는 해당 회사의 조직개발 담당자가 실시하였다. 조직구성원들이 회사에 대해 얼마나 신뢰하고 있는가를 파악

하여 신뢰를 저해하고 있는 요소들을 찾아내고 구성원들에게 보다 신뢰받는 회사를 만들기 위한 목적으로 실시하였다. 조사배경을 경영진과 구성원들에게 충분히 공지한 후에 설문이 실시되었다.

3) 질문지 구성

본 2차 탐색적 요인 분석 조사에 사용한 문항들은 앞의 연구에서 사용된 문항들과 동일한 것이었다.

4) 분석방법

앞서 실시된 회사신뢰 요인 탐색을 위한 연구에서의 분석방법과 동일하게 실시하였다. 앞선 연구에서 추출된 문항들을 선정하여 탐색적 요인 분석을 실시하였다.

2. 분석 결과

분석 결과 <표 3-5>와 같이 전체 7개의 요인들이 도출되었다. 요인 분석 결과 앞선 연구의 제2요인인 조직문화 관련 문항과 제6요인인 조직구조 관련 요인이 한 개의 요인으로 추출된 것을 제외하고는 동일한 요인 구조로 나타났다. 제1요인은 절차공정성과 관련된 요인이며, 제2요인은 조직문화와 조직운영 및 조직구조 관련 내용으로 조직의 역량이라 할 수 있는 내용들이었다. 제3요인은 회사의 사원에 대한 배려와 관련된 문항들이었고 제4요인은 사회에 대한 기여와 관련된 문항으로 구성되었다. 제5요인은 회사의 구성원에 대한 인정과 자기성장의 기회제공과 관련된 문항이며 제6요인은 분배공정성 관련 문항이고 제7요인은 회사의 도덕성과 관련된 문항으로 나타났다. 전체적으로 앞에서의 요인 구조와 동일한 요인 구조를 갖는 것으로 나타났다.

〈표 3-5〉 회사신뢰 요인의 2차 탐색적 요인 분석 결과

문 항	1	2	3	4	5	6	7
우리 회사는(에서는)							
봉급이나 보너스 인상 등을 결정하는 절차들은 공정하지 못하다.	.841						
승진을 결정하는 기준이나 절차는 공정하지 못하다.	.793						
사원들에 대한 근무 평가의 기준은 공정하지 못하다.	.750						
열심히 일을 해도 받는 보상은 별로 달라지지 않는다.	.735						
각종 제도의 시행과 변경은 일방적으로 이루어지는 경우가 많다	.666						
각종 제도의 시행과 변경에 있어서 사원들의 의견을 반영하지 않는 편이다.	.580						
회사 정책이나 제도에 대해 수용할 수 없는 경우에도 의견을 제시할 수 없다.	.575						
경영정책을 일관되게 추진하지 않는다.	.546						
학연, 지연에 의한 인사가 이루어지는 경향이 있다.	.492						
일하는 데 필요한 물적 자원 및 인적 자원이 각 부서에 공평하게 배분되지 않는다.	.442						
능력 있고 업무수행이 뛰어난 사람들이 대우받지 못하고 있다	.429					.351	
조직구조는 효과적으로 운영되고 있다.		.695					
현재 운영되고 있는 팀제는 목적에 맞게 잘 운영되고 있다.		.664					
부서별 인원배분이 적절하다.		.593					
장기적 안목에서의 인력 수급이 체계적으로 이루어지고 있다.	-.340	.532	.387				
회사는 경영환경에 유연하게 대응하는 조직이다.		.506					.356
혁신적이고 창의적인 조직이다.		.477					
정해진 규정과 기준에 따라 업무수행이 이루어진다.		.473	.315				
회사의 관리 역량은 경쟁 우위에 있다.		.464					
회사의 기술력(제조, 설계)은 경쟁 우위에 있다.		.427	.329				
회사는 사원들에 대해 세밀한 배려를 해 준다.			.777				
회사는 복리후생 제도가 잘 되어 있다.			.704				
회사는 복지시설이 잘 되어 있다.			.614				
사원의 업무사항에 대한 고충처리가 잘 이루어진다.		.365	.576				
나 자신이 성장할 수 있는 기회를 제공해 준다.			.403	.325			
우리 회사는 우리나라 경제 발전에 기여하고 있다.				.676			
우리 회사의 사회에 대한 기여와 봉사에 대해 자부심을 느낀다.				.667			
우리 회사는 환경친화적인 기업이다.				.585			
우리 회사는 가족적인 분위기가 조성되어 있다.					.596		
우리 회사에서 같이 근무하는 동료들과의 관계는 돈독하다.					.543		
나를 인격적으로 존중해 준다.					.535		
우리 회사는 도전과 모험이 장려되는 조직이다.			.433		.470		
실수가 있더라도 최선을 다해 업무수행을 한 경우 인정해 준다.					.463		
나의 성장에 도움이 될 수 있는 교육 기회를 제공한다.				.318	.413		
나의 업무수행의 성과에 비해 받고 있는 보상은 부족하다.	.469					.775	
내가 맡고 있는 책임에 비해 받고 있는 보상은 불공정하다.	.524					.734	
노력한 정도에 비해 내가 받고 있는 보상은 형편없다.	.482					.722	
우리 회사는 투명한 경영을 하고 있다.	-.350	.305					.737
우리 회사에서는 비도덕적인 일을 하지 않는다.							.558
우리 회사에서는 정도 경영이 지켜지고 있다.		.410					.532
eigenvalue(고유치)	15.66	3.64	1.91	1.50	1.36	1.16	1.06
Alpha(내적합치성)	.917	.873	.845	.779	.821	.938	.833

제5절 논 의

본 예비 연구에서는 회사신뢰에 대한 결정 요인을 탐색하기 위해 제조업에 종사하는 구성원 603명으로부터 회사를 신뢰하는 경우와 회사를 불신하는 사례들을 수집하여 내용을 분석하였다. 그 결과 전체 13가지의 범주들을 추출할 수 있었다. 전체 사례들이 배려성, 절차공정성, 조직문화, 조직역량, 분배공정성, 고용안정감, 도덕성, 약속이행, 자기성장, 인정, 조직구조 합리성, 사회기여, 관계의 효율성들로 분류되었다. 또한 분류된 내용을 문항화하여 851명의 표본으로부터 탐색적 요인 분석을 실시하였으며 그 결과 절차공정성, 조직문화, 인정, 배려, 도덕성, 조직구조, 분배공정성, 사회기여의 여덟 가지 요인을 추출하였다. 요인의 2차 탐색적 요인 분석을 위하여 327명의 다른 표본을 대상으로 조사를 실시하였다. 그 결과 조직구조와 조직문화가 동일한 요인으로 통합되어 조직역량으로 명명하고 절차공정성, 인정과 성장기회 부여, 배려, 도덕성, 분배공정성, 사회기여 등의 일곱 가지 요인으로 추출됨을 확인할 수 있었다.

본 예비 연구에서는 회사신뢰의 결정 요인을 탐색하기 위하여 회사를 신뢰하는 경우뿐만 아니라 회사를 불신하는 경우까지 포함하여 사례를 수집하여 분석하였다. Rotter(1971)는 신뢰와 불신은 연속체의 단일차원이며 신뢰가 낮은 것은 불신이 높은 것으로 보았다. 최근 들어 신뢰불신이 2요인으로 구분될 수 있고 기능적 동질성을 가지고 있다는 주장들이 제기되고 있다(Luhmann, 1979; Lewicki et al., 1996; Lewicki, McAllister & Bies, 1998). 본 연구에서는 신뢰와 불신이 동일 차원이냐 독립적인 차원이냐는 문제는 논외 사항이므로 신뢰불신을 상호 호환되는 개념으로 사용하였다. 본 연구에서 신뢰사례와 불신사례의 분석 시 불신사례는 사례의 반대 상황이 신뢰와 동일한 범주에 속한다면 같은 범주로 분류하였다. 분류 결과 대부분의 불신사례들은 신뢰의 반대로 해석이 가능하였다. 신뢰와 불신의 범주들이 내용적으로 동일 차원의 양극인 모습을 더 많이 보였지만 일부 사례들은 신뢰의 사례에는 추출되지 않고 상대적으로 불신의 사례에서 더 많이 도출되는 것을 확인할 수 있었다. 특히 공정성 관련 사례들은 회사신뢰의 경험사례에서는 거의 도출되지 않았고 회사불신의 사례에서 주로 도출되었다. 이는 구성원들이 회사에서 운영되는 각종 제도나 기준이 공정하게 운영됨으로 해서 지각되는 이익보다는 불공정하게 운영됨으로써 경험하는 불이익이 더 크게 지각되기 때문인 것으로 판단된다.

회사신뢰의 경험사례로서 배려가 가장 많이 도출되었는데 이는 신뢰란 나에게 이익을 가져다주거나 나의 불편함을 해소해 주려는 회사의 호의로 구성원들이 해석하기 때문이라 판단된다.

특히, 사례분류 과정 중 사회적 책임에 대한 사례가 상대적으로 적게 도출되었다. 이는 회사의 사회적 책임이 다른 차원보다는 직접적인 경영활동과 관련이 적어서 구성원들이 사례로서 제시하지 않았기 때문일 수 있으며, 또 한편으로는 본 사례 수집에서 높은 직급이 상대적으로 적었기 때문으로 판단된다. 사회적 책임에 대해서는 직급이 높은 계층에서 인식할 가능성이 크고, 직급이 낮은 계층은 배려성이나 공정성 등에 더 관심이 있을 것이기 때문이다. 사례 수에서 낮은 빈도가 도출되었다 하더라도 사회적 책임은 회사신뢰의 중요한 결정 요인이라고 판단된다. 내가 다니는 회사가 사회적 물의를 일으키고 사회에 해악을 끼치는 회사라면, 구성원들은 회사가 자신들에 대해서 하는 행동에 대해서도 그 저의를 의심하게 되고 또 회사의 그러한 사회적 행동은 구성원들에게 속여 왔던 사실들이게 되므로, 구성원들의 회사에 대한 신뢰는 상실될 것이다. 반대로, 회사의 사회적인 기여나 공헌활동은 구성원 일반의 신뢰를 얻게 될 것이다. 회사의 그러한 사회적 기여 활동에 대해 구성원들은 그런 회사에 다닌다는 자부심을 가지게 될 것이며 그것은 회사에 대한 신뢰를 갖게 만들 것이다. 최근에 한국능률협회(2003)가 존경받는 기업의 최우선 조건을 살펴본 결과 기업의 사회적 책임이 경쟁력과 매우 직결된다는 보고한 바 있다. 이러한 이유에서 최근 많은 기업에서 이용하고 있는 Levering의 신뢰지수에서도 구성원들의 자부심을 회사신뢰 지수에 포함하고 있으며, 신뢰가 사회적 자본이라는 Fukuyama(1998)의 말은 이런 연유에서 기인한 것이라 할 수 있을 것이다.

사례를 분류하는 과정에서 기능직사원들은 배려성이 압도적으로 많았고 사무직 사원들은 배려성보다는 공정성, 조직의 변화, 성장가능성과 관련된 사례들이 더 많이 도출되었다. 이는 기능직사원들의 경우에는 회사로부터 제공되는 개인에 대한 직접적인 배려나 편의를 회사신뢰의 중요한 요인으로 생각하고 있으며, 직급이 높은 사람들일수록 인사제도나 절차공정성을 신뢰의 중요한 요인으로 생각하고 있다는 것을 추론할 수 있을 것이다. 이는 사례 수집 대상의 인구 통계적 특성에 따라 신뢰 요인의 빈도가 영향 받을 수 있음을 나타낸다.

본 연구에서 신뢰형성 요인으로 최종적으로 추출된 조직역량, 절차공정성, 인정과 구성원 성장기회 제공, 배려, 도덕성, 분배공정성, 사회기여의 요인들이 신뢰대상의 어떠한 측면에서 나오는가를 살펴본다는 것은 본 요인들을 이해하는 더 많은 설명을 할 수 있다고 판단된다.

우선 조직역량은 회사의 유지와 성장을 위해 갖추어야 할 잠재성에 대한 평가라 할 수 있으며 그것은 회사의 일과 관련하여 얼마나 경쟁력을 갖추고 있느냐 하는 것을 의미한다. 대인관계 차원에서 능력 요인과 유사한 것이라 할 수 있다. 일 차원의 조직역량 요소로는 사례에서 추출된 바와 같이 조직구조운영의 합리성, 관리역량, 기술력, 신사업 투자와 같은 조직역량, 변화에 대응하고 바람직한 조직문화의 형성 등과 같은 내용들이라 할 수 있다. 즉 회사의 일과 관련된 차원에서 신뢰형성 요인으로 도출된 것으로 볼 수 있을 것이다.

둘째, 인정과 성장기회 부여 및 배려성 요인은 회사구성원의 개인적 존재로서 자기와 관련된 차원으로 볼 수 있을 것이다. 이는 회사로부터 개인적으로 어떠한 편의와 호의를 받고 있느냐 하는 측면으로 구성원에 대한 각종 복지시설, 복리후생, 고충의 해결, 개인에 대한 존중, 자기성장기회의 제공 등과 같이 회사가 구성원에게 시혜적으로 얼마나 많은 편의와 호의를 베풀고 있는가 하는 것과 관련된다고 할 수 있다. 회사에서 구성원들을 회사의 자산으로 인식하고 존중해 주며 배려하는 것이 구성원들에게는 신뢰형성의 요인으로 작용하는 것이라 할 수 있다.

셋째, 분배공정성과 절차공정성은 조직구성원 모두를 위한 차원이라고 할 수 있을 것이다. 구성원 모두를 차별하지 않고 공평한 기회를 제공하며 회사가 일방적, 편의적으로 제도를 운영하는 것이 아니라 모두가 공정하다고 느낄 수 있도록 하는 것과 관련된 요인들이라 할 수 있다. 즉 구성원으로서 상대적으로 피해를 입지 않을 것이라고 지각할 수 있는 믿음과 관련된 내용이라고 할 수 있다. 세부내용으로는 급여나 보너스결정 절차의 공정성, 각종 인사결정의 정확성, 제도나 정책 시행 시의 의견수렴과 의견 반영, 정책실행의 일관성, 편파 없는 인사 적용, 등의 사례와 문항들이 구성원 차원인 공정성을 포괄하는 내용이라 하겠다.

넷째, 도덕성 요인은 회사의 내부적인 운영과 기준의 엄격한 적용과 관련된 것으로서, 회사 자체 특성 차원이라 할 수 있다. 이것은 개인의 도덕적 특성과 마찬가지로 회사의 자체 운영에 있어서 얼마나 도덕적이고 투명하게 경영되며 구성원들과 약속을 이행하고 원칙과 기준을 지켜나가는가 하는가와 관련된 내용이라 할 수 있다.

　다섯째, 사회적 기여는 회사가 보다 상위범주로서의 사회를 구성하는 구성체의 하나로서 가져야 하는 상위범주 차원으로서의 신뢰 요인이라 할 수 있다. 회사가 영리만을 추구하는 것이 아니라 사회구성체의 일원으로서 책임과 의무를 다하고 있는가와 관련된 내용으로 사회에 대한 봉사, 기여, 환경에 대한 책임, 법과 질서를 준수하는 경영 등과 같이 구성원들이 자신의 회사에 대해 자부심을 갖게 하는 요인들이라고 할 수 있을 것이다.

　이와 같이 본 예비 연구에서 최종적으로 도출된 일곱 가지 요인들을 다섯 가지 신뢰의 출처 차원으로 설명하는 것이 기존의 신뢰대상의 특성을 나열식으로 열거하는 것보다는 신뢰 요인의 이론적 함축성을 갖는다고 할 수 있다. 그것은 또 다른 샘플을 이용하여 요인을 추출하게 될 경우, 그 샘플의 다양한 특성 즉, 개인의 인구 통계적 특성이나 응답자들이 속한 회사의 특성, 및 사회·경제적 환경에 따라 본 연구에서와 다른 요인이 추출될 수 있는 반면에, 그러한 요인들이 갖는 근본 출처를 통해 차원을 분류함으로써 그러한 샘플 특성에 구애받지 않는 보다 개념적으로 포괄적이고 상호 배타적인(mutual exclusive) 신뢰 결정 요인들을 결정할 수 있기 때문이다. 따라서 본 연구에서 제시하고자 하는 신뢰의 결정 요인 다섯 차원은 첫째, 조직역량은 회사의 일 차원, 둘째 인정과 성장기회 부여, 배려는 사적 존재인 개인 차원으로 배려로 통합하고, 셋째로 절차공정성과 분배공정성은 조직구성원 차원으로서의 공정성으로, 넷째는 회사 자체의 특성 차원으로 도덕성은 신뢰대상의 차원으로, 다섯째는 상위범주 차원으로서 사회의 구성원 차원에서 도출된 사회적 책임으로 설명될 수 있다고 하겠다.

제III장 예비 연구 2: 상사신뢰의 결정 요인 탐색

제1절 연구 목적

조직생활의 대부분은 상사와의 업무와 일 관계 속에서 이루어지며, 이러한 관계 속에서 부하들이 갖는 상사에 대한 신뢰는 업무수행뿐 아니라 부하들의 직장생활 적응에도 많은 영향을 미치게 된다. 이러한 이유에서 조직신뢰 연구의 대부분이 상사와 부하 간의 관계에 초점을 두어 왔다(Roberts & O'Reilly, 1974). 조직 내에서 신뢰가 형성되는 과정에 대한 초기의 연구들은 신뢰하는 자가 신뢰받는 자에 대해 갖는 인식이나 지각구조에 관심을 갖고 신뢰받는 자의 특성을 밝히고자 하였다. 최근의 여러 연구들은, 가치관이 반영되어 나타나는 신뢰유발 특성을 찾으려하기보다는 어떠한 행동들이 신뢰감정을 유발하는지를 구체적으로 유형화시키려 노력해왔다.

Gabarro(1978)는 정직, 동기, 행동의 일관성, 개방성, 신중성, 기능적/구체적 능력, 대인간 능력, 일에 대한 감각, 판단력 등의 9가지 신뢰기반들을 확인하였다. Butler와 Cantrell(1984)은 업무를 수행하는 데 요구되는 스킬과, 기술적 및 대인관계 지식으로 정의되는 능력, 정직성과 진실을 의미하는 성실성, 믿음성과 예측가능성, 처리상황에서의 올바른 판단으로 정의한 일관성, 사람들의 체면을 세우고 호의적인 동기로 정의한 충성심, 정보나 아이디어를 자유롭게 공유하고 정신적 수용을 의미하는 개방성을 상하 간의 중요 신뢰기반으로 추출하였다.

Blomqvist(1997)는 유능함과 선의를 제시하였다. 유능함은 기술적 능력, 기술 및 노하우를 말하고 선의란 도덕적 책임과 다른 사람에 대한 긍정적인 의도를 말한다. 한편 Whitener 등(1998)은 관리자 차원의 신뢰행동을 구성원들이 관리자에 대해 신뢰를 형성하는 데 충분조건은 아니지만 필요조건이 되는 관리자가 보여주는 자발적인 행동과 상호 작용들로 정의하면서 1) 행동에 있어서 일관성, 2) 행동에 있어서 성실성, 3) 통제권한의 공유와 위임, 4) 의사소통(정확성, 설명, 공개), 5) 관심 같은 다섯 가지 행동 차원을 제시하였다. 이들은 능력을 분석의 틀에서 제외하였는데 이는 능력을 신뢰행동에 영향을 주는 특성적 요소로 보고 제외하였다.

국내에서의 상사신뢰에 대한 연구에서, 김정호와 서용원(2000)은 대인관계능력, 도덕성, 원칙준수, 접근성, 솔직함, 공동체의식, 권한위임, 솔선수범, 친밀성, 비불평/불만, 공정성 견지, 전문성, 배려 등의 요인을 추출하였다. 그중 대인관계능력, 전문성, 권한위임, 도덕성 등이 다른 선행 요인보다 조직효과성 변인에 더 많은 설명력을 보여주었다. 옥용재와 서용원(2000)은 사적교류행동, 존중행동, 지식전달 행동, 절대적 신임행동 등의 상사의 신뢰행동을 밝혔다. 정기산(2002)은 중간 관리자의 유형별 행동특성과 신뢰와의 관계에서 서번트 리더십의 여러 행동특성 중 구성원 성장, 공동체 형성 등이 신뢰와 높은 상관을 가지고 있다고 하였다.

이상에서 살펴본 바와 같이, 기존의 상사에 대한 신뢰 연구들은 상사의 어떠한 특성들 또는 행동들이 부하들로 하여금 상사를 신뢰하도록 하는지에 초점을 두어 왔다. 많은 연구자들이 상사신뢰에 기여하는 상사의 특성들과 행동들을 밝혀왔으나, 아직까지도 상사신뢰에 대한 명확한 이해를 제시하고 있지 못한 실정이다. 그것은 이미 회사신뢰에 대한 기존 연구들의 문제점에서 지적한 바와 같이, 지금까지의 모든 연구가 상사신뢰의 이론적 틀을 제시하지 못한 채 사례 추출을 통해 얻어진 자료들을 토대로 내용분류나 요인 분석 등의 방법을 통해 탐색적으로 신뢰의 기반들을 열거하는 데 그쳤기 때문이다.

따라서 본 연구에서는 회사신뢰에서 제안된 회사신뢰 결정 요인 다섯 요인의 틀로 부하의 상사에 대한 신뢰행동을 분류하고자 한다. 이렇게 회사신뢰를 결정하는 요인의 틀을 상사신뢰에 적용하여 분류하고자 하는 것은, 신뢰란 신뢰대상과의 관계에서 발생되는 것이고 부하직원과 상사와의 관계가 사원들과 회사의 관계에서와 마찬가지로 수직적 관계이기 때문에 동일한 차원으로 분류할 수 있다고 판단되었기 때문이다. 또한 회사와 상사는 조직이라는 동일한 맥락을 가지고 있기 때문이기도 하며, 또한 상사는 사회적 교환의 대상이며 조직을 대표하는 대리인의 역할을 담당하게 되어 회사에서 시행하는 모든 제도나 정책의 당사자로서 인식될 수 있기 때문이다. 이러한 이유에서, 회사신뢰와 상사신뢰를 결정짓는 요인들은 동일한 틀이 적용될 수 있다고 판단된다.

상사신뢰를 회사신뢰에서와 동일한 분류 틀을 적용하여 분류하는 것은 기존의 나열식 접근에서 신뢰의 분류기준을 규명하는 것이 됨으로 의의가 있다 하겠다. 즉 회사신뢰에서의 다섯 요인 중 우선 회사의 일 차원인 조직역량은 상사신뢰의 일 차원인 업무능력으로, 둘째 사적인 존재인 개인 관련 차원인 배려는 상사신뢰의 경우 동일하게 부하 개인 차원으로의 배려로, 셋째 회사신뢰에서의 조직구성원 차원인 공정성은 상사신뢰에 있어서의 팀 구성원 차원의 공정성으로, 넷째는 신뢰대상 차원으로서 회사 자체의 특성 차원인 도덕성은 상사 자체 특성 차원인 도덕성으로, 다섯째는 상위범주 차원으로서 사회의 구성원 차원인 사회적 책임은 상사신뢰에 있어서 상사가 속한 집단의 상위범주 차원인 조직에 대한 책임으로 분류될 수 있을 것이다. 이는 공동의 목표를 달성하기 위한 조직이라는 동일한 맥락을 지니고 있기 때문에 가능하다고 판단된다. 따라서 본 예비 연구에서는 상사신뢰의 사례들을 수집하여 회사신뢰를 결정짓는 다섯 차원으로 분류가 되는지를 확인하여 상사신뢰 결정 요인들이 무엇인지를 탐색하고자 한다.

제2절 상사신뢰 사례 연구

1. 방법 및 절차

1) 조사대상

상사신뢰의 결정 요인을 탐색하기 위하여 L사의 사무직 사원 155명과 기능직 사원 343명으로부터 사례를 수집하였다. 직급별 인원분포는 기능직사원 343명과 사무직 사원 대리 86명, 과장 44명, 차장 18명 부장급 7명으로부터 신뢰와 불신(신뢰하지 않는)의 사례와 현상을 수집하였다. 본 상사신뢰 예비 연구에서의 사례들은 김명언과 이영석 (2000)의 연구에서 이용되었던 사례들이다.

2) 조사방법

155명의 사무직 사원에 대해서 교육 중 별도의 시간을 내어 개방형 설문을 통한 사례를 수집하였다. 자유기술 설문지의 지시문에는 "회사 생활을 하면서 귀하의 상사에 대하여 무엇 때문에 신뢰 또는 불신을 경험하였는지를 기술하여 주시기 바랍니다.", "회사를 신뢰하고 있는 점에 대해 기술하여 주십시오."라는 방법으로 내용이 표기되어 있었다. 기능직 사원으로부터는 회사신뢰에서의 자료 수집과 동일한 방법으로 상사신뢰와 불신에 대한 자료를 수집하였다.

3) 분석 절차

사례는 신뢰사례를 중심으로 분류하고 불신사례는 사례를 반대로 해석하여 신뢰사례범주에 분류해 넣었다. 본 연구가 신뢰불신을 구분하는 목적이 아니기 때문에 신뢰사례와 신뢰하지 않는 사례를 통합하여 분류하였다. 신뢰에 대한 연구경험이 있는 3명의 분류자가 수집된 사례들에 대하여 3단계 분류를 하였다. 1단계는 연구자가 사례를 Data base로 만들어 상사신뢰의 각 사례들을 유사한 행동 군으로 세부적인 분류를 하였다. 2단계는 세부적으로 분류된 상사신뢰행동 군을 회사신뢰의 결정 요인 다섯 차원의 범주로 구분해 보았다. 3단계는 다섯 요인의 범주로 구분된 내용 안에서 세부 행동들을 유사한 것끼리 하위범주로 분류하였다.

2. 내용분석 결과

내용분석 결과 상사신뢰에서는 사례의 27개의 하위범주들로 구분할 수 있었다. 27개의 하위범주들은 본 연구에서 제안한 회사신뢰 결정 요인 다섯 요인과 2개의 다른 요인으로 분류할 수 있었다. <표 4-1>에 제시된 바와 같이 개인 차원의 배려는 465건(42%), 구성원 차원인 공정성은 159건(14%), 상사 자체의 특성 차원인 도덕성은 148건(13%), 일 차원인 업무능력은 96건(9%), 상위범주 차원인 조직구성원 차원은 143개(13%) 그리고 기타로 격이 없음 74건(7%), 팀워크제고 19건(2%)의 범주들로 분류되었다.

본 사례분류에서 나온 세부내용들을 살펴보면 우선 개인 관련 차원인 배려의 하위범주로는 ① 직장생활 배려(130건)는 직장생활에서 부하직원이 경험할 수 있는 다양한 상황에서 상사의 부하직원에 대한 마음써줌을 의미한다. 구체적으로는 고충을 들어주고 해결해 주는 것, 어려울 때 위로하고 격려해 줌, 등과 같은 사례들이 나왔다. ② 육성적 배려(127건)는 교육기회의 제공, 적성과 업무특성을 고려한 배치, 능력을 고려한 업무지시, 기술지도, 자기 개발 기회 부여 등 부하에게 성장의 기회를 제공하는 행동이다. 또한 실수를 지적하고 조언을 주거나 능력 개발의 기회를 제공함, 성과를 인정하고 칭찬과 격려를 하는 행동들이 포함되어 있다. ③ 개인생활 배려(94건)는 부하의 가족사에 대한 관심과 배려이다. 경조사를 기억하여 챙겨준다거나 업무외적인 인생 상담 및 조언을 해 줌이 이에 포함되었다. ④ 방패막이(58건)는 부하들을 보호해 주는 것을 의미한다. 힘 있는 윗사람이나 타 부서의 간섭과 이견제시 그 타당성여부와 상관없이 부하직원을 막아주면 신뢰가 형성될 수 있음을 시사한다(김명언, 이영석 2000). 연구개발전문가들을 대상으로 팀장의 핵심역량을 연구한 결과에서도 외부로부터의 무조건적인 바람막이를 선정하고 있다는 결과(김규성, 김명언, 2000)와 동일한 결과라 할 수 있다. ⑤ 권한위임(56건)은 업무에 대한 책임과 권한을 줌을 의미한다. 일을 믿고 맡기고 자율적으로 수행하도록 지원하며 일할 수 있는 분위기를 만들어주는 것으로 이는 서양문화권에서도 중요한 신뢰의 요소로 확인되어 온 것이다(Whitener et al., 1998).

두 번째는 구성원 차원인 공정성의 하위범주로 ① 의견 존중(75건)은 부하직원들의 의견을 수렴하고 논의와 협의를 통해 의사결정에 반영함으로써 의견제공의 기회를 주는 것과 관련된 사례들이 수집되었다. ② 공평하게 대함(57건)은 팀원 평가, 기회제공, 관계유지에 있어 모두에게 기울어짐이 없이 대하는 것을 의미한다. 정확하고 공정한 평가, 업무처리 시 주관적인 편견이 개입되지 않는 행동, 특정한 부하를 편애하지 않는 행동들이 수집되었다. ③ 정보공유(16건)는 자신이 알고 있는 정보나 회사의 공지사항 등을 독점하지 않고 구성원에게 공유하는 사례들이 도출되었다. ④ 일관성(11건)은 의사결정기준, 팀 운영, 업무지시에 일관성을 보여주는 것을 의미한다.

세 번째로 신뢰대상 차원인 상사 자체 특성 관련 차원으로서 도덕성의 범주와 사례로, ① 성실성(53건)은 무사 안일하지 않고 매사에 헌신적이며 일에 대한 열정으로 맡은 바 역할에 충실함, 지속적인 자기 개발에 철저함을 의미한다. ② 솔직함(33건)은 개인적인 일을 터놓고 이야기하거나 잘못한 경우 변명만 늘어놓는 것이 아니라 인정하는 행동을 의미한다. ③ 솔선수범(22건)은 자신의 일을 부하에게 미루지 않고 자기부터 실천하며 부하에게 모범을 보이고 본보기 역할을 하는 행동사례. ④ 언행일치(17건)는 말과 행동이 일관됨을 의미한다. ⑤ 공사분명(14건)은 불신의 사례에서 많이 나온 행동이며 공(회사일)과 사(개인일)를 구분하는 것으로서 회사공금을 개인적으로 사용하지 않거나 업무적인 일을 개인의 이익과 결부시키지 않는 사례. ⑥ 약속이행(9건)은 한 번 약속한 사항은 지키려고 하는 행동 사례들이 수집되었다.

〈표 4-1〉 상사신뢰와 불신의 사례빈도

범주	하위범주	빈도	점유율	세부 범주 (신뢰하는 사례)	빈도	빈도	세부 범주 (신뢰하지 않는 사례)
배려 (465, 42%)	개인생활 배려	94	8.5	가정생활 애경사 관심 배려	30		
				개인생활 관심 배려	11	21	개인생활에 대한 관심 부족
				고충이해 해결 노력	28	4	고충에 대한 피드백이 안 됨
	권한위임	56	5.1	일을 믿고 맡김	19	11	세세한 것까지 간섭
				자율적으로 수행하도록 지원	9	12	일에 대해 일방적으로 독촉
				일할 수 있는 분위기 만들어줌	5		
	방패막이	58	5.3	공은 나에게 과는 자신에게	7	30	잘못한 일은 남의 탓
				칭찬은 공개적 꾸중은 개인적	3		
				주변으로부터 보호	13	5	상사에겐 약함, 부하에겐 강함
	육성적 배려	127	11.5	실수 지적 후 이해하고 조언	15	4	지나친 질책
				능력 개발의 기회 부여	8	4	교육기회 부족
				성과를 인정하고 칭찬과 격려를 함	16	9	상대방 없는 데서 험담
				육성을 위한 조언	23		
				어려운 일이 생기면 같이 해결하려 함	10	3	의문사항 질문하면 면박
				적성과 능력에 맞는 업무배려	10	5	업무특성에 안 맞는 인원 배치
				상사가 알고 있는 노하우 전달	20		
	직장생활 배려	130	11.8	의견을 존중하고 믿어준다	7	4	믿지 못하고 확인한다
				어려울 때 위로하고 격려해준다	51		
				어려움을 들어준다	11		
				업무상 고충 배려	36	21	고충에 대한 관심 부족
공정성 (159, 14%)	공평하게 대함	57	5.2	누구에게나 기울어짐 없이 대함	5	15	정확하고 공정한 판단 안 함
						14	편견을 가지고 대함
						23	좋아하는 사람만 편애한다
	일관성	11	1.0	일관된 모습을 보임	5	6	비일관성
	정보공유	16	1.4	일의 목적과 목표에 대한 공유	2		
				자신이 알고 있는 정보공유	8	6	정보공유 부족
	의견존중	75	6.8	의견수렴협의 결정	7	18	타인 의견 고려 않고 일처리
				적극적으로 경청한다	11	12	자신의 생각만 옳다고 주장
						27	일방적 업무지시
도덕성 (148, 13%)	성실성	53	4.8	부지런하고 근면하다	19	11	업무에 관심이 없음
				어려운 일이 있어도 최선을 다한다	2	21	문제발생 시 방관
	솔직함	33	3.0	자신의 단점 솔직히 이야기함	3	5	잘못할 경우 변명만 늘어놓음
				평소에 꾸밈이나 가식이 없음	8	8	생색내는 일에 치중
				어려움을 털어놓고 상의함	9		
	약속이행	9	0.8	약속을 지킴	5	4	약속 불이행
	솔선수범	22	2.0	어려운 일 앞장섬	10	3	자신의 이익 중시
						9	자신의 일을 부하에게 미룬다.

범주				신뢰하는 사례		신뢰하지 않는 사례	
범주	하위 범주	빈도	점유율	세부 범주	빈도	빈도	세부 범주
도덕성 (148, 13%)	공사분명	14	1.3			1	개인적인 일 부하에게 지시
						3	업무적 의사결정을 개인 이해와 결부
						6	회사일과 사적일 구분 불분명
						4	회사비용을 개인용무로 사용
	언행일치	17	1.5	언행일치	5	12	행동은 않고 말로만 한다.
업무능력 (96.9%)	업무수행 능력	65	5.9	업무처리능력	19	29	합리적 업무처리능력 부족
				업무에 대한 전문 지식 풍부	9	2	업무지식 부족
				문제해결력이 뛰어남	6		
	결단력	3	0.4	과감한 결정	3		
	대인관계 능력	14	1.3	설득할 수 있는 지식과 기교	9		
				원만한 인간관계 유지	3		
				논리와 유머감각	2		
	방향제시	2	0.2	명확한 방향제시	2		
	변화추구	7	0.6	진취적 업무처리	3		
				새로운 것을 받아들임	1	3	현실에 안주하려고 함
	추진력	5	0.4	업무수행에 필요한 지원을 이끌어냄	4	1	추진력 미흡
조직에 대한 책임 (143,13%)	전사적 관점	18	1.4	사업부목표달성에 최선	15	3	단기성과 중시
	업무소신	66	6.0	무리한 회사정책에 소신 있는 직언	8	11	위로부터 지시에 무조건 따름
				권한 외의 일이라도 소신 있는 결정해 줌	2	17	상황이나 상대에 따라 업무방향 변화
				주관이 뚜렷하다.	3	11	소신 없이 눈치 보기
						14	윗사람 비위맞추기
	자기희생	27	2.4	조직을 위한 자기희생	9	18	타인의 성과를 자기 것으로 함
	책임감	32	3.2	결정한 것에 책임을 진다.	10		
				맡겨진 업무에 소명감	10	6	개인적인 일에 더 신경 씀
				차상위자로서의 책임인식	6		
격이없음 (74,7%)	격이 없이 지냄	74	6.7	친근감 있게 대해 줌	24	25	타인의 기분 고려하지 않음
				취미나 성향이 동일하다	2		
				직위와 무관하게 인간적으로 대함	8	15	권위적이고 명령적 지시
팀워크 제고	팀 운영 능력	19	1.7	팀 단합을 위한 애를 씀	15		
				팀 위상제고를 위한 노력	4		
합 계		1104	100%	합 계	608	496	합 계

네 번째는 일 차원으로 업무능력의 범주와 사례들이다. ① 업무처리
능력(65건)은 서구의 신뢰 연구에서 가장 많이 등장하는 요인(Mayer

et al., 1995)으로 일을 처리하는 데 필요한 능력요소이다. 업무에 대한 전문 지식과 업무를 체계적이고 합리적으로 처리하는 능력, 문제해결력 등을 의미한다. ② 대인관계능력(14건)은 업무에 필요한 지원을 적절히 이끌어 내거나 사람과의 관계를 원만하게 이끌어 가는 것과 관련된 사례들이 도출되었다. ③ 변화추구(7건)는 새로운 것을 받아들이고 개선하려는 능력과 관련된 사례들이 도출되었다. 기타 ④ 추진력, ⑤ 결단력, ⑥ 방향제시 등의 사례들이 도출되었다.

다섯 번째는 상위범주 차원인 조직구성원으로서의 책임으로 ① 업무소신(66건)은 자신의 의지에 따라 의견을 피력하고 주장을 관철시키거나 윗사람의 눈치나 아부를 하지 않는 것과 관련된 사례, 무리한 회사정책에 대해 직언을 하거나 윗사람의 눈치를 소신껏 판단하는 등의 사례들이 도출되었다. ② 자기희생 (27건)조직의 생존과 목표달성을 위하여 노력하는 행동. ③ 책임감(35건)은 조직구성원으로서 잘못된 점은 인정하고 책임을 지거나 단기적인 성과보다는 장기적인 안목에서 조직을 바라보는 상사의 행동 등의 사례들이 도출되었다. ④ 전사적 관점(18건)행동은 전사목표달성에 최선을 다하고 단기성과를 지양하며 조직의 장기적 관점에서 행동하려는 것과 관련된 사례들이 도출되었다.

기타 상사신뢰 다섯 요인으로 구분하기 어려운 사례들도 상사의 경우 도출되었는데 격이 없이 지냄(74건)은 상사가 부하에게 공식적인 위계의 차이를 내세우지 않고 형제처럼 대해 줌을 의미한다. 허물없이 대해 줌은 우리 한국인이 주고받는 독특한 심성인 정의 한 구성 요소이다(최상진, 2000). 이는 부하직원들이 자신의 상사에 대해 가지는 신뢰의 높고 낮음은 정에 기반을 두고 있음을 의미한다고 하겠다. 팀워크 제고(19건)는 팀의 갈등을 해소하고 단합을 위해 하는 행동의 사례 등이 도출되었다.

제3절 논 의

본 예비 연구에서는 앞서 도출된 회사신뢰 결정 다섯 요인으로 상사 신뢰의 사례들이 동일하게 분류가 되는지 확인하여 상사신뢰를 결정짓는 상사신뢰 결정 다섯 요인을 탐색하기 위해 실시되었다. 그 결과 상사신뢰 또한 회사신뢰 결정 요인 다섯 요인으로 분류가 됨을 확인하였으며 추가로 분류에 포함되지 않는 2개의 범주를 확인할 수 있었다.

즉 회사의 일 차원인 조직역량은 상사신뢰의 일 차원의 업무능력으로, 둘째 사적인 존재인 개인 차원인 배려는 상사신뢰의 경우 동일하게 부하 개인 차원으로의 배려로, 셋째 회사신뢰에서의 조직구성원 차원인 공정성은 상사신뢰에 있어서의 팀 구성원 차원의 공정성으로, 넷째는 신뢰대상 특성 차원으로서 회사 자체의 특성 차원인 도덕성은 상사 자체 특성 차원인 도덕성으로 다섯째는 회사의 상위범주 차원으로서 사회의 구성원 차원인 사회적 책임은 상사신뢰에 있어서 상사가 속한 집단의 상위범주인 조직에 대한 책임으로 분류되었다.

다만 "격이 없음"과 팀워크 제고는 분류가 애매하였는데 "격이 없음"의 사례들은 "상사가 친근감 있게 대한다", "취미나 성향이 동일하다", "인간적으로 대해 준다", "허물없이 이야기할 수 있다" 등이 도출되었다. 이러한 사례들도 개인 차원의 배려로 분류될 수도 있지만, 솔직함 등의 도덕성으로도 분류가 가능하기에 다섯 요인으로 분류는 포기하였다. 또 한 "팀워크 제고"는 "팀의 활력을 불어 넣는다", "등의 사례로 구성원 차원으로 보면 배려로 분류할 수 있으나 능력 차원으로 분류할 수도 있어 분류에 넣지 않았다.

이 연구의 몇 가지 시사점은 다음과 같다(김명언, 이영석, 2000). 첫째, 상사에 대한 부하의 신뢰 결정변인으로 상사의 부하에 대한 심정적 배려(육성적 배려, 개인생활의 배려, 직장생활 배려, 격 없이 대함 등이)가 전체의 약 60%(309건/580건)를 차지하고 있었다. 이러한 결과는 부하들의 상사에 대한 신뢰가 심정적인 요인에 의해 많은 영향을 받는다는 보여주는 것이며(최상진, 2000), 우리나라 사람들이 기대하는 상사의 역할은 서양문화권에서와 같은 단순한 업무능력이 아닌 주종, 부자, 사제 등의 전인적 인생의 선배로서의 역할임을 의미하는 것이다(이규태, 1981).

둘째, 상사가 부하의 혜택과 관계없이 스스로만을 위해 가지는 특성은 덜 중요함을 시사해 주고 있다. 즉, 상사를 신뢰하는 데 있어서 성실성, 정직성, 솔직함, 인품 등은 상대적으로 적게 언급되었으며, 이는 우리나라에서의 상사신뢰 결정 요인으로서 개인적 특성보다는 신뢰하는 자와 신뢰받는 자 간의 관계성에 보다 많은 영향을 받는다는 것을 시사한다. 이는 격이 없음(74건, 74%), 팀워크 증진에 대한 상사의 행동(19건, 2%) 등의 사례가 수집된 것은 이를 뒷받침해 준다고 할 수 있다.

셋째, 서양문화권에서는 찾아볼 수 없는 부하의 개인적 생활 및 직장 내 생활에 대한 배려, 육성적 배려, 격 없음, 방패막이 등이 중요한 상사신뢰 결정 요인으로 사용됨이 발견되었다. 최상진(2000)은 '정'과 관련된 연상내용의 네 범주 중의 하나로 '허물없음'을 설정하고 있는데 이는 본 연구의 '격이 없음'과 유사한 개념이라는 점에서 부하들이 상사를 신뢰하는 데 있어서 '정'이 적용되고 있음을 시사해 준다.

넷째, 주로 가족공동체에서 발견되는 사례들이 상당수가 언급되었다. 구체적으로, 직장 안팎의 생활에 대해 배려해 줌, 대내외적으로 보호해 줌, 형제처럼 아껴줌, 가족같이 지내줌, 화목한 공동체 풍토를 조성함, 허물없이 대해 줌 등이 이에 속한다. 이 결과는 서구문화권에서 확인된 가치 합치성(value congruence)(Sitkin & Roth, 1993)보다는 가족적인 상하관계 형성이 부하가 상사를 신뢰하는 데 중요한 요소임을 보여주고 있다. 상하 간 관계를 가족구성원 간 관계유형으로 형성

한다는 것은 안정적이고 장기적이라는 점에서 상당히 효과적인 신뢰
결정 요인이라 볼 수 있다(김명언, 이영석, 2000).

　본 예비 연구의 수집된 사례에서 추출된 상사신뢰 요인들은 앞서
기존의 국내외의 연구(Gabarro, 1978; Butler et al., 1984; Blomqvist,
1997; Whitener et al., 1998; 김정호, 서용원, 2000)에서 밝힌 요인들
을 포괄하는 내용이라 할 수 있다. 기존의 연구들처럼 신뢰 요인들을
나열하거나 신뢰의 정확한 출처가 어디에서 오는 것인지 분명치 않다
는 한계를 벗어나 신뢰를 결정짓는 요인의 이론적 틀을 탐색하였다고
할 수 있다. 이는 회사신뢰의 예비 연구에서 제안한 회사신뢰 결정 요
인 다섯 요인으로 상사신뢰를 분류하여 상사신뢰의 결정 요인 다섯
요인으로 분류가 됨을 확인함으로써 수많은 요인들보다 이를 포괄하
면서 상호 독립적인 요인들로 신뢰 요인을 구분할 수 있는 가능성을
찾았다는 데 의의가 있다 하겠다.

제IV장 연구가설 및 모형

　신뢰에 영향을 미치는 요인은 무엇일까? 첫 번째는 신뢰받는 사람 (trustee)의 행동특성이다. Lewis et al,(1985)이 지적한 바와 같이 기본적으로 신뢰를 쌍방적인 교환관계에서 발생하는 일종의 교환자산으로 보고, 상대방에 대한 신뢰는 상대방이 나에게 어떤 행동을 보이느냐에 따라 결정되며, 이것을 신뢰성(trustworthiness)이라고 하였다 (Hardin, 1996; Mayer et al., 1995; Rotter, 1967). 두 번째는 신뢰하는 사람(trustor)이 가지고 있는 성향이다. 이는 개인차에 대한 것으로서, 신뢰 연구에서 거론되어 온 대표적인 개인성향 변인으로는 신뢰성향을 들 수 있다. 신뢰성향이란, 남을 신뢰하고자 하는 성향의 정도를 의미한다. Rotter(1967)는 신뢰성향을 하나의 성격적 특성으로 간주하여, 신뢰성향이 높은 사람과 낮은 사람이 있다고 제시하였는데, Mayer 등(1995)은 신뢰성향에 의해 신뢰의 선행 요인들이 신뢰에 미치는 영향이 조절됨을 주장하였다. 신뢰에 영향을 미치는 또 다른 성향으로는 집합주의 성향을 들 수 있다. 집합주의란 개인적인 요구나 관심사항보다 조직의 이익을 우선시하며 만일 개인의 이익과 일치하지 않더라도 조직에 바람직하다면 그것을 행하는 것을 의미한다 (Triandis, 1995). 따라서 집합주의 성향을 가진 사람들은 작업집단과 같은 사회적 환경을 중요시하고, 집단의 규범이 개인의 태도와 행동을 결정하는 중요한 역할을 하며(Triandis, Bontempo, Villareal, Asai & Lucca, 1988), 공동의 결과를 위해 노력하고, 공동의 목표가 개인의 목표보다 우선하게 된다(Triandis, Leung, Villareal & Clarck, 1985).

　신뢰 연구에서의 개인성향은 주로 신뢰의 선행 요인들이 신뢰에 영향을 미치는 과정에서의 조절변수로서 연구되어 왔는데, 그것은 개인

의 성향에 따라 상대방의 행동을 어떻게 지각하는가뿐 아니라 상대방
의 행동들 중 어떠한 측면들을 더 중요시하는가에 영향을 미치기 때
문이다. 예를 들어, 신뢰성향이 높은 사람들은 상대방의 행동들을 보
다 더 긍정적인 방향으로 해석하는 경향이 있으며, 상대방의 행동들
중 신뢰를 주는 행동들에 보다 더 민감하게 반응하게 된다. 이와 마찬
가지로, 집합주의 성향이 강한 사람들은 상대방의 행동들 중 집단의
공동 목표달성을 위한 행동들을 보다 더 신뢰롭게 지각하게 될 것이
며, 상대방의 집단적 맥락에서의 행동들에 대해 보다 더 민감하게 반
응하게 되기 때문이다. 이러한 이유에서, 회사신뢰 및 상사신뢰에 대
한 연구에서 신뢰대상의 특성들에 대한 연구뿐 아니라, 신뢰하는 자의
특성에 대한 연구를 포함하는 것은 보다 정교한 연구 모형을 제공한
다 할 수 있을 것이다.

그러나 신뢰 연구에서 신뢰하는 자와 신뢰받는 자의 특성에 대한
발견만큼 중요한 것은 신뢰가 어떤 효과를 미치는가이다. 그것은 많은
연구자들이 신뢰를 연구하는 궁극적인 이유이며, 경영자들이 신뢰를
중시하고 신뢰를 기업의 핵심가치(core value)로 내세우는 이유이기도
하다. 많은 연구자들은 신뢰가 조직몰입(Kramer & Tyler, 1996;
Pillai, Schriesheim, Willimms, 1999; 1998; 김호정, 1999), 직무만족
(Cook et al., 1980; Folger & Konovsky, 1989; Butler, 1991), 조직시
민행동(Puffer, 1987; Podsakoff, MacKenzie, Moorman & Fetter,
1990; Konovsky & Pugh, 1994; Deluga, 1994), 의사소통(Roberts et
al., 1974), 직무수행(Dirks, 1999), 이직의도(Butler, 1991; Robinson &
Rosseau, 1994) 등과 같은 조직효과성 변수에 긍정적인 영향을 미친
다고 보고해 왔다. 이들 조직효과성 변수들 중 가장 대표적으로 연구
되어 온 것은 조직몰입과 조직시민행동이다. 예를 들어, 상사를 신뢰
하게 되면 그 조직에 남고자 하는 의도가 높아지게 되며, 자신에게 주

어진 업무 외에도 조직에 도움이 되는 행동들을 자발적으로 수행하게 되는 것이다.

그러나 신뢰가 조직몰입이나 조직시민행동과 같은 조직효과성 변수에 왜 정적인 영향을 미치게 되는가를 이해하기 위해서는 그 매개변수로서 협력의도와 충성심과 같은 과정변수들을 함께 고려하여야 한다. 이재연(2003)은 신뢰가 조직몰입이나 조직시민행동과 같은 조직효과성 변수에 영향을 미치는 과정에서 협력의도가 과정변수로서 작용할 수 있음을 주장하였는데, 그것은 신뢰가 조직 차원의 효과성 변수에 영향을 미치는 것은, 협력의도와 같은 개인 차원의 효과성 변수를 통해서 간접적으로 영향을 미치기 때문이다.

따라서 본 연구에서는 <그림 5-1>에 제시한 바와 같은 회사신뢰와 상사신뢰의 통합모형을 설정하였다. 이 모형은 3단계로 이루어져 있다. 첫 번째 단계는 투입(input) 단계로서 회사신뢰와 상사신뢰의 결정 요인들과, 그러한 결정 요인들의 효과가 신뢰에 미치는 영향을 조절하는 개인성향 변수들로 구성된다. 두 번째 단계는 변환(throughput) 단계로서 회사신뢰 및 상사신뢰와 이들이 조직효과성 변수들에 영향을 미치는 과정에서의 과정변수들로 구성되어 있다. 마지막 세 번째 단계는 산출(output) 단계로서, 앞의 두 단계를 거쳐서 최종적으로 산출되는 조직효과성 변수들로 구성되어 있다.

즉, 본 모형은 조직신뢰를 크게 회사신뢰와 상사신뢰의 두 가지로 개념화한 후 회사신뢰와 상사신뢰의 결정 요인들이 각각 회사신뢰와 상사신뢰에 영향을 미치지만, 그 영향력의 정도가 개인의 신뢰성향과 집합주의 성향 등에 따라 달라짐을 나타내고 있다. 또한 이렇게 형성된 회사신뢰와 상사신뢰는 충성심과 협력의도에 정적인 영향을 미치며, 이러한 충성심은 조직몰입에, 협력의도는 조직시민행동에 정적인 영향을 미침을 모형화한 것이다. 이를 규명하기 위하여 본 장에서는 본 연구에서 다루고자 하는 가설들을 제시한 후에 연구 1에서는 회사 신뢰에 결정 요인에 척도를 개발하고 연구 2에서는 상사신뢰 결정 요인에 대한 척도를 개발하고자 한다. 연구 3에서는 회사신뢰/상사신뢰 및 협력의도/충성심에 대한 척도를 개발한 후 연구 4에서는 앞의 연구들의 결과를 바탕으로 신뢰의 결정 요인들이 신뢰에 미치는 영향을 검증하고 신뢰의 효과에 대하여 검증하고자 한다. 또한 연구 5에서는 개인성향의 조절효과를 검증하고자 한다.

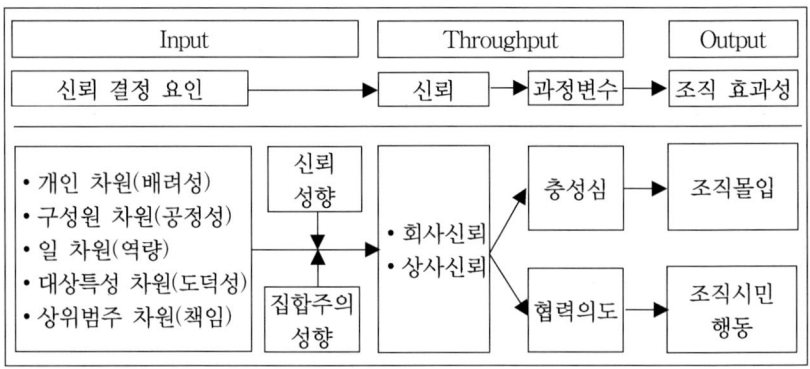

〈그림 5-1〉 회사신뢰와 상사신뢰의 통합모형

제1절 조직신뢰의 결정 다섯 요인 모델

본 연구자가 예비 연구에서 밝힌 바 있는 기업현장에서 조직 내 신뢰를 증진하기 위해 팀 구축의 기법-집단의 성원들 사이에서 이루어지는 상호 작용과정을 변화시켜 신뢰를 증진하는 소집단 기법-을 활용한 "신뢰증진 자율 활동 프로그램"(이영석, 1999, 2002)을 실행하면서 수집한 신뢰에 대한 사례 및 신뢰 요인들에 대한 탐색적 요인 분석 결과, 그리고 다른 연구자들이 언급한 다양한 선행 요인들을 관찰해본 결과 본 연구에서는 신뢰의 결정 요인들이 다음과 같은 다섯 가지 차원에서 이해될 수 있다고 보고 이를 근거로 본 연구에서는 다섯 가지 차원에서 신뢰의 출처를 찾아 볼 수 있음을 제안한다.

우선 첫 번째는 조직 내의 사적인 존재로서 개인 차원의 배려에서 신뢰의 출처를 찾을 수 있다. 독립된 인격체로서의 조직 내 개인은 조직으로부터 여러 가지 편의를 제공받고 인격체로서 존중을 받게 되면 회사나 상사에게 긍정적인 기대를 갖게 될 것이고 이는 신뢰로 이어질 것이다. 즉 개인 차원에서 배려가 중요한 요인이 될 것이다.

두 번째는 조직을 이루고 있는 공적인 존재로서의 구성원 차원인 공정성에서 신뢰의 출처를 찾을 수 있다. 이것은 조직과 조직구성원 간의 관계에 해당하는 것으로서 조직의 구성원은 다른 구성원과 동등하게 대우받게 될 때, 즉 공정하다고 느낄 때 상대적인 피해가 없음을 확인하여 긍정적인 기대를 갖게 될 것이고 회사나 상사를 신뢰하게 될 것이다.

세 번째는 조직의 일 차원에서 비롯되는 역량이나 능력에서 신뢰의 출처를 찾을 수 있다. 이것은 조직의 목적달성을 위해 필수적으로 갖추어야 할 요건들이 갖추어져 있다고 지각되면 신뢰하는 자에게 안정감을 줄 것이고 향후의 안정적인 지위를 지속적으로 확보할 수 있는 기반으로 인식됨으로써 신뢰를 느끼게 될 것이다.

네 번째는 신뢰하는 대상의 특성 차원에서 비롯되는 도덕성에서 신뢰의 출처를 찾을 수 있다. 이것은 신뢰대상이 가지고 있는 잠재적인 속성에서 비롯된다고 할 수 있다. 즉, 신뢰대상이 공동체 속의 독립된 인격체로서 지켜야 할 기준이나 원칙들을 준수하는가 하는 것으로써, 상대방이 도덕적이라고 지각될수록 상대에 대한 안정감과 예측가능성을 높여줌으로써 상대를 신뢰하게 될 것이다.

마지막으로 신뢰하는 사람이 소속되어 있는 집단의 상위범주 차원에서 비롯되는 책임감에서 신뢰의 출처를 찾을 수 있다. 즉, 자기가 속해 있는 범주 내에서뿐만이 아니라 그 상위범주에 대해서도 역할과 도리를 다하고 있는가 하는 것이다. 이것은 외부의 환경과 끊임없이 상호 작용해야 하는 조직과 개인의 특성을 반영한 것이기도 하다. 즉 회사나 상사가 보다 상위범주인 사회나 회사에 대한 책임을 다함으로써 조직 내부에 구성원들에게도 책임과 의무를 다할 것으로 인식될 것이고 내부의 구성원들은 자신이 속한 집단에 자부심과 긍지를 가져와 이것이 긍정적인 기대감을 형성함으로써 신뢰를 갖게 될 것이기 때문이다.

이상과 같이 조직신뢰를 결정하는 요인을 개인 차원, 구성원 차원, 대상의 특성 차원, 일 차원, 상위범주 차원에서 비롯됨을 살펴보았다 이를 기반으로 회사신뢰와 상사신뢰에 대해서도 살펴보고자 한다.

1. 회사신뢰 결정 다섯 요인 구조

기존의 회사신뢰에 대한 연구들은 직장인들을 대상으로 '언제 회사를 신뢰하게 되는지'에 대한 사례들을 수집한 뒤 내용적 분류를 실시하거나 또는 수집된 사례에 대한 설문조사를 실시하여 그 결과를 요인 분석하는 방법을 통해 선행 요인을 추출하고자 해 왔다. 그러나 이러한 탐색적 연구방법은 수집된 자료에만 근거하게 되므로, 연구자들 간에 일관성 있는 요인 구조를 밝히기가 어렵게 된다. 그로 인해, 지금까지 회사신뢰(상사신뢰를 포함하여)에 대한 연구들은 연구자들마다 자신이 찾은 선행 요인들을 나열하는 수준에 머물고 있는 실정이다. 따라서 본 연구에서는 회사신뢰의 결정 요인들을 이론적으로 이해할 수 있는 개념적 틀인 조직신뢰 결정 요인에 대한 다섯 요인 구조를 대입하여 회사신뢰의 결정 요인에 대해 <그림 5-2>와 같은 개념적 틀을 제시하고자 한다.

회사에 대한 신뢰는 대인간 신뢰와 달리, 조직에 대한 개인의 신뢰를 말하는 것으로서 다섯 가지의 차원으로 설명될 수 있다. 개인 차원, 조직구성원 차원, 일 차원, 회사 자체의 특성 차원. 상위범주인 사회구성원 차원이다.

첫째는 사적 존재로서의 '나'와 관련된 개인 차원이다. 이것은 자신이 회사로부터 개인적으로 어떠한 배려를 받고 있는가에 대한 측면으로서, 조직이 개인에게 성장의 기회를 제공하고 얼마나 존중해 주는가가 중요할 것이며, 따라서 회사의 이러한 개인적 배려가 회사신뢰의 한 요인이 될 것이다.

둘째는 구성원 차원이다. 이것은 조직의 구성원으로서의 개인과 회사와의 관계 차원에 해당하는 것으로서, 회사가 구성원들에 대하여 얼마나 공정하게 행동하는지가 회사신뢰의 중요한 요인이 될 수 있는 것이다. 이러한 측면은 개인이 조직의 구성원으로서 상대적으로 피해를 입지 않을 것이라는 믿음과 관련된 측면이다.

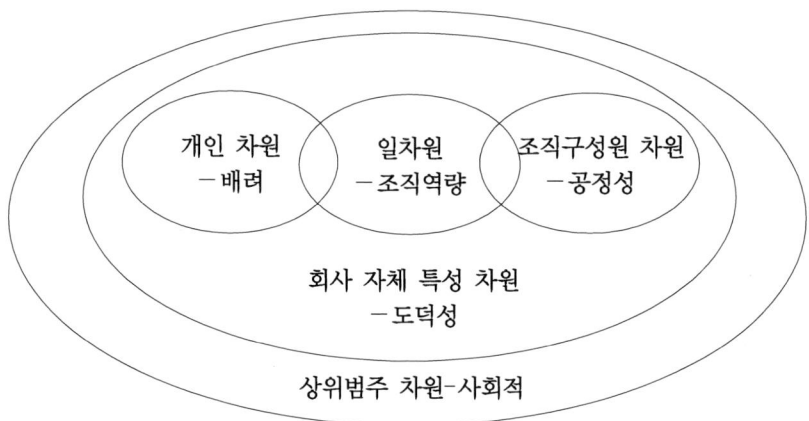

〈그림 5-2〉 회사신뢰의 다섯 차원과 결정 요인

셋째는 일에서 나타나는 차원이다. 이것은 회사의 사업역량을 나타내는 것이라 할 수 있다. 기업의 유지존속을 위해서는 경영성과의 달성이 중요한 과제이며, 구성원들에게 있어서 조직이 그러한 경영목적을 달성할 수 있는 역량이 있는가 하는 것이 회사신뢰의 중요한 요인이 되는 것이다.

넷째는 회사 자체의 특성 차원이다. 즉, 회사 자체의 특성과 관련된 회사운영 절차나 내부 관리 기준이 얼마나 도덕적으로 운영되고 있는가 하는 것이다. 개인의 도덕적 특성과 마찬가지로 회사가 얼마나 도덕적으로 투명하게 경영하고, 내부 관리들을 원칙과 기준에 맞게 운영하는가 하는 것과 관련된 것이다.

다섯째는 사회의 구성원 차원이다. 보다 큰 범주로서, 개인은 스스로를 사회의 구성원으로서 범주화하며, 그러한 경우 자신이 속한 조직을 객관적인 측면에서 평가하게 될 것이다. 이러한 경우 회사가 단순히 영리만을 추구하는 것이 아니라, 사회의 중요한 일원으로서의 사회적 책임을 다하는가가 중요한 요인이 된다. 즉, 회사와 나의 관계를 보다 상위범주로 옮겨가게 되면, 사회의 한 구성원인 '내'가 또 다른 사회 구성원인 회사에 대해 얼마나 바람직한 사회의 일원이며 신뢰할 만한가를 판단하게 되는 것이다.

2. 상사신뢰 결정 요인 다섯 요인 구조

회사신뢰와 달리 상사신뢰에 대해서는 많은 연구들이 이루어져 왔으나, 기존의 상사신뢰의 선행 요인에 대한 연구(김정호 등, 2000; 옥용재 등, 2000; 김명언 등, 2000)들은 회사신뢰 연구와 마찬가지로 조직 내 상사에 대하여 "언제 상사를 신뢰하게 되는지"에 대한 사례들을 수집한 뒤 내용적 분류를 실시하거나 또는 수집된 사례에 대한 설문조사를 실시하고 그 결과를 요인 분석하여 상사신뢰에 대한 선행 요인을 추출하고자 하였다. 그러나 이러한 탐색적 연구방법은 수집된 자료에만 근거하게 되므로 연구자 간의 일관성 있는 요인 구조를 밝히기 어렵게 된다. 그로 인해 지금까지의 상사신뢰에 대한 연구들은 그 선행 요인들을 나열하는 수준에만 머물고 있는 실정이다. 따라서 본 연구에서는 예비 연구의 결과를 토대로 회사신뢰와 마찬가지로 상사신뢰의 결정 요인들을 위에서 언급한 조직신뢰 결정 요인 다섯 요인 모델을 대입하여 결정 요인들을 제시하고자 한다.

상사의 어떠한 행동이 부하로 하여금 신뢰를 갖게 할 수 있을까 하는 것은 조직 내에서 상사와 구성원 간의 관계 속에서 찾아보아야 할 것이다. 상사는 단위조직의 구성원을 관리하고 할당된 목표와 일을 수행해 나가야 한다. 또한 자신이 맡고 있는 단위부서와 상위조직을 연결하며 조직 전체의 목표달성에 기여하여야 한다. 이러한 조직 내 상사의 기능과 구성원과의 관계 속에서 <그림 5-3>과 같은 상사신뢰 결정 요인에 대한 개념적 틀을 제시하고자 한다.

첫째는 개인 차원이다. 개인으로서의 나와 상사 간의 관계는 회사신뢰의 경우와 마찬가지로 상사가 나를 얼마나 배려해 주는가에 대한 측면으로서 상사가 나의 조직 내 성장과 직장생활에 대해 얼마나 배려하는가가 상사신뢰의 중요한 요소가 됨을 의미한다.

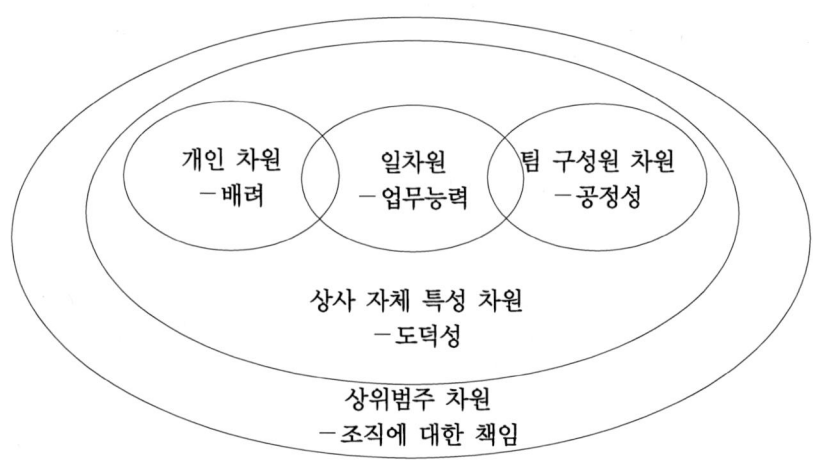

〈그림 5-3〉 상사신뢰의 다섯 차원과 결정 요인

둘째는 팀 구성원으로서 발생할 수 있는 차원으로써, 팀원으로서의 나와 상사 간의 관계는 팀 전체를 운영함에 있어서 상사가 단위 조직 내 구성원들 모두에게 얼마나 공정성을 유지하는가 하는 것이 중요한 신뢰 요인이 될 수 있다.

셋째는 일과 관련하여 나타나는 차원이다. 상사와 구성원 간의 일차적 연결고리는 일이다. 상사와 부하는 단위조직에 주어진 기능과 목표 달성을 위하여 상호 작용을 하기 때문이다. 따라서 일을 원만히 수행해 나갈 수 있는 상사의 능력이 중요한 신뢰 요인으로 작용할 것이다.

넷째는 상사 자체 특성 차원으로, 회사신뢰의 경우 회사의 운영절차나 내부 관리기준 등에서 나타나는 회사의 도덕성에 해당하듯이, 상사신뢰의 경우에도 상사 개인의 특성이 얼마나 신뢰할 만한가를 나타내는 것이라 할 수 있다. 즉, 상사가 얼마나 도덕적이고 성실한가 하는 것이 상사신뢰의 중요한 요인이 됨을 의미한다.

다섯째는 팀의 상위범주인 조직의 구성원 차원이다. 조직구성원으로서의 나와 상사 간의 관계 차원은 조직 전체의 관점에서 보았을 때 상사의 행동이 상위조직에 얼마나 책임감이 있고 소신 있게 행동하는 가와 타 조직으로부터 단위조직 내부를 보호하고 존재가치를 잘 알리는가와 관련된 것이다. 조직구성원 관련 차원에서는 상사의 책임이 중요한 신뢰 요인이 될 수 있다.

제2절 조직에서의 신뢰의 결정 요인

1. 구성원 차원: 공정성

1) 회사의 공정성

공정성이란 회사구성원들에게 적용되는 절차나 기준이 공정하고 일관되게 적용된다고 지각하는 것을 말한다. 회사는 체제유지와 구성원들을 동기부여하기 위해 조직의 목표와 부합된 행동을 하도록 각종 제도나 규칙을 제정하고 시행하게 된다. 따라서 구성원들은 이러한 회사의 제도나 기준운영이 공정하게 운영되고 있는지 여부에 대해 신뢰를 갖게 된다. 회사 내의 구성원들은 여러 가지 회사의 절차나 기준에 따라 생활을 하게 되므로, 그러한 절차나 기준이 공정한가를 판단하게 된다. 공정성은 분배공정성, 절차공정성, 상호 작용 공정성으로 구별될 수 있다. 분배공정성은 구성원과 조직체의 경제적인 교환관계의 결과에서 공정함을 의미하는 것으로서, 구성원이 투입한 노력에 대하여 제공되는 보상의 정도와 비율을 타인과 비교한 결과 이루어진다(Leventhal, 1976; Greenberg, 1986). 절차공정성은 제도나 절차의 시행과정에서의 공정성 지각을 의미한다(서용원, 1992). 절차가 공정했다는 느낌을 향상시키는 데에는 일관성, 편파억제, 정확성, 의견개진 기회, 교정가능성의 요인이 작용하게 되며 이것들이 절차공정성의 구조적 결정 요인으로 제시된 바 있다(Leventhal, 1976; 김명언과 이현정, 1992). 상호 작용 공정성은 절차가 시행되거나 분배가 결정될 때 당사자 간에 이루어지는 상호 작용의 질에 따른 공정성지각을 의미한다(Bies & Moag, 1986). 이러한 공정성에 대한 지각은 구성원들이 소속되고 있는 집단 혹은 조직체와의 관계의 질을 높일 수 있다. 관계의 질이란 구성원과 회사와의 관계가 호의적으로 형성된다는 것으로서, 회사가 구성원 전체에게 시행하는 각종 제도나 방침들에 신뢰가 형성되는 일종의 믿음의 네트워크가 형성된다는 것이다. 이는 신뢰의 기반 측면에서 본다면 제도기반의 신뢰에 해당한다.

특히, 일관성은 회사의 운영방식이나 정책이 조직의 경영이념, 경영철학과 일관성을 이루어야 할 것이다. 기업이 추구하는 경영이념이 투명경영, 정도경영이라고 하면서 인사비밀주의를 지향한다면 구성원들은 인사제도의 일관성을 지각하지 못할 것이고 이것은 불신의 대상이 될 것이다. 운영방식의 일관성은 제도의 일관성으로 나타날 수 있다. 인사제도의 일관성이란 인적 자원관리를 위한 다양한 인사제도 즉 채용, 보상, 평가, 승진, 교육훈련 등이 서로 상충되지 않고 동일한 의도와 방향으로 설계되어야 한다는 것을 의미한다. 일관성의 의미는 인사시스템 적용상의 일관성으로 제기될 수 있다. 인사시스템의 적용상의 일관성은 시간적인 일관성과 적용대상의 일관성으로 구분할 수 있다. 시간적인 일관성은 기업이 추구하는 인사정책, 제도가 시간이 변해감에도 불구하고 유사한 방향으로 지속적으로 적용되어야 한다는 것을 의미한다(김학수, 1998). 이러한 인사제도의 일관성 결여는 구성원들로 하여금 회사에 대해 불신을 갖게 하는 불신 요인으로 작용하게 된다(이영석 등, 1999). 이러한 정합성 있는 인사제도의 일관적인 적용이 이루어질 때 구성원들은 회사를 신뢰하게 될 것이다. 조직이론 중의 제도이론(institutional theory)은 사회가 현대화됨에 따라 경제적 관계에서의 신뢰의 기반이 전통적인 상호 작용이나 정체성으로부터 보다 거시적이고 공식적인 제도로 이행된다고 주장한다(Zuker, 1986). 제도기반 신뢰는 특정의 거래나 거래상대를 초월하여 일반화된 신뢰를 뜻한다. 따라서 특정한 상황이나 특징을 초월할 수 있는 공식적인 제도가 신뢰의 주된 원천이 되는 것이다. 회사의 원칙이나 제도 등이 구비되어 있고 일관성 있는 운영이 회사신뢰의 중요한 요소가 됨을 의미하는 것이다. 이러한 일관성 외에 의사결정이나 인사처우 시에 혈연이나 학연이 배제되었는지에 관한 편파억제, 인사결정시에 정확하고 객관적인 정보나 기준에 의하여 이루어지는지에 관한 정확성, 의사결정시에 구성원의 의사가 반영되는가에 관한 의견개진기회 등도 회사신뢰의 원천이라 할 수 있다.

회사가 중립적이고 공정한 인사제도의 시행이나 의사결정과정을 통하여 조직을 운영한다고 구성원들이 인식하게 되면 조직이 개인을 중요시 여기고 있다는 인식할 것이고 구성원 스스로 집단의 구성원이라는 사실에 대한 인식을 통하여 자신의 자존을 확인할 수 있는 대우를 기대하게 될 것이다. 이러한 긍정적인 기대는 구성원들이 회사를 신뢰하게 만들 것이다. 따라서 이를 바탕으로 다음과 같은 가설을 제시한다.

가설 1-1. 회사가 구성원들에 대해 공정하다고 지각할수록 구성원들의 회사신뢰는 높을 것이다.

2) 상사의 공정성

상사와 부하 간의 개인적인 관계에서의 배려를 통해 신뢰관계가 형성될 수 있지만, 단위조직(팀) 구성원으로서 인식되는 상사의 행동 또한 신뢰형성의 중요한 요인이 된다. 팀을 이끌어 가는 리더로서, 상사가 자기 자신에게는 매우 배려적이라 할지라도 다른 팀원들에게는 그렇지 않게 행동한다면, 부하는 상사가 공정하지 않다고 생각할 것이고 따라서 진심으로 상사를 신뢰하지 못하게 될 것이다. Mayer 등(1995)의 연구에서도 행위의 일관성, 신뢰받는 자가 강력한 공정성 의식을 갖는 것 등을 성실성의 범주로 설명하고 있으며, Butler(1991)의 연구에서도 공정성을 신뢰의 결정 요인으로 제안하고 있다. 김정호 등(2000)의 연구에서도 상사의 행동 중 공정성 견지가 상사신뢰의 요인으로 추출되었다. 상사의 공정한 행동이란, 구성원 모두에게 편견과 선입견 없이 공평하게 대하는 것, 의사결정시 참여 기회를 부여하는 것, 회사의 정보를 구성원 모두에게 공유하는 것 등에서 찾아볼 수 있다. 상사는 단위 부서를 이끌어 가고 구성원 전체의 응집력과 일체감을 조성할 수 있어야 한다. 그것이 부하들이 기대하는 상사의 역할 중 하나이며, 상사의 그러한 행동을 통하여 구성원 각자가 공평한 대우를 받는다고 느낄 수 있기 때문이다. 상사의 그러한 행동들은 절차공정성에 해당하는 것으로서, 부하의 절차공정성 지각이 상사에 대한 지지와 호의도에 강한 영향을 미친다는 것이 많은 연구를 통하여 입증되어 왔다(서용원, 2002; Alexander & Ruderman, 1987). 상사신뢰에서도 절차공정성의 구조적 결정 요인인 일관성, 편파억제, 정확성, 교정가능성 등이 적용될 수 있을 것이다. Lind와 Tyler(1988)는 당사자 자신이 공정한 결과를 받게 될 가능성이 높다고 생각될 때 절차의 공정성을 지각하게 된다는 집단 가치 모델(Group-value model)을 제시하였다. 이 이론에 의하면, 부하들은 자신에게 이익이 되는 행동이라 할지라도 상사가 팀원 전체에 대해 공정하지 않게 행동하게 되면, 공정성을 지각하지 않게 될 수 있음을 의미한다. 공정하고 일관된 행동은 부

하들로 하여금 자신들이 존중받고 있다는 느낌을 갖도록 하며, 다른
한편으로는 자신이 팀 내에서 상대적으로 피해를 입지 않을 것이라는
심리적 안정감을 갖게 하고, 상사의 향후 행동에 대한 예측가능성을
높여주게 될 것이다. 또한 상사의 그러한 행동은 구성원들 각자가 동
등하게 대접받고 있다는 인식을 심어줌으로써, 구성원들 상호간의 불
필요한 경쟁이나 시기심을 감소시킴으로써, 팀원들 간 일체감 조성에
도 영향을 줄 수가 있게 된다. 따라서 다음과 같은 가설을 제시한다.

**가설 1-2. 상사가 구성원들에 대해 공정하다고 지각할수록 부하들
의 상사신뢰는 높을 것이다.**

2. 개인 차원: 배려

1) 회사의 배려

배려란 인간 중심의 경영을 기반으로 사원들의 근무생활과 가정생활
에 불편함이 없도록 편의를 제공하고 사원들에게 관심을 가지며 사원
각자의 성장과 발전을 위해 지원하는 것을 말한다. 조직의 구성원들은
사적 개인으로서 자신이 회사로부터 존중받고 있고 배려 받고 있다고
느낄 때 호혜성의 원칙에 의해서 회사를 신뢰하게 될 것이다. 회사가
구성원들을 비용절감의 수단으로 보는 것이 아니라 구성원들을 신뢰하
고 존중하는 인간 중심의 경영을 펼쳐나갈 때 구성원들도 그에 맞는
행동을 하게 된다(Pfeffer, 1994; O'Reilly & Pfeffer, 2002).
회사의 사원에 대한 배려는 두 가지 측면을 고려할 수 있다. 하나는
구성원 개개인의 성장과 발전을 위한 측면이다. 구성원들 스스로가 조
직 내에서 성장감을 느끼고 자기실현의 욕구를 충족시킬 수 있는 기반

이 구축되어 있다고 느낄 때 구성원들은 회사의 배려를 느낄 것이다. 또 한 측면은 구성원들의 편의를 도모해 주는 것이다. 구성원들이 일하는 데 불편이 없고 작업장의 위험에 노출되지 않도록 신경을 써줄 때, 구성원들은 회사가 자신들을 위한 배려를 하고 있다고 느낄 것이다. 대인관계의 신뢰에서 선행 요인으로 많이 도출된 것이 호감정을 가져오는 배려성이 듯이 대상이 회사라 하더라도 동일하게 적용될 것이다.

O'Malley(1999)는 회사가 사원의 성장과 능력 개발에 개별적인 관심과 투자를 하는 것이 신뢰를 이끌어 내는 좋은 방법이라고 하고 있다. 회사가 유능한 사원들을 만들기 위해 투자한 훈련과 교육의 양은 사원들을 성장시키기 위한 배려이고 개개인의 체계적인 성장을 이루어 낼 수 있는 인사제도를 효율적으로 운영하는 것도 개인에 대한 배려라고 할 수 있을 것이다. 또한 개인적인 편의성은 구성원에 대한 복지후생 시설과 제도, 건강과 작업장안전에 대한 보장, 업무수행을 효율적으로 하기 위한 각종 지원제도, 고충처리 등의 실질적 운영이 구성원에 대한 배려행동으로 볼 수 있을 것이다. 서재현(2000)은 조직이 개인을 중요시 여기고 있다는 것을 보여주는 등 조직이 개인에게 배려를 보일 때, 구성원들의 조직몰입이 증가함을 보고하였으며(Eisenberger, Fasolo & Davis-LaMastro, 1990), Dean과 Sharfman(1996)은 구성원에 대한 회사의 배려가 조직에 대한 신뢰와 유대감을 갖게 하는 분위기를 조성한다고 주장하였고, 신유근(1993)도 구성원에 대한 조직의 배려나 공동체의식의 제고는 기업의 경쟁력확보와 생산성에 중요한 의미를 가진다고 하였다. 본 연구의 예비 연구에서의 회사신뢰 사례분석에서도 회사의 개인에 대한 인정이 5%, 자기성장이 4%, 배려성이 31%를 차지하는 등 모두 39%가 도출됨으로써, 회사가 개인 관련 차원에서 구성원 각자를 얼마나 배려하고 있다고 지각하느냐의 여부가 회사신뢰에 있어서 매우 중요한 요소임을 보여주었다. 그러므로 회사의 구성원 개개인

에 대한 배려를 하고 있다고 인식하면 회사와 구성원 간의 감정적 유
대를 끌어낼 수 있을 것이다. 회사가 자신과 자신의 가족에 대한 행복
에 관심을 가지고 있고 자신들을 성의 있게 대하고 자신의 성장과 복
지에 신경 쓰고 있다고 지각하면 회사에 대해 긍정적인 애착을 갖게
될 것이다. 특히 가족주의가 강한 우리나라 기업의 경우 최고 경영자
가 구성원들을 가족처럼 생각하고 세심한 배려를 하는 것은 회사의 신
뢰확보의 중요한 요인일 것이다. Curry, Wakefield, Price, 및 Mueller
(1986)는 회사가 구성원에 대하여 관심을 가지고 세심한 배려를 가질
때 조직에 강한 믿음을 유발한다고 하였다. 따라서 이러한 이론적 배
경을 토대로 다음과 같이 가설을 설정하였다.

**가설 2-1. 회사가 자신에 대해 배려적이라고 지각할수록 구성원들
의 회사신뢰는 높을 것이다.**

2) 상사의 배려

배려는 신뢰받는 자의 자기중심적 이익추구가 아니라 신뢰하는 자
에게 도움이 되는 일을 한다고 인지하는 것이다. 부하에게 있어서 상
사는 직장생활에 있어서 많은 영향력을 지니므로, 상사의 배려는 직장
내에서의 사적인 개인으로서 개인의 생활과 성장에 있어서 많은 부분
상사에게 의존할 수밖에 없다는 측면에서 상사신뢰의 중요한 요소라
할 수 있다.

회사신뢰에서 언급했듯이, 직장에서의 배려는 두 가지 차원을 구분
할 수 있다. 하나는 구성원 개개인의 성장과 발전에 대한 배려의 측면
이다. 즉, 구성원에게 많은 재량권을 주어 능동적으로 업무를 수행하
도록 함으로써, 부하가 새로운 일을 시도해 보고 거기서 성취감을 얻

을 수 있도록 하는 것을 포함한다. 이를 통해 구성원들에게 잠재력을 발휘할 수 있는 기회를 마련해 주고 그러한 잠재력의 바탕이 될 학습의 기회를 제공해 주는 것이다. 또 하나는 개인의 직장생활과 가정생활 등에 대한 배려로서, 부하가 직장 내 또는 외에서 겪는 애로사항이나 문제들에 대해 관심을 가지고 지원하는 것을 의미한다.

Zaleznik(1977)은 개별적인 영향력 및 상사와 일대일의 관계가 상사 신뢰의 발전에 중요하다고 주장하였으며, Mishra와 Spreitzen(1998)의 연구에서도 배려가 중요함을 지적하였다. 김명언 등(2000)의 상사에 대한 신뢰기반의 조사에서도 자기성장지원이 중요한 것으로 나타났다. 상사가 부하에게 업무적인 조언과 지도를 해 주고, 실수에 대한 관용과 기회를 주며, 칭찬하고 격려하며, 어려운 일을 함께 해결해 주고, 나의 개인적인 특성을 고려하여 업무를 할당하고, 교육과 자기 개발 기회를 부여하는 등의 행동들을 보일 때, 부하들은 상사가 자신에 대해 육성 차원에서 배려한다고 지각하였으며, 이러한 육성적 배려가 상사를 신뢰하는 데 중요한 것으로 나타났다. 또한 부하에 대한 "개인생활 배려"도 신뢰의 중요 사례인 것으로 나타났으며, 그러한 행동들로는 부하의 가족이나 개인생활 등에 대한 관심과 배려가 있다고 제안하였다. Scott와 Bruce(1994)의 연구에 의하면 감독자가 자신을 지원하고 있다고 생각할 때 감독자에 대한 신뢰가 높게 형성된다고 한다. 상사가 부하를 존중해 주고 개인적으로, 업무적으로 지원하고 인정해 준다면 조직에서 위계 차이를 극복하고 상사에 대한 긍정적 기대감이 형성되고 상사에 대한 믿음이 증가될 것이다. 따라서 다음과 같은 가설을 설정하였다.

가설 2-2. 상사가 자신에 대해 배려적이라고 지각할수록 부하들의
상사신뢰는 높을 것이다.

3. 신뢰대상의 특성 차원: 도덕성

1) 회사의 도덕성

도덕성이 상사신뢰의 중요한 요인이듯이(김정호 등, 2000; Butler, 1991), 회사운영상의 도덕성 또한 회사신뢰의 중요 요인이 될 것이다. 도덕성이라 함은 구성원들에게 회사가 지켜야 할 원칙이나 기준들을 준수하는 것을 말한다. 회사 경영의 정직성과 그것을 가능케 하는 정보공유, 즉 투명경영 등이 회사에 요구되는 도덕성이라고 할 것이다.

도덕성이란 Carroll(1979)이 분류한 기업의 네 가지 책임 중 법적 책임과 윤리적 책임 등과 관련된 것이다. 법적 책임이란 사회는 기업이 법적 요구사항의 구조 내에서 경제적 임무를 수행할 것을 요구한다는 것이고, 윤리적 책임이란 법적으로 강요되지 않아도 사회통념에 의해 형성된 윤리적 기준을 기업이 사회의 일원으로서 자발적으로 따르도록 기대하는 행동과 활동 등을 의미한다. 이는 경영활동의 옳고 그름을 구분해 주는 규범적 기준을 사회의 윤리적 가치체계에 두는 윤리경영(moral management)을 말한다(Carroll, 1999). 또한 미국의 Fortune 지는 1997년부터 글로벌 500대기업을 대상으로 "가장 존경받는 기업(the most admired companies)"을 선정하여 발표하고 있고 조사 시 윤리적으로 책임 있는 활동을 수행해야 함을 강조하고 있다.

이러한 회사의 도덕성은 정보공유나 구성원과의 의사소통과 연결된다. 신뢰구축에 가장 큰 장애가 되는 것은 정보 비대칭에 따른 불확실성이며, 따라서 자신이 잘 알지 못하는 상대는 신뢰하기 힘들다. 회사가 솔직하게 구성원들에게 회사운영사항을 공개하고 관련 정보를 공개하는 것은 회사의 목적, 역량, 분배, 장래성 등에 대한 불확실성을 제거함으로써 신뢰의 형성에 결정적으로 기여할 것이다. 중요한 정보의 공유는 상대방에 대한 신뢰표시의 증거로 볼 수 있다. Senker (2002)는 회사의 재무적 데이터를 구성원과 공유함으로써 구성원들을 기업가처럼 행동하고 사고하도록 하는 데 도움을 줄 수 있다고 한다. 즉 정보공개는 신뢰에 기초한 조직문화를 형성하고 구성원들이 업무 수행을 보다 더 잘 할 수 있는 데에 필요한 지침과 정보를 제공해 준 다. 사회관계의 기본적인 메커니즘은 호혜성의 원리이며(Eken, 1974), 따라서 회사로부터 신뢰받는다고 느끼게 되면 자신도 회사를 신뢰하 게 될 가능성이 커지게 되는 것이다. 회사에 대한 정보를 공유하고 상 호 개방적인 의사소통이 이루어지면 구성원들도 회사를 신뢰할 가능 성이 커지게 된다고 볼 수 있다. 중요한 경영실적 등의 정보 공유, 구 성원이 주요한 정보채널과 가깝게 접할 수 있을 때 신뢰를 더 경험하 게 된다(Jacqueline & Gilbert, 1998). 예비 연구에서도 약속이행, 도 덕성 등이 신뢰에 영향을 주는 요인으로 나타났다. 이러한 결과들은 회사신뢰에 있어서 도덕성이 중요한 요인임을 보여준다. 따라서 아래 와 같은 가설을 제시한다.

가설 3-1. 회사가 도덕적이라고 지각할수록 구성원들의 회사신뢰는 높을 것이다.

2) 상사의 도덕성

상사와 부하 간의 신뢰에 있어 상사 자신의 도덕성 또한 신뢰에 중요 한 영향을 미칠 것이다. 도덕성이란 사회화 과정을 통해 학습된 사회적 윤리와 규범을 준수하는 것을 말한다. 상사가 부하들로부터 신뢰를 얻 으려면, 무엇보다도 스스로 성실하고 정직하며 약속을 준수하는 등, 자 기 자신에 대해 엄격한 규율을 적용해야 하는 것이다. 상사의 그러한 행동을 통해 부하들은 상사가 진실하다고 지각하게 되고, 따라서 상사가 나를 속이거나 배신하지 않을 것이라고 생각될 것이기 때문이다.

많은 연구들에서 상사신뢰에 중요하다고 밝혀진 성실성, 정직성(Doney & Cannon, 1997), 진실성(Butler et al., 1984), 솔직함, 솔선수범, 약속이행, 언행일치(김정호 등, 2000) 등이 모두 도덕성에 해당한다고 할 수 있다. Mayer 등(1995)은 '성실성'이라 하여 신뢰하는 자가 받아들일 수 있는 원칙들을 신뢰받는 자가 준수하는 것이 신뢰형성에 중요하다고 제안하였으며(Butler, 1991; Lieberman, 1981; McFall, 1987), Waitley(1995) 또한 신뢰에 영향을 주는 리더의 정직성, 도덕성, 윤리의식 등을 리더의 필수 자질로 지적하고 있으며, Gabarro(1978)는 상사의 특성(character)이 신뢰의 요인 중 하나이며, 그러한 특성에는 성실성이 포함된다고 주장하였다. Butler 등(1984)은 상대방이 기본적인 도덕성과 정직성을 갖추고 있지 않다면 다른 신뢰의 영역들은 의미가 없다고 주장하였으며, Russell(2000)은 서번트 리더십을 제시하면서 상사의 윤리의식과 도덕성이 상사에 대한 신뢰에 중요한 영향을 미치며, 그것이 서번트 리더의 핵심이 된다고 하였다(Farling, Stone, & Winstone, 1999).

예비 연구의 사례분석에서도 성실성, 자기희생적 솔선수범 등의 항목이 상사신뢰에 중요한 것으로 나타났다. 즉, 상사가 자기 일에 열심이고, 자기 개발 및 관리를 철저히 하는 등의 성실한 행동을 보이고, 어려운 일이나 힘든 일을 마다하지 않고 앞장서서 희생정신을 발휘하는 등의 솔선수범의 모습을 보일 때 상사에 대한 신뢰가 증가하는 것으로 나타났다. 따라서 아래와 같은 가설을 제시한다.

가설 3-2. 상사가 도덕적이라고 지각할수록 부하들의 상사신뢰는 높을 것이다.

4. 일 차원: 역량

1) 회사의 조직역량

회사신뢰에서 일 관련 차원에서 발생할 수 있는 신뢰의 결정 요인으로서 조직역량이란 시장경제에서 해당조직이 사업을 영위해 나가기 위한 경쟁적 우위를 가질 수 있는 유형, 무형의 특징으로 구성원들에게 회사에 대한 자부심을 가질 수 있는 것을 말한다. 조직이란 특정한 목적을 달성하기 위하여 의도적으로 설계되어서 공식적으로 구성원들에게 역할을 부여하고 자원을 분배하는 집합체(한덕웅, 2002)이다. 조직과 개인을 연결하는 것은 일이며, 조직 내의 구성원들은 조직의 목적을 달성하기 위하여 상호 작용하는 것이고, 상호 작용이 추구하는 목적 자체를 실현하기 위해 필수 불가결한 요소가 신뢰의 형성에 중요한 요인으로 작용할 수밖에 없다. 이러한 일 관련 차원에서 볼 때 구성원들이 회사를 신뢰하는 데 가장 중요한 요소가 조직의 역량(competence)과 관련된 것들이다. Mayer 등(1995)은 신뢰의 통합모형에서 대인신뢰의 선행 요인으로 개인의 능력을 제시한 것처럼, 조직에 있어서도 동일하게 적용된다. 조직의 역량이란 그 조직이 가장 잘 할 수 있는 것으로서, 시장경제에서 그 조직이 갖는 경쟁 우위를 정의하는 데 필요한 것을 말하는 것이다(Shandler, 2000). 조직역량은 기업의 기술과 스킬의 통합으로 기업의 경쟁력 제고에 공헌할 수 있으므로, 신뢰의 기반 중 능력기반 신뢰에 해당된다고 할 수 있다. 즉, 신뢰대상자가 신뢰하는 자의 기대를 충족시킬 수 있는 능력을 보유하고 있을 때 신뢰가 높아진다는 것이다.

박광국, 박선희와 도운섭(1999)의 연구에서는 조직의 환경변화 적응력과 같은 역량 요소들이 조직신뢰도와 높은 상관을 보여주고 있어, 환경변화에 대처하는 조직능력이 조직신뢰에서 갖는 중요성을 높이

평가하고 있다. 특히 Ghoshal과 Bartlett(1995)는 조직에서의 경쟁력의 근간을 인간으로 보고 조직몰입이나 협력적 행동의 계기를 만들어 주기 위해서는 회사가 공동체의식을 발전시켜 정서적 결속을 다지는 것이 중요하다고 하였다. 본 연구의 예비 연구에서도 회사신뢰의 요인으로 회사의 영업능력, 연구개발력, 관리력 등 조직역량과 관련된 사례와 회사의 효율적 운영과 관련된 조직혁신/유연성, 조직구조의 합리성, 경쟁력 있는 조직문화와 분위기 등이 회사를 신뢰하는 이유로 수집된 바 있다. 구성원들의 입장에서는 자신이 일하고 있는 회사가 자신의 성장과 개인의 복리를 충족시켜 줄 수 있고 더 나아가 회사를 유지 존속하여 구성원에게 지속적인 안정감을 줄 수 있는 기반으로 회사의 조직역량이 중요하지 않을 수 없는 것이다. 또한 조직 내 바람직한 문화를 조성하여 구성원들의 결속력을 높이므로 구성원들이 조직에 대한 정서적 애착을 가지게 되므로서 회사를 믿고 따를 것이기 때문에 다음과 같이 가설을 설정할 수 있을 것이다.

가설 4-1. 회사의 조직역량이 높다고 지각할수록 구성원의 회사신 뢰는 높을 것이다.

2) 상사의 업무능력

조직에서 개인과 상사를 연결하는 일차적 고리는 업무 또는 일이며 그런 차원에서 상사와 부하의 관계는 달성해야 할 공동의 목표가 있다. 상사의 업무능력은 상사와 부하 간의 상호 작용이 추구하는 목적을 실현하는 데 필수 불가결한 요소이므로, 상사신뢰의 형성에 중요한 요인이 된다. 또한 상사의 업무능력은 팀의 성과와 목표뿐 아니라, 부하 자신의 업무수행에도 많은 영향을 미치게 된다는 점에서도 상사신뢰에 일차적으로 중요한 요소가 되는 것이다.

상사의 업무능력이란, 어떤 특정한 영역 내에서 영향력을 가지도록 해 주는 기술과 재능 및 특성의 집합을 의미하는 것으로서 주어진 업무를 수행해낼 수 있는 전문 지식, 스킬, 대인관계능력, 판단력, 의사결정 능력 등 상사가 업무처리에서 보여주는 것을 말한다.

기존의 대인관계 신뢰나 상사신뢰의 연구들에서도 능력은 신뢰의 중요한 선행 요인으로 제시되어 왔다. 기존 연구(Mayer et al., 1995; Cook et al., 1980; Deutsch, 1960; Jones, James & Bruni, 1975; Sitkin et al., 1993) 등은 '능력(ability)'를 상사신뢰의 필수 요소로 제안하였으며, '역량(competence)' 또한 능력과 유사한 개념으로서 많은 연구들에서 상사신뢰의 중요한 요소로 언급되어 왔다(Butler, 1991; Butler et al., 1984; Kee & Knox, 1970; Lieberman, 1981; Rosen & Jerdee, 1977). 이와 유사하게, Giffin(1967)은 전문성(expertness)이 신뢰를 갖게 하는 요소로 제안하였으며, Gabarro(1978)가 제시한 아홉 개의 신뢰 기반 중 기본적/구체적 능력, 대인 능력, 사업 감각, 판단력 등도 능력에 해당하는 것이라 할 수 있다.

Butler 등(1984)은 대학생들로 구성된 가상의 상사와 부하의 신뢰행동유도 자극 연구에서 능력이 성실성, 일관성, 충성도, 개방성 등 다른 어떤 행동자극보다 가장 중요하다는 연구 결과를 얻었다. 이는 지식과 기술과 같은 능력 상황은 기꺼이 하려고 하는 마음보다 신뢰의 가장 중요한 결정 요인이라는 것을 의미한다. 국내에서도 김명언 등(2000)의 연구에서 직무수행능력, 방향제시, 변화실천, 결단력 등이 상사신뢰의 사례로 추출되었으며, 김정호 등(2000)은 대인관계 능력과 전문성이 상사신뢰의 선행 요인으로 추출되었다. 이러한 결과들은 상사의 업무처리 능력 요인이 부하들로 하여금 상사를 신뢰하는 데 중요한 요소임을 보여주는 것이라 할 수 있다.

상사의 업무능력은 팀의 목표달성과 과제해결에 직접적인 영향을 미친다. 따라서 구성원들은 자기의 상사가 효과적으로 업무를 처리해 나가는 것을 볼 때 업무의 팀 내부적인 효율성을 유지하고 외부적으로도 팀의 존재가치를 인정받을 수 있으므로 자부심과 안정감을 느낄 수 있을 것이다. 따라서 아래와 같은 가설을 설정할 수 있다.

가설 4-2. 상사의 업무능력이 높다고 지각할수록 부하들의 상사신뢰는 높을 것이다.

5. 상위범주 차원: 책임

1) 회사의 사회적 책임

사회적 책임은 회사가 사회의 구성원으로서 개별적인 판단에 의하여 사회에 대한 책임의식을 가지고 사회에 공헌하는 것을 말한다.

구성원들은 자신이 근무하는 회사가 사회에 대하여 기업윤리를 지키며 사회적 책임을 다할 때 회사가 구성원에게도 이행해야 할 책임을 다할 것이라는 기대가 작용할 수 있어 회사에 대해 갖는 신뢰가 증가할 것이다. 기업의 사회기여는 Carroll(1979)이 분류한 사회적 책임 중 자선적 책임과 관련된 것이다. 자선적 책임이란 기업의 개별적 판단이나 선택에 맡겨져 있는 책임을 의미한다. 이는 기업의 사회공헌활동(corporate philanthropy)으로서, 정부의 힘이 미치지 못하는 영역에서 민간 기업들이 경영활동과 직접 관련이 없는 문화활동, 기부, 자원봉사, 복지 등의 활동을 실시하는 것을 말한다. 따라서 사회적 책임을 가지는 기업이란, "이윤을 내기 위해 노력하는 동시에, 법에 순응하고 사회의 유지와 발전을 위해 자발적으로 참여하는 성실한 기업시민(corporate citizenship)"이라고 할 수 있다. 즉 기업이 '환경친화적 기업'으로 인식되면, 사회적 책임 등에서 신뢰를 갖는다고 하였다.

개인은 조직의 구성원인 동시에 사회의 구성원이기도 하다. 따라서 자신이 속한 조직을 조직구성원으로서의 시각뿐 아니라, 자신을 사회의 구성원으로 범주화할 때에는 사회의 구성원이라는 보다 객관적인 시각으로도 회사를 바라보고 평가하게 된다. 이러한 객관적 평가에서의 중요한 관점은 자신이 속한 기업이 사회 일원으로서 사회적 책임을 다하고 있는가가 될 것이다. 기업의 사회적 책임 행동이 자신들의 대외홍보나 사업적 목적과 무관하다고 판단될 때, 회사가 사회에 보여준 것과 같이 구성원인 자신들에 대해서도 책임을 다할 것이라는 기대를 형성하게 될 것이다. 사람들은 사회화 과정을 통해 사회적 기여에 대한 가치(value)를 형성하게 된다. 따라서 기업의 사회적 기여를 바람직한 행동으로 평가하게 되고, 그러한 모습을 통해 회사에 대한 긍정적인 평가와 신뢰를 형성하게 될 것이다.

또한 자신의 회사에 대해 강한 소속감과 동일시를 가지고 있는 구성원들은 자신이 속한 회사의 사회적 기여를 통해 간접적으로 사회적 책임감을 느끼게 되고, 회사에 대한 자부심을 형성하게 되며, 이러한 긍정적 정서는 회사에 대한 신뢰형성에 정적인 영향을 미치게 될 것이다. 예비 연구의 회사신뢰의 사례분석과 탐색적 요인 분석에서도 회사의 사회적 책임이 회사신뢰의 중요한 요인임을 밝혔다. 따라서 아래와 같은 가설을 설정할 수 있을 것이다.

> 가설 5-1. 회사가 사회적으로 기여하고 있다고 지각할수록 구성원
> 들의 회사신뢰는 높을 것이다.

2) 상사의 조직에 대한 책임

단위 조직 내에서의 상사와 부하는 상호 관계를 맺고 있지만, 그들은 한 단위부서로 또 다른 조직과 연결되어 있다. 조직은 유기체로서 내부의 상호 작용뿐만 아니라 외부와도 지속적인 상호 작용을 하게 된다. 업무적으로 관련된 수평적인 관계에 있는 단위조직이나 수직적인 관계를 맺고 있는 상위부서 또는 상사와의 상호 작용이 그것이다. 외부조직과의 관계에서 상사에게 보이는 행동은 단위조직 내부에서 보여주는 행동과는 다른 행동이 요구된다. 책임을 맡고 있는 단위조직의 과제를 달성하기 위하여 타 부서의 협력을 이끌어 내고 상사에게 부서의 존재가치를 알리는 행동들이 요구된다. 김명언 등(2000)의 상사에 대한 신뢰 요인 연구에서 소신, 불신 요인으로 소신 부족, 아부 등을 도출하였다. 위계를 중시하는 한국기업의 풍토에서 자신과 부하의 의지를 경영층이나 회사 측에 용기를 가지고 직언을 하고 위로부터 대립에서 의견을 굽히지 않는 행동들이 부하들에게 신뢰를 줄 수 있는 행동이라고 할 수 있다.

또한 조직구성원의 입장에서 본다면 단위부서의 이익과 목표만을 추구하는 것이 아니라 조직의 장래와 장기적 관점에서 조직을 바라봄으로써 당장은 자신에게 힘이 들더라도 조직 전체의 입장에서 행동하는 측면이 조직구성원으로서의 책임 있는 행동이 될 것이다. 부하의 입장에서 당장의 자신에게 돌아오는 이익보다 조직 전체의 관점에서 노력하고 희생하는 상사의 모습에서 신뢰를 가질 수 있을 것이다. Bass(1985)는 변혁적 리더십과 거래적 리더십을 제안하였다. 변혁적 리더십은 그들의 조직 비전과 사명을 위하여 그들 자신의 이기주의를 초월하는 중요성을 구성원들이 알 수 있도록 돕는 리더십이라고 할 수 있다(Burns, 1978). Podsakoff 등(1990)은 변혁적 리더십의 행동요소들이 조직시민행동에 영향을 미치는 데에 신뢰가 매개변수로 작용함을 보고한 바 있다. 이러한 측면에서 리더의 조직에 대한 소신 있는 행동, 회사의 전체 입장에서 판단하고 행동하며 조직을 위해 자신을 희생하는 행동 등에 신뢰를 느낄 것이다. 따라서 아래와 같은 가설을 제시한다.

  가설 5-2. 상사가 책임을 느낀다고 지각할수록 부하들의 상사신뢰
          는 높을 것이다.

제3절 신뢰하는 사람의 특성

  지금까지 신뢰에 대한 연구들은 대부분 신뢰받는 사람의 어떠한 특성들이 신뢰에 영향을 미치는가에 초점을 두어왔다. 그러나 신뢰받는 자의 다양한 행동들에 대하여 신뢰하는 자가 어떻게 지각하고 해석하는가에 의해서도 영향을 받게 된다. 신뢰에 영향을 미치는 신뢰하는 자의 개인적 특성은 성별, 연령, 직급, 근무 연수, 교육수준 등의 인구통계적 특성과 개인의 심리적 성향들이 포함된다.

  우선 개인특성에 관한 선행연구들을 살펴보기로 하겠다. 남녀 간의 차이에 있어서는 여성이 조직에 대해 덜 냉소적이며 더 몰입하고 애착과 관심을 가지기 때문에 조직에 대한 신뢰도가 높게 나타난다는 보고가 있다(Carnevale et al., 1992). 직급과 관련해서는 직급이 높은 사람은 보다 많은 권한과 책임이 있는 직위에 있기 때문에 조직의 가치를 수용하고 조직을 신뢰하는 경향이 많다(Carnevale et al., ,1992). 또한 많은 연구들은 연령과 근무 연수를 조직몰입의 결정 요인으로 보고 있고 일부학자들은 몰입의 선행조건으로 신뢰를 제시하기도 한

다(Buchanan, 1974). 따라서 개인의 연령과 근무 연수는 신뢰에 긍정적인 영향을 미치는 것으로 가정할 수 있다. 또한 교육수준과 관련해서는 교육수준이 높은 개인은 업무수행에 대한 자율성과 능력발전의 기회를 가질 가능성이 많기 때문에 교육수준이 높은 사람일수록 조직을 신뢰할 가능성이 높다고 주장한다(Daley & Vasu, 1998). 국내의 박광섭, 박선희, 그리고 도운섭(1999)의 연구에서는 연령, 직급과 조직신뢰도와 정의 상관관계가 있고 성별, 봉급, 근무 연수, 교육수준, 출신 지역과 조직신뢰도와는 유의미한 상관관계는 없는 것으로 보고하고 있다.

신뢰하는 자의 개인적 성향이 갖는 효과에 대해서는 많은 연구가 이루어지지 않아 왔다. 대부분의 연구들이 신뢰받는 자의 특성에만 초점을 두어 왔을 뿐, 상대적으로 신뢰하는 자의 개인적 속성에 대해서는 덜 관심을 가져왔던 것이 사실이다. 그러나 신뢰에 대한 보다 정교한 연구를 위해서는 신뢰받는 자의 특성뿐 아니라, 신뢰하는 자의 특성 또한 고려되어야 한다. 인간은 환경으로부터의 다양한 정보들을 그대로 받아들이는 것이 아니라, 자신의 준거 틀에 맞추어 선택적으로 지각하고 주관적으로 해석하기 때문이다. 신뢰하는 자의 특성들 중 주로 연구되어 온 것은 개인의 신뢰성향이다. 즉, 과거의 학습을 통해 타인을 잘 신뢰하는 사람과 그렇지 않은 사람이 있으며, 이러한 성향이 대인간 신뢰에 영향을 미친다는 것이다(Mayer et al., 1995). 그러나 이외에도 고려되어야 할 개인 속성으로서 집합주의 성향을 들 수 있을 것이다. 집합주의 문화권의 사람들은 개인의 '자기(self)' 속에 자기 자신뿐 아니라 중요 타인들 또는 자신이 속한 내집단을 함께 포함하고 있게 되며(Markus & Kitayama, 1999) 그러한 타인들 및 집단 구성원들과 심리적으로 상호 연결되어 있기 때문에, 그러한 사람들 또는 집단에 대한 신뢰가 중요하게 되며, 따라서 신뢰받는 자의 신뢰 결정 요인들에 대해 민감하게 되기 때문이다. 따라서 본 연구에서는 신뢰하는 자의 심리적 성향과 신뢰의 관계를 보고자 한다. 따라서 이번 절에서는 신뢰하는 자의 특성을 신뢰성향, 집합주의 성향으로 살펴보고자 한다.

1. 신뢰성향

신뢰는 신뢰하는 자의 신뢰성향에 의해 영향을 받게 된다. 신뢰성향이란, 타인을 신뢰하고자 하는 일반적인 마음 상태를 의미하는 것으로서(Mayer et al., 1995), 사람들에 따라 신뢰에 대한 내적 성향이 다르기 때문에 신뢰성향이 높은 사람일수록 타인의 특성에 대하여 긍정적으로 인지하며 그에 따라 높은 신뢰수준을 유지하게 된다(McKnight, Cummings & Chervany, 1998; Kramer et al., 1996). 즉, 신뢰성향은 신뢰대상에 대한 신뢰의 수준을 결정하는 데 영향을 주는 것이다.

Conlon & Mayer(1994)는 Rotter(1967)의 척도를 사용하여 다른 사람을 신뢰하고자 하는 마음 상태가 대리인 시뮬레이션에서 일하는 사람의 행동과 수행에 유의한 관계가 있음을 발견하였다. 이들은 신뢰성향은 상황에 영향을 받기보다는 상황에 대해 안정적이고 일관적으로 나타나는 개인의 속성이라고 주장한다.

Mayer 등(1995)은 신뢰의 통합모형에서 신뢰성향이 강한 사람은 신뢰대상자의 특성에 대한 신뢰인식에도 영향을 줄 것이라고 제시하였다. 즉 신뢰성향이 신뢰대상자에 갖는 조절효과를 설명하고 있다. 원숙연(2000)의 연구에서도 부하의 신뢰성향과 상사의 성실성과 유의한 관계가 있음을 보여주고 있다.

이러한 연구들을 종합해 볼 때, 동일한 내용으로 회사나 상사가 구성원들을 개인적으로 배려한다 할지라도, 신뢰성향이 높은 사람들은 신뢰성향이 낮은 사람들보다 그러한 행동에 대해 보다 더 민감하게 받아들이게 되고, 따라서 회사 또는 상사에 대한 신뢰가 높아지게 될 것이다.

이러한 연구들을 통해, 신뢰성향이 높은 사람들이 낮은 사람들에 비해 회사신뢰와 상사신뢰가 더 높을 것이라는 점과, 회사신뢰와 상사신뢰의 결정 요인들이 각각의 신뢰에 미치는 영향이 신뢰성향이 높을 때가 낮을 때보다 더 클 것임(신뢰성향의 조절효과)을 예측할 수 있다.

가설 6-1. 개인의 신뢰성향이 높을수록 회사신뢰의 결정 요인들이 회사신뢰에 미치는 영향은 더 클 것이다.
가설 6-2. 개인의 신뢰성향이 높을수록 상사신뢰의 결정 요인들이 상사신뢰에 미치는 영향은 더 클 것이다.

2. 집합주의 성향

신뢰성향이 개인의 잠재적 신뢰수준을 결정짓는 요인이라면, 집합주의 성향은 신뢰 차원의 상대적 중요성을 결정짓는 요인이라 할 수 있다. Triandis(1985)는 문화수준의 집합주의(collectivism)－개인주의(individualsm) 차원에 대응하는 개인수준에서의 집합주의 성향(allocentrism)과 개인주의 성향(idiocentrism)을 제안하였다. 집합주의 성향이란, 사회적 지각의 기본적인 단위를 집단으로 하고 협동, 평등, 정직성을 강조하고 상호 의존성을 반영하는 믿음을 선호하는 성향을 의미한다. 이러한 성향을 가진 사람들은 자신을 집단의 일부로서 파악하기 때문에, 상호 의존적이고 집단의 목표를 개인의 목표에 선행시키며 집단의 원활한 결속에 관심을 가지고 사회적 규범에 따라 행동하는 것을 중요시한다. 따라서 집합주의 성향이 높은 사람은 개인적 이익을 추구하기보다는 집단의 목표와 이익을 우선시한다.

한편 개인주의 성향은 사회적 지각단위로서 개인을 중시하며 안락한 생활, 경쟁, 즐거움, 사회적 인정을 우선시한다. 자신을 집단과는 별개의 독특한 단위로써 지각하기 때문에 다른 사람으로부터 독립적이며 개인의 목표추구가 집단에 누를 끼치더라도 개인의 목표를 강조하며 집단의 결속에 관심이 적고 정서적으로 거리감을 가지고 있다. 따라서 개인주의 성향이 높은 사람은 집합주의 성향의 사람보다 집단의 목표와 이익보다는 개인적인 이익을 더 우선시하게 된다. Hofstede(1983)는 집합주의적 성향이 높을수록 도덕적 동기에 의해 조직에 참여하게 되고 개인의 이익보다 집단의 이익을 우선시하게 된다고 하였다. 또한 조직에 대한 충성심과 의무감이 강하며 조직과 종업원의 관계는 가족관계와 같이 도덕적인 측면에서 인간관계가 중요시됨으로써 집단의 이익을 위해 자신을 희생하고 노력하려는 경향이 강하게 나타난다고 지적하고 있다. 따라서 집단주의 성향이 높은 구성원은 개인주의 성향이 높은 구성원보다 조직에 대한 감정적 애착을 크게 느끼게 될 것이라고 하였다. Triandis(1995)도 집단주의 성향을 가진 사람들이 개인주의 성향을 가진 사람들보다 더 높은 조직몰입을 가진다고 보았다.

우리나라는 일반적으로 집합주의 문화로 분류되고(Hofstede, 1983) 집합주의 문화의 특성을 가진 것으로 보고 되고 있지만 한국 내에서도 연령이 높을수록 집합주의 경향이 높고 교육수준이 높을수록 개인주의적 경향이 높다는 연구가 있어(Han & Ahn, 1990) 개인이 회사나 상사에 대한 신뢰의 정도도 성향에 다라 다르게 나타날 것이다. 이종한(1998)은 집단주의 성향이 높은 사람이 인간관계를 과제보다 더 중요시 여긴다는 결과를 보이고 있다. 조긍호(1997)는 집합주의 문화인 우리나라에서는 중요시되는 상사의 역할이 과제 지도자로서의 역할보다는 관계지도자의 역할이라고 보고하고 있다.

따라서 이러한 연구 결과들에 비추어 볼 때, 집합주의적 성향을 지 닌 사람들은 회사신뢰와 상사신뢰 모두에서 구성원 차원과 상위범주 차원(회사신뢰는 사회 차원, 상사신뢰의 경우는 조직 차원)에 더 많은 중요성을 부여하게 될 것임을 예측할 수 있다.

　　가설 7-1. 집합주의적 성향이 높은 사람들은 낮은 사람들에 비해 개인 차원과 일 차원이 회사신뢰에 영향을 미치는 것보 다 구성원 차원과 상위범주 차원이 회사신뢰에 더 많은 영향을 미칠 것이다.

　　가설 7-2. 집합주의적 성향이 높은 사람들은 낮은 사람에 비해 개인 차원과 일 차원이 상사신뢰에 영향을 미치는 것보다 구성 원 차원과 상위범주 차원이 상사신뢰에 더 많은 영향을 미 칠 것이다.

제4절 신뢰의 결과

학자들뿐 아니라, 많은 기업의 실무자들이 신뢰에 관심을 갖는 것은 신뢰가 인간관계의 중요한 요소일 뿐 아니라, 조직의 효과성에 있어서 매우 중요한 의미를 지니기 때문이다. 신뢰가 직무만족(김정호 등, 2000; 김호정, 1999; Konovsky et al., 1994), 조직몰입(김정호 등, 2000; 김호 정, 1999; Carnevale, 1995; Cook et al., 1980; Kramer et al., 1996), 조직 시민행동(Puffer, 1987; Podsakoff, Mackenzie, & Bommer, 1996), 수행 (McAllister, 1995), 공정성 지각(Full, Brief, & Barr, 1985), 변화에 대한 수용성(Kanter, 1988; Mishra & Mishra, 1994) 등의 조직효과성에 영향 을 미친다는 것에 대해서는 많은 연구들을 통해 입증되어 왔다. 그러나 신뢰가 그러한 조직효과성 변수에 영향을 미치는 심리적 기제에 대해서는 많은 연구가 이루어지지 않아 왔다.

신뢰는 개방적 태도, 위험을 감수하려는 의지, 혁신적인 생각과 행동, 그리고 높은 수준의 협력을 가능하게 하는 본질적인 것이다. 이미 앞에서 언급하였듯이, '신뢰는 상대방의 실행이나 의도에 대해서 갖는 긍정적인 기대를 바탕으로 자신의 위험부담을 수용하려는 심리적 상태'로 정의하였다. 상대방을 진정으로 신뢰하게 된다면 신뢰하는 자는 상대방을 위하여 자신에게 손해가 되더라도 무엇인가를 할 수 있을 것이다. 회사나 상사를 신뢰하게 된다면, 회사에 대한 충성심을 가지게 될 것이고 회사가 나를 위해서 믿어주고 존중해 주는 만큼 회사나 상사가 하고자 하는 일에 기꺼이 협력하려 할 것이며, 설사 그에 따른 위험이 있다 하더라도 위험을 감수하려고 할 것이다. 반대로, 회사와 상사를 신뢰하지 않는다면, 상대방의 행동에 대해 비협조적이며, 냉소적으로 대응하기 쉽게 된다. 따라서 본 연구에서는 회사신뢰 및 상사신뢰가 조직효과성에 영향을 미치는 과정에서 신뢰대상에 대한 협동심, 충성심 등의 심리적 과정변수들에 미치는 영향을 살펴보고, 이러한 과정변수들이 조직효과성 변수들에 미치는 영향에 대해서 살펴보고자 한다. 또한 조직 내 성원들에게 조직에 대한 태도형성에 영향을 미치는 상사들에 대한 신뢰가 회사신뢰에 어떠한 영향을 미치는지 살펴보고자 한다.

1. 상사신뢰가 회사신뢰에 미치는 영향

조직의 구성원들은 조직 내 사회화 과정을 통하여 조직에 대한 가치와 목표 및 직무수행양식을 습득한다(Feldman, 1982). 이러한 사회화 과정에서 조직 내의 상사들은 구성원들에게 필요한 정보를 제공해 주는 중요한 역할을 담당하게 된다. 상사는 조직을 대표하여 조직구성원들에게 조직 내 적응 및 조직과 관련된 태도 및 행동형성에 많은 영향을 줄 수 있을 것이다(Holmes, 1981). 따라서 신뢰받을 수 있는 상사는 조직신뢰에 많은 영향을 미치게 될 것이다. 상사에 대한 신뢰는 물질적인 것보다는 비물질적인 것에 기초한 지속적이고 발전적인 상호 관계라고 할 수 있다. 조직의 구성원들은 회사와 직접 접촉하여 조직의 의도나 속성을 파악하기보다는 자신의 상사를 통하여 간접적으로 경험하는 것이 일반적이다(Carnevale, 1995). 구성원들에 대해 조직을 대표하는 것은 주로 상사이기 때문에(Konovsky et al., 1994) 기존의 연구들은 상사에 대한 신뢰가 개인의 직무만족(Hackman & Oldham, 1986), 조직 내 스트레스(Leiter & Maslach, 1988) 등 개인이 형성할 수 있는 태도 및 행동에 중요한 영향을 미치는 것으로 나타나고 있다. 국내의 김호정(1999)의 연구에서도 동료신뢰보다 상사에 대한 신뢰가 조직신뢰에 깊은 관계가 있음을 보이고 있다.

상사에 대한 신뢰는 Blau(1964)가 주장하는 사회적 교환을 통하여 영향을 주고받으며 구성원의 태도 및 행동에 영향을 미치는 역할을 담당하게 될 것이다. 상사에 대한 신뢰는 경제적인 교환관계에 기초를 둔 거래적인 심리적 계약보다는 비물질적인 관계적인 심리적 계약(Rousseau & Parks, 1993)을 통하여 조직과 개인 간의 관계를 더욱 강하게 성립시키는 가교의 역할을 담당하게 될 것이다. 사회적 교환의 대상이 되고 있는 상사는 조직을 대표하는 대리인의 역할을 담당하게 되어 회사에 대한 신뢰는 조직을 대표하는 대리인에 대한 지각에 많은 영향을 받을 것이다. 조직을 대리하는 대리인으로서 조직구성원들의 상사는 회사에서 시행하는 모든 제도나 정책의 당사자로서 인식될 수 있을 것이다. 따라서 상사에 대해 신뢰를 느끼면 긍정적 기대감을 갖게 되어 심리적으로 안정감을 느끼게 될 것이고 상사에 대한 영향과 권위를 수용함으로써 일체감이 형성되어 회사신뢰를 유발할 것이다. 이에 본 연구의 가설을 다음과 같이 제안하고자 한다.

가설 8. 상사에 대한 신뢰가 높으면 회사에 대한 신뢰가 증가할 것이다.

2. 신뢰가 조직효과성에 미치는 영향을 매개하는 과정 변수들

많은 연구자들이 신뢰가 조직효과성에 미치는 영향에 대해 연구해 왔으나, 왜 신뢰가 그러한 조직효과성 변수들에 영향을 미치게 되는가에 대해서는 연구가 이루어지지 않아 왔다. 이재연, 차동욱(2003)은 신뢰가 조직 차원의 효과성 변수에 미치는 영향이 협력의도와 같은 개인 차원의 효과성 변수를 통해 간접적으로 영향을 미칠 수 있음을 제안하였으며, Wong 그리고 Ngo(2002)은 충성심이 신뢰의 일차적 결과변수임을 주장하였다. 이러한 연구들은 신뢰가 조직효과성에 연결되는 과정을 협력의도와 충성심이 매개하고 있음을 의미하는 것이라 할 수 있다.

조직과 구성원은 심리적 계약관계로 맺어진다. 신뢰가 없다면 조직과 구성원 간의 심리적 계약은 거래적 계약관계가 형성되게 되고, 따라서 구성원들은 자신에게 주어지는 금전적 보상에 대한 교환적 대가로서의 노력만을 제공하게 되지만, 신뢰가 형성되면 관계적 계약관계가 형성되어(MacNeil, 1985), 조직으로부터 주어지는 단기적인 금전적 보상 이상으로 조직을 위해 노력하게 되는 것이다. 따라서 본 절에서는 신뢰가 조직효과성에 미치는 영향이 협력의도와 충성심에 의해 어떻게 매개되는지를 살펴보고자 한다.

1) 협력의도

조직 내에서 신뢰가 중요시되는 가장 중요한 이유는 효과적 업무
수행을 위해서는 구성원들 간의 협력이 절실히 요구되며, 이를 위해
서는 신뢰가﹐필수적이기 때문이다(Cohen, Ledford & Spreitzer, 1996;
Dunphy & Bryant, 1996). 부하가 상사를 신뢰하지 않고 또 회사를
신뢰하지 않는다면, 상사와의 긴밀한 팀워크나 회사 정책에 대한 지지
를 획득하기 어렵게 될 것이다. 신뢰는 조직목표를 달성하기 위한 리
더의 성공, 더 큰 관리적 전략의 성공적 실행, 더 효율적인 팀을 만드
는 데 기여하며, 회사가 정책을 실시하고 전략을 실행하는 데 있어서
구성원들의 동의와 협조를 얻는 데 기여한다. 이러한 이유에서 많은
연구자들은 신뢰와 협력에 대해 연구해 왔으며, 신뢰가 협력을 촉진시
킨다는 일관된 연구 결과를 제시해 왔다. 최대정, 박동건(2002)은 가
상화된 조직에서의 신뢰 및 협력행동과의 관계에서 신뢰 요인들이 협
력행동을 유의하게 설명하고 있다고 보고하고 있다.

일부 연구자들(Husted, 1989)은 신뢰와 협력을 동일한 현상으로 간
주하며, 상호 교환 가능한 용어로 사용한다. 그러나 Mayer 등(1995)
은 신뢰가 협력을 위한 필수조건이 아님을 제안하였다. 즉, 신뢰하지
않는다 할지라도, 강요에 의해 또는 자신의 이익을 위해 협력할 수 있
는 것이다.

Ring과 Van de van(1994)은 신뢰는 상대방이 적어도 해가 되지 않
거나 도움이 되는 방법으로 행동할 것이라는 신념을 반영하기 때문에,
미래에 대한 인지된 위험을 저하시킴으로써 협력을 촉진시킬 것이라
고 주장하였으며, 신뢰가 상호 의존적인 개인이나 집단이 서로를 이용
할 것이라는 두려움을 없애주기 때문에 협력을 증가시킨다고 제안하
였다. 또한 Gibb과 Gibb(1969)은 현존하는 갈등을 인식하고 좀더 협

력적으로 행동하며 변화를 제안하는 데 있어서 신뢰가 필수적인 요소
라고 제안하였다. 이외에도 많은 연구들에서 협력의도와 협력행동의
직접적인 선행 변인으로 신뢰가 언급되어 왔으며(Doney, Cannon, &
Mullen 1998; Gambetta, 1988; Mayer et al., 1995; McAllister, 1995;
Rousseau et al., 1998; Smith, Carroll, & Aashford, 1995), 국내에서
도 이와 일관된 결과들이 제시되어 왔다(Ring et al., 1994; 이동섭,
1997; 최연철, 김철영, 강인원, 2002; 박광국 등, 1999; 이재연 등, 2003,
최대정 등, 2002).

이상에서 살펴본 바와 같이, 신뢰를 갖게 되면 조직과 상사에 대한
불확실성과 모호성이 감소되고 상대방의 의도나 행태를 오해하여 생길
수 있는 불필요한 갈등이 감소될 것임을 예측할 수 있다. 회사와 상사
에 대해 신뢰하게 되면, 상대에 대한 긍정적 기대감을 갖게 되고, 이러
한 긍정적 정서는 상대에 대한 관계의 질을 높임으로써 구성원들로 하
여금 긍정적인 신념을 갖도록 하여 협력의도가 높아지게 될 것이다.
따라서 이러한 주장들을 토대로 다음과 같은 가설들을 제안한다.

가설 9-1. 회사신뢰가 높을수록 회사에 대한 협력의도가 증가할 것이다.
가설 9-2. 상사신뢰가 높을수록 상사에 대한 협력의도가 증가할 것이다.

2) 충성심

구성원은 조직의 핵심자원이다. 구성원들의 충성심을 얻지 못하는
조직은 내부 및 외부 고객의 만족을 충족시킬 수 없으며, 치열한 경쟁
에서 생존할 수 없게 된다. Adler와 Adler(1988)는 조직에 대한 충성
심을 "조직 또는 그 조직 내 특정인물 또는 집단에 대한 결속력"으로
정의하였으며, Werther(1988)는 충성심이 리더와 리더의 비전에 대한

믿음을 반영하며, 사람들로 하여금 자기-동기(self-motivation)를 갖도록 함으로써 리더와 조직을 위해 부가적인 노력을 기울이도록 한다고 주장하였다. Chen, Tsui, 그리고 Farh(2002)는 상사에 대한 충성심을 "상대방을 위해 자신의 이익을 희생하고 헌신하려는 의지"로 정의하면서, 상사에 대해 충성심을 가진 부하의 특징을 1) 상사의 특성과 능력에 대한 동일시, 2) 상사의 가치관에 대한 내재화, 3) 자신의 이익을 희생해서라도 상사의 복지를 촉진하고 상사에게 헌신하려는 의지, 4) 상사를 위해 부가적인 노력을 발휘하려는 의지, 5) 상사를 추종하고자 하는 바람 등으로 제시하였다.

지금까지 밝힌 충성심의 정의들은 Lewicki 등(1996)이 제시한 동일시기반 신뢰의 특징들이라 할 수 있다. Lewicki 등(1996)은 신뢰의 최고 수준은 자신을 상대방과 동일시할 때의 신뢰이며, 이때 신뢰하는 자는 신뢰받는 자의 욕구, 선택, 선호를 자신의 것으로 공유하게 됨으로써 상대방처럼 생각하게 하고, 상대방처럼 느끼게 하며, 상대방처럼 반응하게 한다고 주장하였다. 이러한 주장들은 충성심이 상사나 조직에 대한 신뢰로부터 온다는 것을 의미하는 것이라 할 수 있다. 회사를 신뢰하지 않는 구성원들은 회사를 떠나고 싶어 할 것이며, 회사를 위해 최선을 다하고자 노력하지 않을 것이다. 상사 또한 마찬가지이다. Wong 등(2002)은 중국의 외국인 합작회사에서 상사에 대한 부하들의 충성심에 대한 직접적인 선행 요인이 상사에 대한 신뢰와 상호 작용 공정성임을 밝혔다.

이러한 주장들을 토대로, 회사를 신뢰하게 되면 구성원들은 자기가 노력한 만큼 회사에서 인정해 주고 그에 합당한 보상이 올 것이라는 것을 믿기 때문에 조직에 대해 헌신하고 부가적인 노력을 기울이는 반면에, 회사를 신뢰하지 않으면 자신의 공헌에 대해 인정하지 않고 구성원들을 소중하게 취급하지 않을 것이라는 믿음을 갖게 되어 충성심이 떨어지게 될 것임을 예측할 수 있다. 이와 마찬가지로, 상사를 신뢰하면 상사와의 관계의 질이 증가되고 자신을 신뢰할 것이라는 믿음을 갖게 되어 상사에 대한 충성심이 증가할 것임을 예측할 수 있다. 따라서 아래와 같은 가설들을 제시할 수 있다.

가설 10-1. 회사신뢰가 높을수록 회사에 대한 충성심이 증가할 것이다.
가설 10-2. 상사신뢰가 높을수록 상사에 대한 충성심이 증가할 것이다.

3. 신뢰에 의해 초래되는 조직효과성 변수

1) 조직시민행동

Barnard(1938; Organ, 1990에서 재인용)는 조직은 구성원의 협조적 노력의 결합체로서, 조직으로부터 받는 공식적 보상에 대응하는 의무감을 뛰어넘어 자발적으로 조직에 기여하고 헌신하려는 구성원의 의지가 조직이 효과적으로 기능하는 데 필수적인 요소라고 강조하였다. Katz와 Kahn(1978)은 조직이 원활히 운영되고 성장하기 위한 필수적인 행동적 요소로서 역할 외 행동의 중요성을 강조하였다. Katz 등(1978)은 공식적 역할행동에 따른, 제한적 행동만을 하는 구성원들로 이루어진 조직은 아주 쉽게 붕괴될 것이라고 주장하였다. Smith, Organ과 Near(1983)는 이러한 행동들을 시민(citizenship)행동으로 명명하였다. 이러한 조직시민행동은 상사의 직무를 덜어주고, 그들의 시간과 정력을 보다 중요한 과제에 투자하게 해 줌으로써 가치를 갖는다.

조직시민행동이란 개인의 자유재량에 따라 취해진 행동으로서, 고용계약서라든가 직무기술서상에는 명시되어 있지는 않은 행동이라 공식적 보상과는 직접적인 관련이 없지만, 개인과 조직이 효과적으로 기능하는 데 기여하는 행동을 말한다(Organ, 1988). 이러한 행동은 조직에 의해 개인이 공식적으로 수행해야 할 업무와 관련된 행동은 아니지만, 조직의 입장에서 보면 조직의 발전을 위해 바람직한 행동들이라고 정의될 수 있는 것이다. 조직시민행동에 포함될 수 있는 예로는 시간준수, 타인을 돕는 행동, 규정 외의 업무에 대한 자발적 수행, 부서를 발전시키기 위한 혁신적인 아이디어의 제안 등을 들 수 있으며(Bateman & Organ, 1983; Organ, 1988; Smith et al., 1983), 이외에도 타인이나 조직에 대한 험담이나 적개심의 표현, 사소한 일에서의 불평불만, 타인과의 비이성적인 논쟁 등을 삼가는 행동들도 포함된다.

조직시민행동에 대한 연구가 Bateman 등(1983)에 의해 시작된 이후 조직시민행동을 구성하는 하위요인을 밝히려는 연구들이 많이 이루어졌다. 가장 보편적으로 이용되고 있는 것은 Organ(1988)이 제안한 다섯 개 차원으로서, 1) 이타행동(altruism): 조직 내의 특정 업무나 문제와 관련하여 타인을 돕는 행동, 2) 성실행동(conscientiousness): 조직에서 공식적으로 요구하는 수준 이상의 과업을 수행하는 행동, 3) 참여행동(civic virtue): 조직에 관심을 갖고 적극적으로 참여하고 몰입하는 행동, 4) 문제예방행동(courtesy): 업무와 관련하여 타인들과의 사이에 문제나 갈등이 야기될 수 있는 가능성을 미리 예방하려 노력하는 행동, 5) 스포츠맨십(sportsmanship): 조직에 대한 비난을 삼가고 조그만 불편함은 인내하려는 행동 등이다(Podsakoff & Mackenzie, 1989; Niehoff & Moorman, 1993).

조직시민행동을 일으키는 변수로서 연구자들의 관심을 받아왔던 변수는 리더십이다. 리더십과 부하들의 조직시민행동 간의 관계에 대한 많은 연구들은 리더의 관계지향적 행동과 부하들에 대한 관심(Brief & Motowildo, 1986), 지원행동(Smith et al., 1983), 리더십 스타일(Bass, 1990; Bass & Avolio, 1990), 리더의 감시행동(Niehoff et al., 1993) 등이 부하들의 조직시민행동에 영향을 미친다는 것을 보고하였다.

Podsakoff 등(1990)은 리더가 부하들의 조직시민행동을 이끌기 위해서는 부하들로부터 신뢰를 받아야 한다고 주장하였다. Koh 및 Steers 그리고 Terborg(1995)은 변혁적 특성이 높은 리더가 그렇지 않은 리더에 비하여 부하들의 몰입수준 및 조직시민행동을 높게 형성한다고 보고하였다. 변혁적 리더의 부하들은 과업에 대단히 높은 의미를 부여하도록 리더에 의해 기대되며, 그렇듯 과업에 대한 높은 의미부여는 부하들의 자아개념을 리더와 공동체를 위한 행동에 연결짓도록 한다. 그 결과 부하들은 (1) 리더의 사명에 대하여 개인적으로 몰입하게 되고, (2) 공동체의 사명을 위하여 기꺼이 자신의 희생을 감수하려 하며, (3) 조직 전체를 위해 자신에게 주어진 역할 이외의 행동들을 마다하지 않게 되고, (4) 자신의 직무와 생활에 커다란 의미를 부여하게 되는 것이다(Shamir, House, & Arthur, 1993).

이상의 논의를 토대로 신뢰는 조직시민행동이나 변혁적 리더십의 효과로서 나타나는 자신의 역할을 넘어선 희생과 역할 이외의 행동에 대한 감수에 직접적 영향을 미친다고 가정할 수 있다. 하지만 조직시민행동 관련한 네 가지 주요 태도변인들(상사기대, 상사신뢰, 조직몰입, 직무만족)이 조직시민행동에 대한 예측력을 회귀분석을 통해 조사한 오인수(2001)의 연구에 의하면, 상사의 신뢰가 조직시민행동에 유의한 예측력을 갖지 못했다. 따라서 신뢰가 협력의도의 증진을 통해 조직시민행동에 영향을 미치는 경로를 가정할 수 있다(Dunphy et al., 1996). 회사신뢰나 상사신뢰에 의해 형성된 긍정적인 개인의 행동들인 조직시민행동 등은 개인 간 장면의 협력의도에 기반을 둔 행동이고 협력의도가 신뢰보다 근접변수이기 때문에 회사신뢰나 상사신뢰가 직접적으로 조직시민행동에 영향을 미치기보다는 협력의도의 매개를 통하여 간접적으로 영향을 미친다고 볼 수 있다.

협력은 집단의 과업을 보다 효과적으로 달성하기 위해 구성원들이 상호 작용하는 과정을 말한다. 따라서 신뢰가 기반이 된 협력의도는 구성원들로 하여금 조직이 효과적으로 기능하기 위하여 공식적이고 명확하게 규정된 조직의 역할과 행동 외의 행동을 하게 만들 것이다. 즉 회사나 상사에 대해 신뢰를 가지게 되면 상대방에 대해 긍정적인 기대를 갖게 될 것이고 집단의 과업을 보다 효과적으로 달성하기 위하여 상호 작용하려는 협력의도가 높아질 것이다. 이러한 협력의도는 타인과 함께 일하는 것을 선호하고 집단의 이익을 위해 자신의 희생해야 한다고 생각할 것이며 이러한 의도는 조직시민행동에 정적인 영향을 미칠 것이다. 지금까지 언급한 논의들을 토대로 다음과 같은 가설을 설정할 수 있다.

가설 11-1. 회사에 대한 협력의도는 조직시민행동에 정적인 영향을 미칠 것이다.
가설 11-2. 상사에 대한 협력의도는 조직시민행동에 정적인 영향을 미칠 것이다.
가설 12-3. 회사신뢰가 조직시민행동에 미치는 영향은 협력의도에 의해서 매개될 것이다.
가설 12-4. 상사신뢰가 조직시민행동에 미치는 영향은 협력의도에 의해서 매개될 것이다.

2) 조직몰입

지난 20여 년간 조직몰입의 개념은 조직연구에서 많은 관심을 받아 왔다(Mathieu & Zajac, 1990). Meyer와 Allen(1990)은 조직몰입에 대한 다양한 개념들을 통합하여, 조직몰입의 3요인 모델(Three-Component

Model)을 제안하였다. 이들은 조직몰입에 대한 지금까지의 연구들과 개념들이 정서적 애착, 지각된 비용, 의무감 등의 세 가지 측면으로 요약될 수 있다고 보고, 이들 각각의 측면을 반영하는 정서적 몰입(Affective Commitment), 지속적 몰입(Continuance Commitment), 그리고 규범적 몰입(Normative Commitment) 등의 세 가지 구성요소로 조직몰입을 개념화하였다. 정서적 몰입이란, 개인이 자신의 조직에 대해 강한 동일시를 느끼고, 깊게 개입되어 있으며, 조직의 구성원이라는 것을 즐기는 등, 그 조직에 대해 강한 애착을 느끼는 것을 말한다. 지속적 몰입이란, "활동의 일관성과 연속성을 유지하려는 경향성(Becker, 1960)"을 뜻하는 것으로서, 이것은 현재의 조직을 떠남으로써 들이게 되는 비용에 대한 개인의 자각에 토대를 둔 것이다. 마지막으로 규범적 몰입이란, 그 조직에 계속 남는 것이 "올바르고 도덕적이다"라는 개인의 도덕적 신념과 의무감에 토대를 둔 몰입을 의미한다.

많은 연구자들은 상사와 조직에 대한 신뢰가 조직몰입을 증가시킨다고 주장해 왔다. Carnevale(1995)은 신뢰는 가장 중요하고도 실질적인 정보를 교환하게 하여 불확실성을 제거함으로써 효율성을 높이며 문제해결을 위한 창의적인 반응을 유도하는가 하면, 업무 관련 정보, 자료의 지식개방으로 학습능력과 성취감을 높여 조직몰입을 강화한다고 주장하였다. 그러나 상사나 조직에 대한 신뢰 자체가 조직몰입을 형성하는 것이라기보다는 그러한 신뢰를 통해 형성된 충성심이 조직몰입을 증가시킨다는 주장이 보다 설득력을 갖는다. 즉, 신뢰가 축적되어 동일시-기반신뢰의 수준에 이르게 되면, 개인은 조직의 목표를 내면화시키고, 자신이 조직의 목표달성에 기여하는 만큼 개인의 욕구도 충족될 수 있다는 기대와 믿음을 가짐으로써, 조직에 대한 강한 동일시 애착이 형성되므로 조직에 대한 몰입이 증가하게 되는 것이다 (Buhanan, 1974; Decotiis & Summer, 1987; Cook & Wall, 1980;

Roberts & O'Reilly, 1974; Steers, 1977).

김호정(1999)은 회사신뢰와 상사신뢰가 조직몰입을 가져오는 첫 번째 원인으로, 조직과 리더의 영향과 권위를 수용하면, 결국 조직의 목표, 가치, 규범을 자발적으로 수용하게 되고 조직에 대한 일체감과 몰입이 증가하게 된다고 주장하였다. 이러한 그의 주장은 회사와 상사에 대한 신뢰를 통해 형성된 충성심이 조직몰입을 증가시키는 것임을 보여주는 것이라 할 수 있다(Porter, Steer, Mowday, & Boulian, 1974). Kramer 등(1996) 또한 신뢰를 통해 형성된 일체감이 조직몰입의 원인이 된다고 주장한다.

조직몰입은 조직의 목표와 가치에 대한 신념과 수용, 조직을 위해 남아있으려는 의도(Steer, 1982)라 할 수 있다. 이러한 조직몰입은 개인의 회사신뢰, 상사신뢰에 의해 야기된 충성심이 전제가 되어야 한다. 충성심이란 상대방을 위하여 자신의 이익을 희생하고 헌신하려는 의지로 회사신뢰나 상사신뢰가 조직 차원의 효과성변수인 조직몰입에 영향을 주기 위해서는 개인 차원의 충성심이 매개되어야 할 것이다.

회사에 대한 충성심은 회사에 대한 동일시와 회사와 일체감을 형성시켜 회사의 방침이나 정책의 실행에 대한 자신의 몰입을 증가시킴으로써 조직몰입을 증가시킬 것이다. 상사에 대한 충성심은 상사에 대한 동일시와 상사와 일체감을 형성시킴으로써 상사의 영향과 권위를 수용할 것이므로 상사로부터 인정이 주어질 것이고 이를 통해 구성원은 능력향상과 성과향상을 가져와 조직 내에서 성장과 발전을 할 수 있을 것이므로 조직에 대한 몰입도 증가할 것이다.

지금까지 언급한 논의들을 토대로 다음과 같은 가설을 설정할 수 있다.

가설 12-1. 회사에 대한 충성심은 조직몰입에 정적인 영향을 미칠 것이다.

가설 12-2. 상사에 대한 충성심은 조직몰입에 정적인 영향을 미칠

것이다.

가설 12-3. 회사신뢰가 조직몰입에 미치는 영향은 충성심에 의해서
매개될 것이다.

가설 12-4. 상사신뢰가 조직몰입에 미치는 영향은 충성심에 의해서
매개될 것이다.

제5절 조직신뢰 통합모형 및 연구가설 요약

본 연구의 목적은 조직구성원들이 갖는 회사와 상사에 대한 신뢰의
차원들과 결정 요인들을 밝히고, 그 효과를 검증하는 것이다. 현재까
지 회사에 대한 신뢰를 다룬 연구는 매우 드문 형편이고, 상사에 대한
신뢰에 대해서는 많은 연구들이 진행되어 왔으나, 이론적인 통합성을
갖지 못한 채, 회사 및 상사신뢰의 원인과 효과에 대하여 단편적인 연
구들만 이루어진 실정이다. Mayer 등(1995)이 신뢰의 통합모형을 제
시하였으나, 이들의 모형은 대인관계 전반에 대한 일반적 모델이라는
점에서 조직 내에서의 다양한 신뢰유형들, 즉 회사신뢰, 상사신뢰, 동
료신뢰, 부서 간 신뢰, 부하신뢰 등을 포괄적으로 다루는 조직신뢰의
통합모형으로서는 적합하지 않다는 한계를 가지고 있다. 특히 회사신
뢰의 경우에는 조직구성원들의 개인 및 조직효과성에 많은 중요성을
미침에도 불구하고, 대인간 신뢰가 아닌 조직과 개인 간의 신뢰라는
점에서 Mayer 등(1995)의 통합모형으로는 적절히 설명될 수 없으며,
경험적인 연구 또한 거의 이루어지지 않아 왔다.

또한 기존의 신뢰에 대한 연구들은 신뢰와 조직효과성 변수들 간의
직접적인 연결을 시도하고자 하여 왔다. 즉, 회사 또는 상사에 대한
신뢰가 구성원들의 직무만족, 조직몰입, 조직시민행동 등에 직접적 영

향을 미치는 것으로 연구들이 진행되어 왔다. 그러나 이러한 연구 모형으로는 회사 또는 상사에 대한 신뢰가 왜 사람들로 하여금 조직몰입을 갖도록 하고 조직시민행동을 유발하는지에 대한 설명을 제시하지 못한다. 즉, 신뢰가 조직효과성 변수에 미치는 영향을 보다 명확히 설명하기 위해서는 신뢰를 통해 형성된 신뢰받는 자에 대한 태도가 모형에 포함되어야 할 것이다.

마지막으로, 신뢰는 신뢰받는 자와 신뢰하는 자의 관계에서 비롯되는 것이므로, 신뢰받는 자의 특성뿐 아니라 신뢰하는 자의 특성 또한 신뢰에 중요한 영향을 미치게 된다. 그럼에도 불구하고, 지금까지의 신뢰에 대한 연구들은 주로 신뢰받는 자의 특성에 초점을 두어 왔다. Mayer 등(1995)은 신뢰 통합모형에서 신뢰하는 자의 신뢰성향이 신뢰의 수준에 영향을 미친다고 제안하고 있으나, 그러한 단일 특성만으로는 신뢰가 어떻게 결정되는지를 명확히 설명하지 못하게 된다. 즉, 신뢰는 신뢰받는 자와 신뢰하는 자의 관계에서 비롯되는 것이며, 그러한 관계는 서로가 가지고 있는 역할들에 따라 서로 다른 성격의 여러 차원들로 구분됨으로, 신뢰하는 자가 관계의 어떠한 차원에 중점을 두느가에 따라 신뢰의 양상이 달라질 수 있게 되는 것이다.

따라서 본 연구에서는 이러한 기존 연구들의 한계점을 보완하고, 조직 내 신뢰를 보다 포괄적으로 설명할 수 있는 조직신뢰 통합모형을 아래의 <그림 5-4>에 제시하였다. 본 모형은 조직신뢰를 크게 회사신뢰와 상사신뢰의 두 가지로 개념화한 후 회사신뢰와 상사신뢰의 결정요인들이 각각 회사신뢰와 상사신뢰에 영향을 미치지만, 그 영향력의 정도가 개인의 신뢰성향, 집합주의 성향 등에 따라 달라짐을 나타내고 있다. 또한 이렇게 형성된 회사신뢰와 상사신뢰는 충성심과 협력의도에 정적인 영향을 미치며, 이러한 충성심은 조직몰입에 협력의도는 조직시민행동에 정적인 영향을 미침을 모형화한 것이다.

이 모형을 토대로 지금까지 제시한 연구 가설들을 재정리하면 다음과 같다.

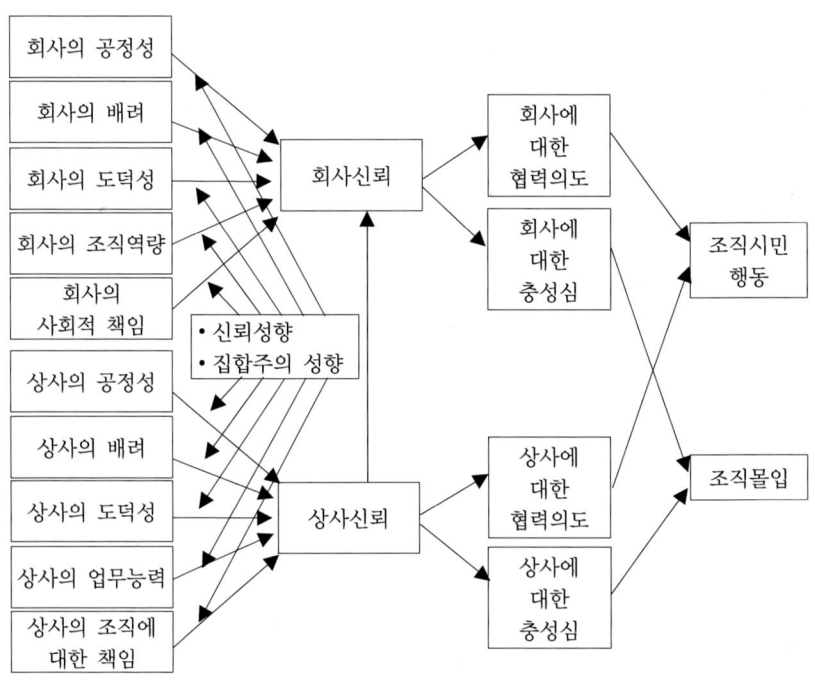

〈그림 5-4〉 조직신뢰 통합모형

가설 1. 조직신뢰 결정 요인 공정성 주 효과 가설

가설 1-1. 회사가 구성원들에 대해 공정하다고 지각할수록 구성원들의 회사신뢰는 높을 것이다.

가설 1-2. 상사가 구성원들에 대해 공정하다고 지각할수록 부하들의 상사신뢰는 높을 것이다.

가설 2. 조직신뢰 결정 요인 배려 주 효과 가설

가설 2-1. 회사가 자신에 대해 배려적이라고 지각할수록 구성원들의 회사신뢰는 높을 것이다.

가설 2-2. 상사가 자신에 대해 배려적이라고 지각할수록 부하들의
상사신뢰는 높을 것이다.

가설 3. 조직신뢰 결정 요인 도덕성 주 효과 가설

가설 3-1. 회사가 도덕적이라고 지각할수록 구성원들의 회사신뢰는
높을 것이다.

가설 3-2. 상사가 도덕적이라고 지각할수록 부하들의 상사신뢰는 높
을 것이다.

가설 4. 조직신뢰 결정 요인 조직역량과 업무역량 주 효과 가설

가설 4-1. 회사의 조직역량이 높다고 지각할수록 구성원들의 회사신
뢰는 높을 것이다.

가설 4-2. 상사의 업무능력이 높다고 지각할수록 부하들의 상사신뢰
는 높을 것이다.

가설 5. 조직신뢰 결정 요인 책임 주 효과 가설

가설 5-1. 회사가 사회적으로 기여하고 있다고 지각할수록 구성원들
의 회사신뢰는 높을 것이다.

가설 5-2. 상사가 조직에 대해 책임을 느끼고 있다고 지각할수록 부
하들의 상사신뢰는 높을 것이다.

가설 6. 신뢰 결정 요인×신뢰성향 상호 작용 효과 가설

가설 6-1. 개인의 신뢰성향이 높을수록 회사신뢰의 결정 요인들이
회사신뢰에 미치는 영향은 더 클 것이다.

가설 6-1 개인의 신뢰성향이 높을수록 상사신뢰의 결정 요인들이

상사신뢰에 미치는 영향은 더 클 것이다.

가설 7. 신뢰 결정 요인×집합주의 성향 상호 작용 효과 가설

가설 7-1. 집합주의적 성향이 높은 사람들은 낮은 사람들에 비해 개인 차원과 일 차원이 회사신뢰에 더 많은 영향을 미치는 것보다 구성원 차원과 상위범주 차원이 회사신뢰에 더 많은 영향을 미칠 것이다.

가설 7-2. 집합주의적 성향이 높은 사람들은 낮은 사람에 비해 개인 차원과 일 차원이 상사신뢰에 더 많은 영향을 미치는 것보다 구성원 차원과 상위범주 차원이 상사신뢰에 더 많은 영향을 미칠 것이다.

가설 8. 상사에 대한 신뢰가 높으면 회사에 대한 신뢰가 증가할 것이다.

가설 9. 신뢰→협력의도 효과 가설

가설 9-1. 회사신뢰가 높을수록 회사와 상사에 대한 협력의도가 증가할 것이다.

가설 9-2. 상사신뢰가 높을수록 회사와 상사에 대한 협력의도가 증가할 것이다.

가설 10. 신뢰→충성심 효과 가설

가설 10-1. 회사신뢰가 높을수록 회사와 상사에 대한 충성심이 증가할 것이다.

가설 10-2. 상사신뢰가 높을수록 회사와 상사에 대한 충성심이 증가할 것이다.

가설 11. 협력의도→조직시민행동 효과 및 신뢰→조직시민행동에서 협력의도의 매개효과 가설

가설 11-1. 회사에 대한 협력의도는 조직시민행동에 정적인 영향을 미칠 것이다.

가설 11-2. 상사에 대한 협력의도는 조직시민행동에 정적인 영향을 미칠 것이다.

가설 11-3. 회사신뢰가 조직시민행동에 미치는 영향은 협력의도에 의해서 매개될 것이다.

가설 11-4. 상사신뢰가 조직시민행동에 미치는 영향은 협력의도에 의해서 매개될 것이다.

가설 12. 충성심→조직몰입 효과 및 신뢰→조직몰입에서 충성심의 매개효과 가설

가설 12-1. 회사에 대한 충성심은 조직몰입에 정적인 영향을 미칠 것이다.

가설 12-2. 상사에 대한 충성심은 조직몰입에 정적인 영향을 미칠 것이다.

가설 12-3. 회사신뢰가 조직몰입에 미치는 영향은 충성심에 의해서 매개될 것이다.

가설 12-4. 상사신뢰가 조직몰입에 미치는 영향은 충성심에 의해서 매개될 것이다.

제Ⅴ장 연구 1: 회사신뢰 결정 요인 척도개발

제1절 연구 목적

지금까지 신뢰는 대인간 신뢰에 초점을 두어 왔으며 회사에 대한 신뢰를 연구한 사례는 극히 드물다. 초기의 연구로는 Hart 등(1986)의 연구가 있으나 이들의 연구는 욕구만족에 초점을 두었기 때문에 이들이 열거한 요인들은 신뢰보다는 직무만족과 일치되는 요인들이라 볼 수 있다. 국내에서도 김호정(1999)이 Cook 등(1980)의 척도를 원용하여 공무원의 조직신뢰척도를 사용한 바 있으며 한국생산성본부(1999)는 회사에 대한 신뢰측정치로 경영진의 진실성, 구성원들에 대한 인격적 대우, 개인존중, 및 평가, 보상, 승진에 대한 공정성과 학연, 지연, 성별에 따른 편애가 없다는 공정성을 사용하고 있다. 특히 이영석 등(2000)은 사례 수집을 통해 회사신뢰척도를 개발하였으나, 한 회사의 사례만을 중심으로 사례가 수집되었으며, 또한 명확한 분류의 틀을 갖추지 못한 채 분류가 이루어졌다. 이러한 척도들은 회사에 대한 신뢰를 평가하는 근거와 대상이 무엇인지 명확하게 규명했다고 볼 수 없다. 이렇듯 회사신뢰의 선행 요인에 대해서는 연구가 부족한 편이며, 회사신뢰에 대한 연구를 위해서는, 먼저 회사신뢰의 결정 요인들에 대한 척도개발이 필수적이다. 따라서 연구 1에서는 본 연구에서 새롭게 제시한 신뢰 결정 다섯 요인 모형, 즉 회사가 구성원들에게 얼마나 존중하고 배려하고 있는가 하는 개인 차원으로서의 배려, 회사가 전체 구성원들에게 얼마나 공정하게 대하고 있는가 하는 조직구성원 차원으로서의 공정성, 기업의 유지존속을 위한 역량을 얼마나 가지고 있는가 하는 회사의 일 차원의 조직역량, 회사 자체의 특성과 관련된 차원으로 회사운영절차나 내부 관리 기준의 도덕적 운영과 관련된 도덕성, 회사라는 실체가 상위범주인 사회를 구성하는 구성체로서 사회에 대한 책임을 다하고 있는가와 관련된 사회적 구성원 차원으로서 사회적 책임 등의 다섯 개 요인을 토대로 문항들을 개발한 뒤, 설문조사를 통해 척도의 타당성에 대해 검토하고자 한다.

제2절 회사신뢰 결정 요인에 대한
확인적 요인 분석

1. 조사대상

본 연구의 조사대상은 패널 리서치 전문 업체인 한국패널리서치(KPR; http://www.panel.co.kr)에 회원으로 등록되어 있는 15만 명의 회원들 중 일반 기업과 공공조직에 근무하는 직장인 1,180명이었다. 이들을 대상으로 설문조사를 실시한 뒤, 한 문항이라도 응답을 하지 않았거나 일괄적으로 응답한 불성실 응답자 123명을 제외한 1,057명의 자료를 확인적 요인 분석에 이용하였다. 불성실한 응답자의 제외 기준은 동일한 문항 4문항에 대하여 2 이상의 차이가 나는 것이 2개 이상일 경우와 연속해서 5 이상을 응답한 경우가 있는 응답자의 자료를 제외하였다.

전체 응답자 중 남자가 65%, 여자가 35%였고, 학력은 대졸이 70%로 가장 많았으며, 연령은 20대와 30대가 각각 32%와 54%였다. 직급은 사원과 대리가 전체의 62%를 차지하였으며, 담당업무는 관리직이

43%로 가장 많았고, 기술직 25%, 영업직 12%, 제조직이 6%로 나타
났다. 현 직장에서의 근속 연수는 3년 미만이 42%로 가장 많았으며
10년 이상도 21%나 차지하였다. 조사대상자들이 현재 종사하고 있는
업종은 서비스업과 제조업이 각각 32%와 29%로 가장 많았으며, 직장
의 위치는 서울이 50%, 광역시가 26%, 지방도시가 22%를 차지하였
고, 회사규모는 300명 미만이 63%로 가장 많았으며 1000명 이상의 대
기업도 20%나 차지하였다. 조사대상자들의 자세한 인구통계학적 특성
은 <표 6-1>에 제시하였다.

2. 조사방법

자료 수집은 2003년 10월 10일에서 7일간에 걸쳐 인터넷을 통한 웹
(Web)상에서 이루어졌다. 인터넷 조사 전문 기관인 (주)엠브레인에
연구자가 제작한 질문지를 의뢰하여 인터넷에 올리고, 응답자들은 이
회사에 패널로 등록되어 있는 15만 명의 회원들 중 일반 기업이나 공
공기관에 근무하는 직장인들만이 자신의 성명과 주민등록번호를 입력
한 후 설문에 응답할 수 있도록 함으로써, 현재 직장인이 아닌 사람들
은 응답할 수 없도록 하였다.

〈표 6-1〉 회사신뢰 조사대상자의 인구통계학적 특성

성 별	학 력	연 령	직 급	담당업무
남 687(65.0%)	고졸 190(18.0%)	20대 339(32.1%)	사원 433(41.0%)	관리 454(42.9%)
여 370(35.0%)	전문대졸 40(3.8%)	30대 565(53.5%)	대리 221(20.9%)	영업 125(11.8%)
	대졸 744(70.4%)	40대 143(13.5%)	과장 220(20.8%)	제조 64(6.0%)
	대학원졸 83(7.6%)	50대 이상 10(0.9%)	차장 72(6.8%)	기술 269(25.4%)
			부장 51(4.8%)	기타 145(13.7%)
			임원 60(5.7%)	

근속 연수	업 종	근무지	회사규모
1~3년 443(41.9%)	금융 61(5.8%)	서울 523(49.5%)	300명 미만 63(62.7%)
4~5년 133(12.6%)	제조 306(29.0%)	광역시 271(25.6%)	500명 미만 101(9.6%)
6~10년 261(24.7%)	유통 91(8.6%)	지방도시 237(22.4%)	1000명 미만 80(7.6%)
11~15년 138(13.1%)	서비스 333(31.5%)	기타 26(2.5%)	1000명 이상 213(20.2%)
16년 이상 82(7.8%)	기타 266(25.2%)		

3. 질문지 구성

본 연구의 질문지는 앞의 회사신뢰 결정 요인들에 대한 사례 연구
를 통해 분류된 각 차원의 세부범주들을 문항으로 제작한 것이다. 본
조사에 사용된 설문지는 <**부록 2**>에 제시하였다.

1) 조직구성원 차원의 공정성

공정성 차원에서는 분배공정성과 절차공정성, 상호 작용 공정성의
요소들을 포함하여 여섯 문항으로 개발하였다. 이들 6개 문항은 각각
1) 경영성과를 임금, 상여금, 성과에 대한 이익분배, 임금인상, 휴일근
무 보상 등에서 일한 만큼 적절한 보상과 관련된 내용, 2) 인사결정
(승진, 평가, 보상)이나 부서별 평가, 구조조정 시 인사처리 등에 있어
얼마나 객관적이고 정확한 기준에 의해 결정되는가와 관련된 내용 3)

의사결정이나 인사처우 등이 인맥이나 학연, 상사의 편견에 영향을 받는가 하는 편파억제의 사례, 4) 의사결정에 구성원들이 참여과정, 하의상달식 의사결정구조, 제안반영, 토론문화, 등과 관련된 발언효과의 사례, 5) 인사기준의 일관적 적용, 정책의 일관성, 의사결정의 일관성 등과 관련된 일관성 유지의 사례, 6) 그리고 정책결정, 승진급, 보상 등의 결정과정을 공개하고 고과결과에 대한 적절한 피드백과 관련된 사후공정성의 사례 등을 반영하여 개발한 것이다.

2) 개인 차원의 배려

배려 차원으로는 구성원에게 편의를 도모해 주는 내용과 구성원들을 회사의 자산으로 인정하여 존중하고 개개인의 성장과 발전의 기회를 제공하는 것이다. 문항의 내용은 1) 개인의 성과에 대한 인정, 2) 사원들의 불만사항, 애로사항을 해결해 주려는 고충처리, 3) 근무여건, 사무환경개선 등과 관련된 근무환경개선, 4) 사원들의 복지나 복리후생 관련 내용, 5) 경조사 지원이나 가족에 대한 신경을 씀, 6) 회사가 사원을 자산으로 인식하고 개개인을 인격적으로 존중하는가 하는 의미, 7) 인재육성제도 및 교육기회와 적성에 맞는 배치 등과 관련된 성장기회 제공, 8) 업무에 필요한 기자재의 제공과 업무수행에 필요한 권한 부여와 관련된 업무수행지원 등의 8문항으로 구성하였다.

3) 회사 자체 특성 차원의 도덕성

도덕성은 구성원에게 회사가 지켜야 할 원칙이나 기준을 준수하는 것을 말하는 것으로서, 전체 여섯 문항을 개발하였다. 이들 각각의 문항은 1) 사원에게 부당한 일을 시키지 않는다는 도덕경영, 2) 사원과의 약속이행, 정해진 원칙 준수, 노사협의 준수 등과 관련된 약속이행, 3) 공감과 이해가 가는 솔직한 경영, 솔직한 정보공유로 사원들을 속이려 하지 않는 것과 관련된 정직성, 4) 성과와 경영의 실적을 공유하는 투명경영, 5) 회사이익만을 위해 사원들에게 부당한 요구는 하지 않는 사례, 6) 경영진의 헌신과 열정과 관련된 경영진의 역할충실 등의 사례를 반영하여 개발한 것이다.

4) 일 차원의 조직역량

조직역량에 대한 문항은 전체 11문항으로서, 1) 지속적 이익창출과 관련된 건실한 재무구조, 2) 경쟁력 있는 제품, 3) 경쟁력 있는 인적자원 구성, 4) 조직구조의 적정성과 관리시스템과 관련된 시스템의 적절성, 5) 품질과 기술 확보와 관련된 기술력, 6) 안정된 노사관계, 7) 경영층의 일에 대한 능력, 8) 변화와 혁신활동의 추진과 시장 환경변화에 대응하는 변화대응력, 9) 비전과 방향제시, 성장전략의 적절성 등과 관련된 성장가능성, 10) 조직 간의 화합, 가족적인 분위기 등의 바람직한 조직문화, 11) 그리고 설비투자, 장기적 관점경영, 신제품개발 등과 관련된 장기적 투자 등의 내용들이 포함되도록 개발하였다.

5) 상위범주 차원의 사회적 책임

신뢰의 결정 요인으로 사회적 책임이란 회사가 사회의 구성원으로서 개별적인 판단에 의하여 사회에 대한 책임의식을 가지고 공헌하는 것을 의미하는 것으로서, 전체 다섯 문항을 개발하였다. 이들 문항들은 각각 1) 국가경제에 기여, 2) 회사의 경영정책 수립 시 고객이나 국가적 관점에서의 고려, 3) 환경친화정책이나 주주이익을 고려하는 사회에 대한 의무, 4) 사회봉사나 사회이익환원과 관련된 사회기여, 5) 사회의 규범이나 준법준수 사례 등을 반영하여 개발한 것이다.

4. 분석방법

각 척도의 타당도를 알아보기 위하여 확인적 요인 분석을 실시하였으며, 각 척도의 신뢰도 분석은 Cronbach's α계수를 이용하였다. 확인적 요인 분석을 위한 모형의 측정변수들은 문항의 개별 값을 사용하였으며, 모수(parameter) 추정방식으로는 최대우도(Maximum Likelihood)법을 이용하였다. 확인적 요인 분석은 LISREL 8.52 윈도우용을 이용하였으며, 각 척도의 신뢰도 분석은 SAS 8.01을 사용하였다.

5. 분석 결과

회사신뢰의 다섯 요인 모형에 대한 확인적 요인 분석 결과 얻어진 전반적 합치도 지수들은 아래의 <**표 6-2**>에 제시하였다. 표에 제시한 바와 같이 전반적 합치도 지수들 중 NFI, NNFI, CFI의 값이 Bentler와 Bonett(1980)가 제시한 좋은 모형의 기준인 .90을 훨씬 넘고 있었으며, 표집자료로 전집자료를 추정할 때의 오차를 나타내는 지수인 RMSEA(Root Mean Square Error of Approximation)값 또한 Steiger (1990)가 제안한 좋은 적합도의 기준인 .10보다 낮은 것으로 나타났다. 따라서 이러한 결과들은 본 연구의 회사신뢰 결정 요인들에 대한 측정 척도가 서로 변별되며, 아울러 각 구성개념을 측정하기 위해 사용된 척도가 타당함을 보여주는 것이라 할 수 있다. 회사신뢰의 확인적 요인 분석에 이용한 공분산 행렬과 프로그램은 <**부록 3**>에 제시하였다.

〈표 6-2〉 회사신뢰의 확인적 요인 분석 결과의 합치도 지수들

합치도 지수	χ^2	RMSEA	NFI	NNFI	CFI
검증모형	5286(df=584)	.0874	.963	.966	.968

확인적 요인 분석 결과, 아래의 〈표 6-3〉에 제시한 바와 같이 전반적으로 모든 문항들의 해당 척도에 대한 요인부하량이 대부분 0.6을 넘고 있었으며, 각 계수에 대한 통계적 유의성 검증 결과 모두 유의미한 것으로 나타났다. 또한 신뢰도 분석 결과 모든 척도들의 α계수가 .80을 넘는 비교적 높은 신뢰도를 보이고 있었다.

〈표 6-3〉 회사신뢰 결정 요인에 대한 요인부하량 및 신뢰도 계수

문 항	요인부하량	총점 문항 상관	문항 제거 시 α계수
제1요인: 공정성			
1. 우리 회사는 정확한 정보에 기초하여 승진결정이 이루어지고 있다.	.657	.599	.803
2. 우리 회사는 지연이나 학연에 의해 인사결정에 영향을 받지 않는다.	.391	.384	.850
3. 우리 회사는 경영성과를 사원들에게 적절히 분배해 준다.	.757	.691	.783
4. 우리 회사는 담당자들의 의견이 경영층의 의사결정에 적극적으로 반영된다.	.690	.619	.799
5. 우리 회사는 회사의 경영정책이나 방침이 일관성 있게 추진된다.	.773	.670	.788
6. 우리 회사는 고과결과에 대해서 직원들에게 적절한 설명과 피드백을 제공한다.	.776	.676	.786
			α=.830
제2요인: 배려			
7. 우리 회사는 직원들이 열심히 노력한 성과를 인정해 주고 포상해 준다.	.773	.704	.901
8. 우리 회사는 사원들의 고충이나 애로사항을 적극적으로 해결해 준다.	.816	.762	.896
9. 우리 회사는 사원들의 근무환경 개선을 위해 적극적으로 노력한다.	.839	.791	.894
10. 우리 회사는 사원들의 복지나 복리후생에 많은 신경을 쓰고 있다.	.800	.766	.896
11. 우리 회사는 사원들의 경조사나 가족들에 대해서도 세심하게 배려해 준다.	.654	.638	.907
12. 우리 회사는 사원들 개개인을 인격적으로 존중해 준다.	.731	.700	.902
13. 우리 회사는 사원들이 성장할 수 있도록 교육이나 경력개발의 기회를 적극적으로 제공하고 있다.	.700	.679	.903
14. 우리 회사는 사원들의 업무수행에 필요한 자원들을 원활히 제공하고 있다.	.704	.672	.904
			α=.912

문 항	요인 부하량	총점 문항 상관	문항 제거 시 α계수
제3요인: 도덕성			
15. 우리 회사는 직원들에게 비도덕적인 일을 하지 않는다.	.670	.636	.861
16. 우리 회사는 사원들과의 약속을 어기지 않는다.	.785	.720	.847
17. 우리 회사는 의도적으로 직원들을 속이지 않는다.	.764	.727	.845
18. 우리 회사는 경영성과를 사원들에게 투명하게 공유하고 있다.	.749	.662	.857
19. 우리 회사는 회사의 이익을 위해 직원들에게 부당한 요구를 하지 않는다.	.730	.692	.851
20. 우리 회사의 경영진은 회사 본연의 임무에 충실히 전념하고 있다.	.716	.641	.860
		α=.875	
제4요인: 조직역량			
21. 우리 회사는 안정적이고 건실한 재무구조를 가지고 있다.	.547	.529	.912
22. 우리 회사의 제품이나 서비스는 시장에서 경쟁력이 있다.	.664	.672	.904
23. 우리 회사는 경쟁사에 비해 우수한 인적 자원을 보유하고 있다.	.680	.662	.904
24. 우리 회사는 사업성공을 위한 효율적 시스템이 잘 갖추어져 있다.	.769	.743	.900
25. 우리 회사의 기술력은 경쟁사에 비해 비교우위를 점하고 있다.	.686	.681	.903
26. 우리 회사는 원만한 노사관계를 유지하고 있다.	.617	.553	.910
27. 우리 회사의 최고 경영진은 전문적인 경영능력을 갖추고 있다.	.718	.667	.904
28. 우리 회사는 환경의 변화에 적절하고 신속하게 잘 대응하고 있다.	.759	.718	.901
29. 우리 회사는 향후 발전 가능성이 높다.	.763	.731	.901
30. 우리 회사는 바람직한 조직문화가 형성되어 있다.	.797	.727	.901
31. 우리 회사는 장기적 관점에서의 연구개발과 설비투자가 이루어지고 있다.	.703	.651	.905
		α=.913	
제5요인: 사회적 책임			
32. 우리 회사는 국가 경쟁력 향상에 기여하고 있다.	.770	.635	.755
33. 우리 회사는 새로운 투자나 경영정책 수립 시, 사회 전체에 미칠 영향을 고려한다.	.795	.679	.742
	.805	.750	.724
34. 우리 회사는 사회적 책임을 성실히 이행하고 있다.	.651	.577	.776
35. 우리 회사는 사회 복지 향상을 위해 지속적으로 기부 활동을 하고 있다.	.421	.356	.835
36. 우리 회사는 사회질서를 혼란시키는 부당행위나 불법행위 등을 하지 않는다.			
		α=.807	

제3절 논 의

본 연구에서는 예비 연구에서의 회사를 신뢰하는 경우의 사례들을 토대로 회사신뢰의 다섯 개 결정 요인들에 대한 문항을 개발하여 확인적 요인 분석과 신뢰도 검증을 실시하였다. 연구 결과 본 연구에서 제시한 회사신뢰의 다섯 개 결정 요인인 개인 차원의 배려, 조직구성원 차원의 공정성, 일 차원의 조직역량, 회사 자체 특성 차원의 도덕성, 상위범주 차원의 사회적 책임 등이 서로 잘 변별되며, 그 측정척도들 또한 타당하다는 것이 입증되었다.

2번 문항인 "우리 회사는 지연이나 학연에 의해 인사결정에 영향을 받지 않는다."는 요인부하량의 절대적 크기가 낮고 문항제거 시 신뢰도도 높아지는 통계적 결함을 가지고 있지만, 공정성의 지연이나 학연 관련 사항은 한국기업의 현실장면에서 학연과 지연이 한국기업의 인사제도의 공정성 측면에서 차지하는 중요성과 현실타당도(홍대식, 1997)와 사례 수집에서 편파억제와 관련하여 가장 대표적으로 나타난 문항이기 때문에 문항을 유지하기로 결정하였다. 또한 36번 문항인 "우리 회사는 사회질서를 혼란시키는 부당행위나 불법행위 등을 하지 않는다."는 요인부하량이 낮고 문항제거 시 척도의 신뢰도 또한 증가하는 단점이 있었으나, 최근의 회계부정 및 정치자금 문제 등과 관련된 점과 본 설문에 참여한 표집 중 사원, 대리 등 하위 직급이 많아 실제 이 문항에 대한 중요성이 실제보다 민감하게 받아들여지지 않아 낮아진 점을 감안하여 문항을 유지하기로 하였다.

제Ⅵ장 연구 2: 상사신뢰 결정 요인 척도개발

제1절 연구 목적

조직신뢰에서 또 하나 중요한 신뢰대상은 상사이다. 조직생활의 대부분은 상사와의 업무적 관계 속에서 이루어지므로, 부하들이 갖는 상사에 대한 신뢰는 업무뿐만 아니라 직장생활 적응에도 많은 영향을 미치게 된다. 리더십의 기반이 상사에 대한 신뢰라고 할 수 있을 만큼 상사신뢰는 중요하다. 신뢰연구가 대인관계에 대한 신뢰로부터 시작되었으므로, 회사신뢰와는 달리 조직에서의 상사신뢰에 대해서는 많은 연구들이 있어왔으나 비교문화적 관점에서 외국에서 연구된 상사신뢰의 결과들이 우리나라에 그대로 적용될 수 있는가에 대해서는 의문이 남는다. 최근의 여러 연구들은 신뢰유발의 특성을 찾기보다는 상사의 어떠한 행동이 신뢰감정을 유발하는지를 구체적으로 유형화시키고 있다. 상사신뢰의 선행 요인에 대해서는 많은 연구들이 진행되어 왔으나, 모든 연구가 상사신뢰에 대한 이론적 틀을 제시하지 못한 채 사례추출에서 얻은 자료들에 대한 내용분류나 요인 분석 등의 탐색적 연구를 통해 신뢰의 선행 요인들을 열거하는 데 그쳐왔기 때문에 연구자들 간에 서로 일치되지 않은 결과들이 제시되어 왔다. 이러한 현상은 상사신뢰의 선행 요인에 대한 명확한 분류기준이 없었기 때문이다. 따라서 연구 2에서는 예비 연구에서 수집한 사례와 본 연구에서 제안한 상사신뢰 결정 요인 다섯 요인 모형, 즉 상사가 각 개인에게 얼마나 배려해주고 있는가와 관련된 개인 차원의 배려, 팀 구성원 모두에게 얼마나 공정하게 대하고 있는가와 관련된 팀 구성원 차원의 공정성, 상사가 일을 하는 데 있어서 보여주는 능력과 관련된 일 차원의 업무능력, 상사 자신이 스스로에게 얼마나 엄격한 규율을 적용하여 사회적 윤리와 규범을 준수하는가와 관련된 상사 자체 특성 차원인 도덕성, 그리고 조직구성원으로서 조직과 상사에 대해 책임 있는 행동을 하고 있는가와 관련된 조직구성원으로서의 책임 등의 다섯 요인에 대한 문항들을 개발한 뒤, 설문조사를 통해 척도의 타당성에 대해 검토하고자 한다.

제2절 상사신뢰 결정 요인에 대한 확인적 요인 분석

1. 조사대상 및 조사방법

연구 1의 회사신뢰 결정 요인 다섯 요인에 대한 확인적 요인 분석의 대상자와 동일한 1,057명의 자료를 이용하였으며, 이들에 대한 조사방법 또한 연구 1의 확인적 요인 분석 자료 수집 절차와 동일하다.

2. 질문지 구성

본 연구의 질문지는 본 연구에서 제안한 상사신뢰 결정 요인 다섯 요인을 중심으로 예비 연구의 사례 수집에서 분류해낸 내용들을 바탕으로 각 차원의 세부범주들을 문항으로 제작한 것이다. 본 연구의 설문지는 <부록 2>에 제시하였다.

1) 팀 구성원 차원의 공정성

공정성 차원에 대한 문항은 전체 일곱 문항으로서, 이들 각각의 문항은 1) 평가, 기회제공, 관계유지 등에 있어서 차별적으로 대하지 않고 편애하지 않은 공평한 행동, 2) 독단적으로 결정하지 않고 구성원의 의견을 들어주고 의견을 의사결정에 반영하는 의견수렴행동, 3) 업무 관련 정보나 회사의 공지사항을 알려주는 정보공유행동, 4) 업무처리 시 주관적인 편견이 개입되지 않는 행동, 5) 의사결정기준적용, 팀 관리, 업무지시 등에 일관성을 보여주는 행동, 6) 자신의 잘못을 인정하고 시정하는 사후공정성 행동, 7) 평가나 보상 시 정확한 기준에 의해 평가하는 행동 등에 대한 사례들을 반영한 것이다.

2) 개인 차원의 배려

배려 차원에 대한 문항은 전체 10문항으로서, 이들 문항들은 각각 1) 사원들의 개개인의 사정과 고충을 들어주고 대화를 기꺼이 하는 개인상담 행동, 2) 부하사원의 잘못된 점을 지적하고 바른 방향을 제시해 주는 건설적 피드백 행동, 3) 부하사원의 잘못을 부하의 입장에서 이해해 주는 실수이해행동, 4) 경조사나 어려운 일에 처해 있을 때 관심을 가져주고 용기를 주는 격려행동, 5) 업무수행 시 (설비개선, 이상발생, 고객 상담 등) 문제가 발생되면 등한시하지 않고 함께 해결하려고 하는 어려움 함께하기 행동, 6) 교육기회의 제공, 적성과 업무를 고려한 배치, 능력을 고려한 업무지시, 기술지도, 자기 개발기회 부여 등 부하에게 성장의 기회를 제공하는 육성적 배려행동, 7) 부하의 업무를 간섭하지 않고 책임 있게 수행할 수 있는 여건을 마련해 주며 일을 믿고 맡기는 권한위임행동, 8) 업무수행의 결과에 대하여 자신의 것으로 하지 않고 부하의 공으로 인정하며 업무능력을 인정하고 부하의 행동에 칭찬을 자주하는 칭찬과 인정 행동, 9) 부하에게 권위적으로 행동하지 않고 부하의 감정을 고려하여 존중감을 느낄 수 있는 언어와 행동을 보여주며 예의를 갖추는 인격존중행동, 10) 부하의 잘못을 윗사람이나 타 부서로부터 보호해 주는 방패막이 행동 등의 사례들을 포함하도록 개발한 것이다.

3) 상사 자체 특성 차원의 도덕성

도덕성이란 자기 자신에게 엄격한 규율을 적용하여 통상적인 사회적 윤리와 규범을 준수하는 것을 의미하며, 이를 측정하기 위하여 전체 일곱 문항을 개발하였다. 이들 문항은 1) 무사 안일하지 않고 적극적인 행동, 부지런함, 맡은 바 역할에 충실함, 지속적인 자기관리 등 매사에 헌신적이며 일에 대해 열정을 보이는 성실한 행동, 2) 개인적인 일을 터놓고 이야기하거나 자신의 잘못을 인정하는 솔직한 행동, 3) 부하에게 시키기 전에 자기부터 실천하며 사원에게 봉사하려는 행동을 보이고 본보기 역할을 보여주는 솔선수범 행동, 4) 자신의 말과 행동이 일치되고 한 번 약속한 사항은 지키는 약속준수 행동, 5) 자신의 이익만을 추구하려고 하거나 자기중심으로 행동하지 않는 행동, 6) 운영비를 개인적으로 유용한다거나 불투명한 비용을 지출하지 않고 금전적으로 깨끗한 행동, 7) 근무시간을 개인적으로 사용하거나 공적인 일에 개인적인 감정을 개입시키며 규정을 자기이익을 위해 악용하는 등의 행동을 하지 않는 공사가 분명한 행동 등의 사례로부터 개발한 것이다.

4) 일 차원의 업무능력

상사가 일을 수행하는 데서 보여주는 능력과 관련한 사례들을 토대로 전체 8문항을 구성하였다. 각각의 문항들을 살펴보면, 1) 일하는 프로세스를 계획적, 체계적으로 처리함, 작업지시의 정확성, 짜임새 있는 계획수립, 신속한 의사결정 등과 관련된 합리적인 업무처리능력, 2) 사원과 원만한 관계를 유지하거나 거래선과 유대관계를 형성하는 대인관계 능력, 3) 문제발생 시 선조치하는 대안제시능력, 클레임발생 시 적절한 처리, 개선하려고 하는 의지 등 문제에 대한 대처능력, 4) 명확한 의사전달, 타 부서와의 업무조율, 협조를 유도하고 이해시키는 등의 설득력, 5) 수행업무와 관련된 전문 지식, 업무규정에 대한 지식, 다방면으로 해박한 업무지식 등 전문성, 6) 과감한 결단력, 신속한 행동, 업무에 필요한 지원 등을 잘 이끌어 내는 업무추진력, 7) 팀 회식 등을 통해 팀 일체감을 형성하는 능력, 8) 구태의연한 방법에 의존하지 않고 새로운 아이디어를 제안하는 창의적 아이디어 제시능력 등을 포함하고 있다.

5) 상위범주 차원의 조직에 대한 책임

조직구성원으로서 자신의 팀과 상호 작용하고 있는 위 상사나 관련 부서 상호 작용에 있어서 보여주는 행동이 조직구성원 관련 차원의 책임으로서, 전체 일곱 문항으로 구성하였다. 이들 문항은 1) 조직을 위해 자신의 의견을 소신 있게 피력하거나 윗사람의 눈치를 보지 않고 소신껏 판단하는 등의 업무소신, 2) 부서의 편의보다 조직 전체의 관점에서 행동하고 회사에 대한 불만보다는 회사의 어려움을 이해시키려는 전사적 관점행동, 3) 조직의 생존과 목표달성을 위해서 노력하는 자기희생, 4) 조직구성원의 일원으로 규정과 원칙을 지키려는 규범준수 행동, 5) 실적 위주의 단기성과 추구가 아니라 조직 차원에서 장기적인 관점에서 판단하고 행동하는 단기적 성과지양 행동, 6) 조직구성원으로서 잘못된 것은 인정하고 책임을 지는 행동, 7) 타 부서와의 협조가 원만하고, 타 부서 업무효율성에 관심을 가져다주는 부서 간 협조행동 등의 사례들을 토대로 개발한 것이다.

3. 분석방법

각 척도의 타당도를 알아보기 위하여 확인적 요인 분석을 실시하였으며, 척도의 신뢰도 분석은 Cronbach's α계수를 이용하였다. 확인적 요인 분석을 위한 모형의 측정변수들은 문항의 개별 값을 사용하였으며, 모수추정방식으로는 최대우도(Maximum Likelihood)법을 이용하였다. 확인적 요인 분석은 LISREL 8.52 윈도우용을 이용하였으며, 각 척도의 신뢰도 분석을 SAS 8.01을 사용하였다.

4. 분석 결과

상사신뢰의 확인적 요인 분석 결과 얻어진 전반적 합치도 지수들을 살펴보면, 아래의 <표 7-1>에 제시한 바와 같이 전반적 합치도 지수들 중 NFI, NNFI, CFI의 값이 Bentler와 Bonett(1980)이 제시한 좋은 부합도의 기준인 .90을 넘고 있었으며, RMSEA 값도 Steiger(1990)이 제시한 좋은 부합도의 기준인 0.10보다 낮은 것으로 나타났다. 따라서 이러한 결과들은 본 연구의 상사신뢰 결정 요인들에 대한 측정척도가 서로 변별되며, 아울러 각 구성개념을 측정하기 위해 사용된 척도가 타당함을 보여주는 것이라 할 수 있다. 상사신뢰의 확인적 요인 분석에 이용된 공분산 행렬과 프로그램은 <**부록 4**>에 제시하였다.

〈표 7-1〉 상사신뢰의 확인적 요인 분석 결과의 합치도 지수

합치도 지수	χ^2	RMSEA	NFI	NNFI	CFI
검증모형	5541(df=692)	.0815	.974	.976	.978

확인적 요인 분석 결과 얻어진 각 측정문항의 요인부하량과 신뢰도 계수를 아래의 〈**표 7-2**〉에 제시하였다. 표에서 볼 수 있듯이 전반적으로 모든 문항들의 해당 척도에 대한 요인부하량이 대부분 0.6을 넘고 있었으며, 0.6을 넘지 않는 문항들은 모두가 부정적 의미의 문항인 것으로 나타났다. 이러한 결과는 긍정적 방향의 문항과 부정적 방향의 문항이 갖는 문항 형식의 차이가 오염 요인으로 작용하였기 때문인 것으로 판단되었다. 그러나 각 요인계수에 대한 통계적 유의성 검증 결과 모두 유의미한 것으로 나타났으며, 각 척도의 신뢰도 또한 α =0.80을 넘고 있는 것으로 나타났다.

〈표 7-2〉 상사신뢰 결정 요인의 요인부하량 및 신뢰도 계수

문 항	요인 부하량	총점 문항 상관	문항 제거 시 α계수
제1요인: 공정성			
1. 나의 상사는 부하직원들을 공평하게 대한다.	.801	.695	.777
2. 나의 상사는 부하직원들의 의견을 수렴하여 의사결정 한다.	.846	.742	.770
3. 나의 상사는 가능한 한 모든 정보를 부하직원들과 공유한다.	.780	.670	.781
4. 나의 상사는 의사결정 시에 주관적인 편견을 개입시키지 않는다.	.725	.584	.796
5. 나의 상사는 상황에 따라 말을 자주 바꾼다.(r)	.389	.354	.836
6. 나의 상사는 잘못된 결정이 있으면, 이를 시정하려고 노력한다.	.782	.603	.793
7. 나의 상사는 부하직원들을 정확히 평가하지 않고, 개인적인 감정에 얽매여 판단한다.(r)	.347	.366	.832
		α=.823	
제2요인: 배려			
8. 나의 상사는 부하직원들의 고충이나 고민에 대해 관심을 가지고 상담해 준다.	.789	.745	.924
9. 나의 상사는 내가 잘못했을 때 건설적인 피드백을 제공해 준다.	.816	.792	.921
10. 나의 상사는 부하직원들의 불가피한 잘못에 대해서는 이해하고 감싸준다.	.851	.812	.920
11. 나의 상사는 부하가 어려움에 처했을 때, 이를 극복할 수 있도록 격려하고 용기를 준다.	.903	.847	.919
	.888	.828	.919

문 항	요인 부하량	총점 문항 상관	문항 제거 시 α계수
12. 나의 상사는 문제가 발생하면 자신의 일처럼 함께 해결책을 찾으려 노력한다.			
13. 나의 상사는 부하직원들의 성장을 위해 교육이나 경력개발의 기회를 부여하고 있다.	.800	.725	.925
14. 나의 상사는 부하직원들이 소신을 가지고 자율적으로 업무를 추진할 수 있도록 배려한다.	.827	.779	.922
15. 나의 상사는 부하직원들의 잘한 일에 대해서는 인정이나 칭찬을 아끼지 않는다.	.800	.771	.922
16. 나의 상사는 부하직원들의 인격을 무시하는 말을 하곤 한다.(r)	.436	.345	.945
17. 나의 상사는 나에게 어려운 일이 생겼을 때 방패막이 역할을 해 준다.	.799	.736	.924
			α=.932
제3요인: 도덕성			
18. 나의 상사는 업무에 태만하지 않고 성실하게 자신의 역할을 수행한다.	.792	.694	.811
19. 나의 상사는 자신이 잘못한 점에 대해서는 솔직히 인정한다.	.817	.700	.810
20. 나의 상사는 부하직원들에게 솔선수범하여 모범을 보인다.	.881	.768	.799
21. 나의 상사는 자신이 약속한 사항에 대해서는 책임감 있게 행동한다.	.816	.733	.807
22. 나의 상사는 자신의 이익을 위해 부하직원들을 희생시키지 않는다.	.771	.670	.814
23. 나의 상사는 금전적인 문제가 깨끗하지 못하다.(r)	.465	.469	.847
24. 나의 상사는 공사구분이 불분명하다.(r)	.289	.275	.874
			α=.846
제4요인: 업무역량			
25. 나의 상사는 합리적이고 계획성 있게 업무를 수행한다.	.794	.702	.926
26. 나의 상사는 대인관계 능력이 뛰어나다.	.677	.662	.930
27. 나의 상사는 문제발생 시 대처능력이 뛰어나다.	.807	.804	.919
28. 나의 상사는 다른 사람들을 설득할 수 있는 지식과 스킬을 가지고 있다.	.818	.822	.917
29. 나의 상사는 자신의 분야에 대해 해박한 지식과 경험을 가지고 있다.	.782	.744	.923
30. 나의 상사는 조직으로부터 업무수행에 필요한 지원을 잘 이끌어 낸다.	.844	.806	.919
31. 나의 상사는 조직과 팀에 대한 운영능력이 뛰어나다.	.865	.819	.918
32. 나의 상사는 새로운 아이디어를 제시하는 능력이 뛰어나다.	.818	.748	.923
			α=.932
제5요인: 책임감			
33. 나의 상사는 회사를 위한 일이라면 소신 있게 직언한다.	.793	.646	.755
34. 나의 상사는 개인이나 팀의 이익보다는 회사 전체의 관점에서 판단하고 행동한다.	.804	.683	.749
35. 나의 상사는 회사를 위해서라면 자신의 희생을 마다하지 않는다.	.731	.603	.763
36. 나의 상사는 항상 회사의 규범을 준수한다.	.722	.589	.767
37. 나의 상사는 장기 성과보다는 평가 위주의 단기적인 성과에 치중한다.(r)	.365	.276	.820
38. 나의 상사는 문제가 발생하면 상황 탓으로 책임을 전가한다.(r)	.529	.437	.795
39. 나의 상사는 타 부서의 일이라도 자기 일처럼 협력한다.	.669	.533	.776
			α=.802

제3절 논 의

본 연구에서 예비 연구 2에서 수집된 사례들을 토대로 상사신뢰의 다섯 차원 결정 요인에 대한 문항들을 개발하여 확인적 요인 분석과 신뢰도 검증을 통해서, 본 연구에서 제시한 일 차원의 업무역량, 개인 차원의 배려, 팀 구성원 차원의 공정성, 상사 자체 특성 차원의 도덕성, 조직구성원 차원의 조직에 대한 책임 등 상사신뢰의 다섯 개 결정 요인이 타당하며, 그 측정척도들 또한 타당함을 입증하였다.

다만 배려성, 공정성, 도덕성 간의 요인 간의 상관이 높게 나타났는데, 이는 Miller(1973)의 관점에서 볼 때 배려성이 개별적인 호의라고 한다면 공정성이 모두에게 호의를 베푼다는 측면과 도덕성은 상사 개인에게 요구되는 사회적 규범의 준수이나 그 수혜는 부하들에게 돌아가는 것임을 감안할 때 나타날 수 있는 현상이라고 판단된다. 또한 일부 문항들이 비교적 낮은 부하량과 총점－문항 상관을 보이고 있었다. 그러나 이러한 특성을 보이는 문항들이 모두가 부정적 방향의 문항들이었다는 점에서 문항 형식에 의한 효과가 작용했을 수 있다는 점에서 어느 정도 이해될 수 있었으며, 그럼에도 불구하고 이들 문항이 사례 연구를 통해 수집된 많은 실제 사례들로부터 도출된 문항들이며, 모형의 전반적 합치도 지수들이 좋은 모형의 기준을 충족하고 있었으므로, 이들 문항들을 최종 척도에 포함하기로 하였다.

본 연구에서 확인된 상사신뢰 결정 다섯 요인은 기존의 연구들을 포괄하고 있다. 상사신뢰의 결정 요인을 기존의 연구들과 비교하여 보면, 업무능력은 Cook과 Wall(1980), Deutsch(1960), Sitkin과 Roth (1963)의 능력(ability), Giffin(1967)의 전문성(expertness), Gabarro (1978)의 기능적이고 특수한 능력, 대인능력, 사업 감, 판단력 등을 포괄하는 결과라고 할 수 있다. 배려는 Mayer 등(1995)의 선의

(benevolence), Clarck과 Payne(1997)의 충성(loyalty)을 포괄하는 것이라 할 수 있으나 우리나라에서의 부하와 상사의 정에 입각한 개인생활 배려, 성장에 대한 지원 등이 반영된 것이라 할 수 있다. 도덕성은 McFall(1987)의 원칙에 대한 수용가능성과 준수 등을 포괄하고 있고 Butler 등(1984)의 성실성, Butler(1991)의 성실성, 약속이행, Lieberman(1981)의 성실성 등을 포괄하는 내용으로 구성되어 있다. 공정성은 Butler(1991)의 공평성보다는 넓은 의미로 분배공정성, 절차공정성, 상호 작용 공정성을 포괄하는 내용이라 할 수 있다. 조직에 대한 책임은 기존의 연구에서 나타나지 않은 새로운 요인이라 할 수 있다.

제Ⅶ장 연구 3: 회사신뢰/상사신뢰 및 협력의도/
충성심에 대한 척도개발

제1절 연구 목적

본 연구에서의 회사신뢰 및 상사신뢰의 다섯 차원 모형에 대한 연구를 위해서는 회사신뢰 및 상사신뢰 자체에 대한 측정척도 및 회사와 상사에 대한 협력의도와 충성심 등의 신뢰 과정변수들에 대한 측정척도들의 개발이 요구된다. 신뢰에 대한 연구들이 많이 진행되어 왔으나, 회사신뢰 및 상사신뢰를 측정하는 척도의 개발은 아직 연구자들 간에 일치하고 있지 않으며, 개발된 도구들 또한 정교하게 만들어지지 않아 왔다. 특히, 일부 연구자들의 경우에는 신뢰 자체에 대한 측정을 신뢰의 선행 요인들로 측정하는 경우들을 보여 왔다(김호정, 1999; 박광국 등, 1999). 또한 협력의도와 충성심에 대해서도 이들 과정변수를 신뢰의 '행동의도' 요소로서 개념화하여 측정되어 왔다. 일부 연구자 (Husted, 1989)는 신뢰와 협력을 동일한 현상으로 간주하고 상호 교환 가능한 용어로 사용하여 신뢰에 대한 개념에 혼선을 주기도 한다. 따라서 연구 3에서는 신뢰를 인지적 차원, 정서적 차원, 행동의도 차원으로 구분하여 이러한 개념들을 중심으로 척도를 개발하고, 또한 협력의도와 충성심에 대한 척도는 이들 구성개념에 대한 정의와 기존 연구들에서 개발된 척도들을 토대로 문항을 개발한 뒤, 충성심과 협력의도를 신뢰에 포함하는 것과 따로 구분하는 것 중 어떤 것이 더 적합한지를 확인적 요인 분석을 통해 검증하고자 한다.

제2절 방법 및 절차

1. 조사대상자 및 조사방법

연구 1과 2의 회사신뢰와 상사신뢰의 결정 요인에 대한 조사대상자
와 동일한 1,057명의 자료를 이용하였으며, 이들에 대한 조사방법 또
한 연구 1, 2에서와 동일하다.

2. 질문지 구성

1) 회사신뢰 및 상사신뢰

본 연구에서는 회사신뢰와 상사신뢰를 인지적, 정서적, 행동적 요소
를 포함하는 개념으로 정의하였다. 따라서 이들 구성개념을 측정하는
척도들 또한 이 세 가지 요소를 포함하도록 구성하였다. 인지적 및 정
서적 요소에 대한 척도는 McAllister(1995)의 대인관계신뢰에서의 인
지기반 신뢰와 정서기반 신뢰 척도 그리고 Rousseau 등(1998)의 연구
를 참고하여 회사신뢰와 상사신뢰에 적합하게 보완하였으며, 행동의도
에 대한 척도는 행동의도에 대한 개념화를 근거로 연구자가 개발하였
다. 회사신뢰 척도에서, 인지적 차원은 회사의 태도에 대한 믿음을 측
정하는 2문항, 정서적 차원은 회사와의 감정적 유대와 정서적인 교감
을 측정하는 2문항, 행동적 차원은 위험 감수 의지를 측정하는 2문항
등으로 구성하였으며, 회사신뢰 척도 개발 후, 동일한 의미를 상사신
뢰에 맞게 전환하여 상사신뢰 척도를 개발하였다.

2) 협력의도

회사 및 상사에 대한 협력의도 척도는 Tjsvold(1988)의 상사협력 척
도를 연구자가 우리나라 상황에 맞도록 수정하여 사용하였다. Tjsvold
(1988)는 상사에 대한 협력의도를 1) 정보, 아이디어 및 기타 자원을 공
유하려는 의도, 2) 팀 목표달성을 위해 상사에게 도움을 제공하려는 의
도, 3) 갈등과 문제를 건설적으로 해결하려는 의도, 4) 상사의 결정과
정책을 지지하려는 의도로 측정하였다. 이를 바탕으로 상사에 대한 협
력의도를 다섯 문항으로 개발한 뒤, 이를 회사 장면에 맞게 바꾸어 회사
에 대한 협력척도 다섯 문항을 개발하였다.

3) 충성심

Chen, Tsui, Farh(2002)는 충성심의 요소로 1) 상사의 특성과 능력
에 대한 동일시, 2) 상사의 가치관에 대한 내재화, 3) 자신의 이익을
희생해서라도 상사의 복지를 촉진하고 상사에게 헌신하려는 의지, 4)
상사를 위해 부가적인 노력을 발휘하려는 의지, 5) 상사를 추종하고자
하는 바람 등으로 제시하고 있다. 옥용재 등(2000)은 부하의 상사에
대한 충성행동을 추출한 바 있는데, 충성심에 대한 척도는 이것들을
바탕으로 연구자가 개발하였다.

3. 분석방법

회사와 상사에 대한 신뢰, 협력의도, 충성심을 따로 구분한 6요인 모
형과, 이를 따로 구분하지 않고 각각 회사신뢰 및 상사신뢰에 포함한 2

요인 모형으로 구분하여 확인적 요인 분석을 실시하였으며, 두 모형의
전반적 합치도 지수들을 비교하여 보다 적합한 모형을 선정하였다. 그
런 뒤, 각 척도의 신뢰도를 알아보기 위하여 신뢰도 분석을 실시하였
다. 확인적 요인 분석을 위한 모형의 측정변수들은 문항의 개별 값을
사용하였으며, 모수추정방식으로는 최대우도(Maximum Likelihood)법
을 이용하였다. 확인적 요인 분석은 LISREL 8.52 윈도우용을 이용하
였으며, 각 척도의 신뢰도 분석은 Cronbach's α계수를 이용하였으며,
SAS 8.01을 사용하였다.

4. 분석 결과

신뢰, 충성심, 협력의도를 따로 구분한 6요인 모형과 이를 구분하지
않은 2요인 모형에 대한 확인적 요인 분석 결과를 아래의 <표 8-1>에
제시하였다. 표에서 볼 수 있듯이, 6요인 모형(χ^2=7298(df=449))과 2
요인 모형(χ^2=9712(df=463)) 간 χ^2 차이검증을 실시하였다. 검증 결
과 6요인 모형이 2요인 모형에 비해 더 우수한 모형임을 알 수 있었
으며, 전반적 합치도 지수들 또한 2요인 모형에 비해 6요인 모형이
RMSEA 값은 더 싸며 NFI, NNFI, CFI의 값은 더 높은 것으로 나타
나, 회사와 상사에 대한 신뢰, 충성심, 협력의도를 따로 구분하는 것이
보다 더 바람직함을 보여주고 있었다.

6요인 모형의 확인적 요인 분석 결과 얻어진 전반적 합치도 지수들을
살펴보면, 아래의 <표 8-1>에 제시한 바와 같이 전반적 합치도 지수들
중 RMSEA 값은 Steiger(1990)가 제시한 좋은 부합도의 기준인 0.10보
다 높은 것으로 나타났으나, NFI, NNFI, CFI의 값은 Bentler와 Bonett
(1980)가 제시한 좋은 부합도의 기준인 .90을 훨씬 넘고 있었다.

〈표 8-1〉 회사/상사에 대한 신뢰, 협력, 충성심에 대한 6요인 모형과 2요인
모형의 확인적 요인 분석 결과의 합치도 지수

합치도 지수	χ^2	RMSEA	NFI	NNFI	CFI
6요인 모형	7298(df=449)	.120	.943	.943	.948
2요인 모형	9712(df=463)	.138	.927	.927	.932

$\chi^2_{(2요인\ 모형-6요인\ 모형)}=(9712-7298)/(463-449)=2414/14=172.43,\ (p<.0001)$

이러한 결과들은 본 연구의 회사와 상사에 대한 신뢰, 협력의도, 및
충성심에 대한 측정척도가 서로 변별되며, 각 구성개념을 측정하기 위
해 사용된 척도가 타당함을 보여주는 것이라 할 수 있다. 상사신뢰의
확인적 요인 분석에 이용된 공분산 행렬과 프로그램은 <부록 4>에 제
시하였다. 또한 <표 8-2>에는 확인적 요인 분석 결과 얻어진 6요인
모형의 요인부하량과 척도의 신뢰도에 대한 자료가 제시되어 있다. 표
에서 볼 수 있듯이 전반적으로 모든 문항들의 해당 척도에 대한 요인
부하량이 대부분 0.6을 넘고 있었으며, 척도의 신뢰도 또한 모두 α
=0.8을 넘고 있었다. 이러한 결과는 본 연구에서 사용한 회사 및 상
사에 대한 신뢰, 충성심, 협력의도 척도들이 타당함을 입증하는 것이
라 할 수 있다.

〈표 8-2〉 회사와 상사에 대한 신뢰, 협력, 충성심에 대한 요인부하량 및 신뢰도 계수

문 항	요인 부하량	총점 문항 상관	문항 제거 시 α계수
제1요인: 회사신뢰			
1. 우리 회사의 사원들은 대부분 회사를 신뢰하고 있다.	.742	.646	.754
2. 나는 우리 회사가 적어도 직원들을 속이지 않는다고 생각한다.	.755	.673	.747
3. 나는 회사정책이 내게 어떤 영향을 미칠지라도 믿고 따를 것이다.	.812	.697	.740
4. 나에게 섭섭하게 했더라도 나는 회사에 해를 끼치지 않을 것이다.	.598	.510	.784
5. 회사의 정책이 내게 불이익이 되는 경우가 있더라도 나는 불쾌하게 받아들이지 않을 것이다.	.651	.579	.769
6. 회사가 나를 버릴지도 모른다는 불안감을 갖고 있지 않다.	.343	.310	.833
		α=.804	
제2요인: 상사신뢰			
1. 우리 팀원들은 대부분 상사를 신뢰하고 있다.	.790	.700	.820
2. 나는 나의 상사가 적어도 직원들을 속이지 않는다고 생각한다.	.769	.713	.817
3. 나는 상사의 지시가 내게 어떤 영향을 미칠지라도 믿고 따를 것이다.	.815	.746	.812
4. 상사가 나에게 섭섭하게 했더라도 나는 상사에게 해를 끼치지 않을 것이다.	.694	.635	.833
5. 나는 상사가 어떤 지시를 하더라도 불쾌하게 받아들이지 않을 것이다.	.651	.582	.842
6. 나는 상사가 나를 배신할지도 모른다는 불안감을 갖고 있지 않다.	.531	.496	.859
		α=.856	
제3요인: 회사협력			
1. 나는 회사의 정책과 방향을 지지한다.	.605	.531	.861
2. 나와 회사가 의견이 다르더라도 회사가 어떤 결정을 내리면 기꺼이 협력할 것이다.	.697	.648	.831
3. 나는 회사와 문제가 생기면 이를 건설적으로 해결하기 위해 노력할 것이다.	.792	.728	.810
4. 나는 회사의 목표달성을 위해 회사에 적극적으로 협력할 것이다.	.856	.770	.799
5. 나는 내가 가지고 있는 아이디어를 회사를 위해 적극 제공할 것이다.	.789	.686	.820
		α=.855	
제4요인: 회사충성			
1. 나는 회사를 위해서라면 나의 불이익을 감수할 수 있다.	.734	.691	.826
2. 나는 회사를 위해서라면 무엇이든지 할 수 있다.	.724	.696	.825
3. 나는 근무시간 외에도 회사가 요구한다면 내 시간을 할애할 수 있다.	.655	.602	.851
4. 나는 회사의 방침을 진심으로 따를 것이다.	.795	.703	.826
5. 나는 회사에 대해 충성심을 가지고 있다.	.814	.709	.822
		α=.860	
제5요인: 상사협력			
1. 나는 상사의 정책과 방침을 지지한다.	.766	.653	.835
2. 나는 상사와 의견이 다르더라도 상사가 어떤 결정을 내리면 기꺼이 협력할 것이다.	.723	.617	.843
3. 나는 상사와 갈등이 생기면 이를 해결하기 위해 허심탄회하게 이야기할 것이다.	.637	.602	.850
4. 나는 팀의 목표달성을 위해 상사를 도울 것이다.	.798	.758	.809
5. 나는 내가 가지고 있는 아이디어를 상사에게 적극 제공할 것이다.	.807	.757	.807
		α=.859	
제6요인: 상사충성			
1. 나는 상사를 위해서라면 나의 불이익을 감수할 수 있다.	.751	.756	.861
2. 나는 상사를 위해서라면 무엇이든지 할 수 있다.	.728	.730	.866
3. 나는 근무시간 외에도 상사가 요구한다면 내 시간을 할애할 수 있다.	.688	.651	.886
4. 나는 상사의 지시를 진심으로 따를 것이다.	.874	.762	.860
5. 나는 상사에 대해 충성심을 가지고 있다.	.867	.769	.857
		α=.890	

제3절 논 의

연구 3에서는 회사신뢰와 상사신뢰를 측정하는 척도와 회사 및 상사에 대한 충성심과 협력의도 문항들을 개발하고 이들 척도들이 서로 잘 변별되며, 각각의 구성개념을 측정하는 데 있어서 타당한지를 살펴보고자 하였다.

많은 연구자들이 회사신뢰와 상사신뢰에 대해 연구해 왔으나, 이렇다 할 척도들이 개발되지 않은 상태이다. 본 연구에서는 Rousseau 등 (1998)의 연구를 바탕으로 신뢰의 인지적, 정서적, 행동적 요소들을 포함한 회사신뢰 및 상사신뢰 척도를 개발하였다. 또한 기존의 연구들에서는 신뢰, 충성심, 협력의도를 따로 구분하지 않은 채, 신뢰의 행동적 요소로서 충성심과 협력의도를 포함하는 경향을 보여 왔으나, 본 연구에서는 충성심과 협력의도를 회사 및 상사에 대한 신뢰가 조직효과성 변수들에 영향을 미치는 과정에서의 심리적 과정변수로 보고, 협력의도와 충성심 척도를 개발하였다. 그런 뒤, 이들 회사와 상사에 대한 신뢰, 충성심, 협력의도를 따로 구분한 6요인 모형과 이를 구분하지 않은 2요인 모형에 대한 확인적 요인 분석을 통해, 6요인 모형이 보다 우수함을 입증하였으며, 6요인 모형의 전반적 합치도 지수들 또한 높음을 확인하였다.

전반적으로 볼 때, 대부분의 문항들이 0.6을 넘는 높은 요인부하량을 보이고 있었으나, "회사가 나를 버릴지도 모른다는 불안감을 갖고 있지 않다"와 "나는 상사가 나를 배신할지도 모른다는 불안감을 갖고 있지 않다"는 문항에서 비교적 낮은 요인부하량을 보이고 있었으나, 이들 문항이 다른 문항들과는 달리 부정적인 문구로 이루어져 있다는 것과, 질문에서 사용한 '불안감'이라는 표현이 다소 강하게 받아들여졌을 수 있기 때문으로 판단되었다. 그러나 이들 문항의 요인부하량이

.3을 넘고 있었으며 또한 해당 척도의 신뢰도 계수가 α=0.8을 넘고 있었으므로, 최종 척도에 포함하기로 하였다.

　기존의 연구들과 달리 본 연구에서는 회사와 상사에 대한 신뢰를 인지, 정서, 행동의도로 구분하여 척도를 개발하였다는 점에서 의의가 있으며, 특히 회사신뢰에 대한 척도를 개발함으로써, 향후 회사신뢰에 대한 연구에 기여하였다는 점에서 큰 의의가 있다 하겠다. 또한 기존의 연구들과 달리 회사 및 상사에 대한 충성심과 협력의도를 신뢰 자체와 구분함으로써, 충성심과 협력의도를 신뢰와 개념적으로 구분될 뿐 아니라, 측정 또한 독립적으로 이루어질 수 있도록 하였으며, 확인적 요인 분석을 통해 이들 구성개념을 구분하는 것이 더 바람직함을 입증하였다.

제Ⅷ장 연구 4: 가설검증 및 모형검증

제1절 연구 목적

연구 4에서는 본 연구에서 제시한 회사신뢰 및 상사신뢰에 미치는 다섯 가지 결정 요인들의 효과에 대한 가설들을 검증하고, 이를 토대로 조직신뢰 통합모형에 대한 모형검증을 실시한다. 조직신뢰의 통합모형은 Mayer 등(1995)이 신뢰의 선행 요인으로 능력(ability), 성실성(integrity), 선의(benevolence)를 중심으로 제안한 바 있으나, 이는 대인관계를 중심으로 한 모형이므로, 조직에서의 다양한 신뢰유형을 포괄하는 조직신뢰의 통합모형으로는 적합하지 않다는 한계가 있다. 특히 회사신뢰의 경우에는 조직구성원들의 개인 및 조직효과성에 많은 중요성을 미침에도 불구하고, 대인간 신뢰가 아닌 조직과 개인 간의 신뢰라는 점에서 Mayer 등(1995)의 통합모형으로는 적절히 설명될 수 없으며 경험적인 연구 또한 거의 이루어지지 않아 왔다. 또한 기존의 신뢰 연구들은 신뢰와 조직효과성 변수 간의 직접적 영향을 가정해 왔다. 그러나 이러한 모형으로는 회사 또는 상사에 대한 신뢰가 왜 사람들로 하여금 조직몰입을 갖도록 하고 조직시민행동을 유발하는지에 대한 설명을 제시하지 못하고 있다. 즉 신뢰가 조직효과성 변수에 미치는 영향을 보다 명확히 설명하기 위해서는 신뢰를 통해 형성된 신뢰받는 자에 대한 태도가 모형에 포함되어야 한다. 따라서 본 연구에서는 이러한 한계점을 보완하고 조직 내 신뢰를 보다 포괄적으로 설명할 수 있는 조직신뢰 통합모형을 검증하고자 한다. 회사신뢰와 상사신뢰에 대한 결정 요인들이 각각 회사신뢰와 상사신뢰에 영향을 미치고 회사신뢰와 상사신뢰는 충성심과 협력의도에 영향을 미치며 이러한 충성심과 협력의도는 조직몰입과 조직시민행동에 정적인 영향을 미친다는 것을 검증하고자 한다. 이를 위해 연구 1, 2, 3에서 개발된 측정척도들을 이용하여 현장조사를 실시하고, Lisrel을 이용한 구조모형방정식 분석을 통해 전체 모형의 타당성을 살펴본 뒤, 모형검증 결과를 해석하고자 한다.

제2절 방법 및 절차

1. 조사대상 및 조사방법

회사 및 상사신뢰의 결정 요인과 회사와 상사에 대한 신뢰, 협력의도, 충성심에 대한 확인적 요인 분석에 이용했던 1,057명의 자료를 가설검증 및 모형검증에 이용하였다. 이들에 대한 조사방법 또한 앞에서와 동일하다.

2. 질문지 구성

1) 회사신뢰 결정 요인

연구 1에서 개발된 회사신뢰 결정 요인 척도를 이용한다.

2) 상사신뢰 결정 요인

연구 2에서 개발된 상사신뢰 결정 요인 척도를 이용한다.

3) 회사신뢰 및 상사신뢰

연구 3에서 개발된 회사신뢰 및 상사신뢰의 척도를 이용한다.

4) 협력의도, 충성심

연구 3에서 개발된 회사와 상사에 대한 협력의도 및 충성심 척도들을 이용한다.

5) 조직몰입

Meyer와 Allen(1991)이 제시한 3요인 모델(Three-Component Model) 척도 중 10개의 문항을 선정하여 사용한 서용원(2002)의 문항을 사용하였다. 조직몰입은 정서적 몰입 3문항, 계속적 몰입 4문항, 규범적 몰입 3문항을 사용하였다(세부문항은 <**부록 2**> 참조).

6) 조직시민행동

Organ(1988)이 제안한 다섯 개 차원들(이타행동, 성실행동, 참여행동, 문제예방행동, 스포츠맨십 행동) 중 각각 네 개씩 20개 문항을 선정하여 사용한다(세부문항은 <**부록 2**> 참조).

3. 분석방법

먼저, 회사신뢰의 결정 요인들과 상사신뢰의 결정 요인들이 각각 회사신뢰와 상사신뢰에 미치는 영향을 알아보기 위해 인구 통계적 변수들의 효과를 통제한 위계적 중다회귀분석을 실시하였다. 회사 및 상사신뢰에 대한 결정 요인 효과 검증을 위한 위계적 회귀분석을 위해, 먼저 인구 통계적 변수들 중 신뢰에 영향을 미치는 변수들을 F검증을 통해 밝힌 뒤, 1단계에서는 이들 변수를 dummy 변수로 바꾸어 모형에 투입한 뒤, 2단계에서 추가로 회사신뢰와 상사신뢰의 결정 요인들을 추가함으로써, 회사 및 상사신뢰에 미치는 결정 요인의 효과에서 인구 통계적 변수들의 영향을 통계적으로 통제하였다.

그런 뒤, 회사 및 상사에 대한 신뢰가 회사충성 및 상사충성을 통해서는 조직몰입에 영향을 미치고 회사협력 및 상사협력을 통해서는 조직시민행동에 영향을 미치는지 검증하기 위하여 모형검증과 유용성 분석을 실시하였다. 모형검증에서, 회사신뢰와 상사신뢰의 측정변수는 연구 3에서 개발된 문항들을 인지적, 정서적, 및 행동의도적 신뢰로 묶은 뒤 이들 요인의 평균값을 이용하였고, 회사 및 상사에 대한 협력의도 및 충성심에 대한 측정변수는 연구 3에서 개발된 측정문항들을 사용하였으며, 조직몰입에 대한 측정변수는 정서적 몰입, 규범적 몰입, 및 계속적 몰입의 평균값들을 이용하였고, 조직시민행동에 대한 측정변수 또한 이타행동, 성실행동, 참여행동, 문제예방행동, 스포츠맨십 행동의 평균값을 이용하였다.

마지막으로, 회사신뢰 및 상사신뢰가 조직시민행동에 미치는 영향은 각각 회사협력과 상사협력에 의해서 매개되고, 조직몰입에 미치는 영향은 각각 회사충성 및 상사충성에 의해 매개되는지를 검증하기 위하여, 위계적 중다회귀분석을 통해 매개효과 분석을 실시하였다.

제3절 분석 결과

1. 신뢰 결정 요인→회사/상사신뢰에 대한 가설검증

신뢰 결정 요인들이 회사 및 상사에 대한 신뢰에 미치는 효과를 검증하기에 앞서, 인구 통계적 변수들이 회사 및 상사신뢰에 미치는 효과를 검증하였으며, 이를 토대로 위계적 중다회귀분석을 통해 신뢰 결정 요인들이 회사 및 상사신뢰에 미치는 효과에서 인구 통계적 변수들의 영향을 통제하였다.

1) 회사신뢰 결정 요인이 회사신뢰에 미치는 효과

회사신뢰에 미치는 결정 요인들의 효과를 검증하기에 앞서, 회사신뢰가 인구 통계적 속성에 따라 차이가 있는지를 살펴보기 위하여 F검증을 실시하였다. 인구 통계적 속성들은 본 연구의 설문조사에서 수집된 모든 인구 통계적 변수들을 이용하였다. 분석 결과 <표 9-1>에 제시한 바와 같이, 개인의 직급, 성별, 직종, 재직기간, 및 연령에 따라 회사신뢰에서 차이가 있는 것으로 나타났다. 따라서 이러한 결과를 해석하기 위하여 Duncan의 중다범위검증(multiple range test)을 이용하여 사후분석을 실시하였다.

〈표 9-1〉 회사신뢰에 미치는 인구통계 변수들의 효과에 대한 F-검증 결과

독립변인	df	SS	MS	F	p
직 급	5	30.577	6.115	6.64	.001
학 력	3	2.331	0.777	0.84	.470
성 별	1	7.857	7.857	8.53	.003
직 종	4	11.509	2.877	3.12	.014
회사업종	4	2.493	0.623	0.68	.608
회사위치	3	2.217	0.739	0.80	.492
회사규모	3	6.802	2.267	2.46	.061
재직기간	4	13.624	3.406	3.70	.005
연 령	3	22.881	7.627	8.28	.001
$F_{(30,1026)}$=3.63, p<.001, R^2=0.096					

사후분석 결과는 아래의 〈표 9-2〉에 제시하였다. 검증 결과, 직급이
높아지고 재직기간이 길어질수록 그리고 연령이 높아질수록 회사신뢰
가 높아지는 경향을 보이고 있었으며, 제조 업무를 수행하는 사람들이
다른 직무를 수행하는 사람들에 비해 회사신뢰가 낮은 것을 나타났고,
남성이 여성에 비해 회사신뢰가 높은 것으로 나타났다.

〈표 9-2〉 회사신뢰에 대한 인구통계변수들의 집단 간 차이검증 결과

변수	수준	평균	사례수	Duncan 검증 결과	변수	수준	평균	사례수	Duncan 검증 결과
직급	사 원	4.077	433	d	성별	남	4.278	687	a
	대 리	4.151	221	cd		여	4.097	370	b
	과 장	4.289	220	bcd	재직기간	3년 이하	4.190	443	bc
	차 장	4.421	72	abc		4년~5년	4.050	133	c
	부 장	4.692	51	a		6년~10년	4.191	261	bc
	임 원	4.519	69	ab		11년~15년	4.309	138	b
직종	관 리	4.282	454	a		16년 이상	4.534	82	a
	영 업	4.274	125	a	연령	20대	4.101	339	b
	제 조	3.856	64	b		30대	4.191	565	b
	기 술	4.197	269	a		40대	4.538	143	ab
	기 타	4.144	145	a		50대	4.783	10	a

   이러한 분석을 통해, 인구 통계적 변인들 중 직급, 직종, 성별, 재직
기간 및 연령에 따라 회사신뢰가 차이가 있는 것으로 밝혀졌으므로,
회사신뢰 결정 요인들이 회사신뢰에 미치는 효과에 대한 가설검증에
서 이러한 인구 통계적 변인들의 효과를 통제하고자 위계적 중다회귀
분석을 실시하였다. 이를 위하여, 인구 통계적 변수들을 dummy 변수
로 바꾸어 모형에 먼저 투입한 뒤, 2단계에서 회사신뢰 결정변인들을
추가하였다. 분석 결과, 인구 통계적 변인들이 회사신뢰에 미치는 효
과(R^2=0.0556, p<.0001)에 추가로, 회사신뢰 결정 요인들이 51.18%를
설명하는 것으로 나타났으며, 이러한 효과는 α=.0001 수준에서 유의
한 것으로 나타났다. 이를 구체적으로 살펴보면, 아래의 <표 9-3>에
제시한 바와 같이 조직역량을 제외한 모든 변인들의 β계수가 α=0.01
수준에서 유의한 것으로 나타났으며, 이들 결정 요인에 의한 회사신뢰
의 설명변량은 54.5%인 것으로 나타났다. 이러한 결과는 본 연구에서
제시한 회사신뢰의 다섯 개 결정 요인들이 회사신뢰에 미치는 영향에
대한 가설 1-1, 2-1, 3-1, 5-1이 지지되었으며, 가설 4-1은 지지되지
않았음을 의미한다. β계수를 통해 각 변인이 회사신뢰에 미치는 영향
의 상대적 크기를 유추해 보면, 도덕성의 영향이 가장 크며, 그 다음
이 사회적 책임이고, 다음으로 배려성과 공정성의 순으로 나타났다.

〈표 9-3〉 회사신뢰에 대한 위계적 중다회귀분석 결과

단계	예언변인 변수 명	Dummy 변수	B계수	β계수	표준오차	t	prob>∣t∣
1	성 별	sex	−0.142	−0.068	0.071	−1.98	.048
	직 급	p1	0.050	0.020	0.087	0.57	.567
		p2	0.147	0.060	0.092	1.59	.112
		p3	0.197	0.050	0.138	1.43	.154
		p4	0.392	0.084	0.160	2.44	.014
		p5	0.361	0.084	0.136	2.65	.008
	직 종	j1	0.107	0.053	0.095	1.14	.256
		j2	−0.014	−0.004	0.123	−0.12	.903
		j3	−0.426	−0.102	0.151	−2.82	.004
		j4	−0.044	−0.019	0.107	−0.42	.676
	재직기간	t1	−0.168	−0.056	0.099	−1.69	.091
		t2	−0.071	−0.030	0.085	−0.84	.403
		t3	−0.070	−0.023	0.108	−0.65	.517
		t4	−0.008	−0.002	0.157	−0.06	.954
	연 령	g1	0.045	0.022	0.082	0.54	.586
		g2	0.265	0.091	0.140	1.89	.059
		g3	0.584	0.056	0.331	1.76	.078
	R^2=0.056($F_{(17,1039)}$=3.60, p<.001)						
2	공정성		0.115	0.124	0.030	3.77	.001
	배려		0.134	0.149	0.033	3.95	.001
	도덕성		0.342	0.367	0.028	11.89	.001
	조직역량		0.025	0.025	0.035	0.72	.470
	사회적 책임		0.201	0.205	0.030	6.69	.001
	ΔR^2=0.512($F_{5,1034}$=250.45, p<.001)						
	R^2=0.577($F_{22,1034}$=64.22, p<.001)						

회사신뢰의 결정변인들이 회사를 신뢰하는 사람들과 그렇지 않은 사람들을 잘 구분해 주는지 밝히기 위해, 중앙치를 중심으로 회사신뢰 점수가 높은 집단과 낮은 집단으로 구분하여 단계적 판별분석을 실시

하였다. 판별분석 결과 회귀분석에서와 마찬가지로 조직역량 변수가 판별함수에서 제외되었으며, 이를 제외한 네 개의 결정 요인들로 구성된 판별함수의 정준상관계수는 .581(p<.0001)로 통계적으로 유의하게 나타났다. 최종적으로 결정된 표준화된 정준판별함수 계수를 살펴보면 도덕성이 .527로 가장 높게 나타났으며, 다음이 사회적 책임(=.358), 배려(=.210), 공정성(=.162)으로 나타났으며, 최종판별함수는 다음과 같았다.

$$Y(회사신뢰 \ 유무)=0.241X_1(공정성)+0.313X_2(배려)+0.833X_3(도덕성) \\ +0.564X_4(사회적 \ 책임)-8.44$$

판별함수를 통해 예측된 집단분류의 정확성은 아래의 <표 9-4>에 제시한 바와 같이 77.5%인 것으로 나타났다. 이러한 적중률은 회사신뢰 저집단과 고집단의 사전비율이 52:48에서 모든 사례를 회사신뢰 저집단에 분류했을 때의 적중률보다 1.49배 더 정확한 비율로서, 좋은 분류비율의 기준으로 제시되고 있는 1.25(=65%)배보다도 더 높은 값이므로(Hair, Anderson, Tatham, & Black, 1995), 본 판별함수를 통한 분류정확도인 77.5%는 이 기준을 초과하므로 네 개의 예언변수가 두 집단을 유의하게 잘 설명해 준다고 할 수 있다.

<표 9-4> 판별함수를 통한 회사신뢰 고/저 집단에 대한 예측결과

		예측집단		전 체
		회사신뢰 저	회사신뢰 고	
실제집단	회사신뢰 저	424	129	553
	회사신뢰 고	109	395	504
적중률		76.67%	78.37%	77.5%

2) 상사신뢰 결정 요인이 상사신뢰에 미치는 효과

상사신뢰의 경우에도 회사신뢰에서와 마찬가지로, 상사신뢰 결정 요인들의 효과에 대한 가설 검증에 앞서 인구 통계적 변수들에 따른 상사신뢰에서의 차이에 대한 F검증을 실시하였다. 검증 결과 아래의 <표 9-5>에 제시한 바와 같이, 회사신뢰에서와 마찬가지로 직급, 성별, 재직기간 및 연령에 따라 상사신뢰에서 차이가 있는 것으로 나타났으며, 회사신뢰에서는 나타나지 않았던 회사의 규모에 따른 차이 또한 유의한 것으로 나타났다.

〈표 9-5〉 상사신뢰에 미치는 인구통계 변수들의 효과에 대한 F-검증 결과

독립변인	df	SS	MS	F	p
직 급	5	15.459	3.091	3.05	.009
학 력	3	5.015	1.671	1.65	.176
성 별	1	15.556	15.556	15.33	.001
직 종	4	6.817	1.704	1.68	.152
회사업종	4	0.935	0.233	0.23	.921
회사위치	3	2.793	0.931	0.92	.431
회사규모	3	8.008	2.669	2.63	.048
재직기간	4	10.055	2.513	2.48	.042
연 령	3	12.927	4.309	4.25	.005
$F_{(30,1026)}=255$, $p<.001$, $R^2=0.069$					

F검증 결과 상사신뢰에 대해 통계적으로 유의한 영향을 미치는 것으로 나타난 인구 통계적 변수들에 대한 사후분석 결과를 아래의 <표 9-6>에 제시하였다. 표에서 볼 수 있듯이, 직급과 연령이 증가할수록 그리고 재직기간이 길수록 상사에 대한 신뢰가 높은 것으로 나타났으며, 남성이 여성에 비해 상사신뢰가 더 높은 것으로 나타났다. 그러나 회사규모에 대해서는 사후분석 결과 집단 간에 차이가 유의하지 않은 것으로 나타났다.

〈표 9-6〉 상사신뢰에 대한 인구통계변수들의 집단 간 차이검증 결과

변수	수준	평균	사례 수	Duncan 검증 결과	변수	수준	평균	사례 수	Duncan 검증 결과
직급	사원	4.175	433	b	성별	남	4.384	687	a
	대리	4.273	221	ab		여	4.130	370	b
	과장	4.424	220	ab	회사 규모	300명 미만	4.238	663	a
	차장	4.402	72	ab		300~500명	4.265	101	a
	부장	4.575	51	a		500~1000명	4.472	80	a
	임원	4.402	69	ab		1000명 이상	4.419	213	a
연령	20대	4.146	339	b	재직 기간	3년 이하	4.221	443	b
	30대	4.345	565	ab		4년~5년	4.231	133	b
	40대	4.426	143	ab		6년~10년	4.311	261	ab
	50대	4.683	10	a		11년~15년	4.509	138	a
						16년 이상	4.388	82	ab

　　상사신뢰에 대한 상사신뢰 결정 요인들의 효과를 검증하기 위하여, 회사신뢰에서와 마찬가지로 인구 통계적 변수들 중 상사신뢰에 유의미한 영향을 미치는 것으로 나타난 변수들을 1단계에서 회귀모형에 투입한 뒤, 2단계에서 상사신뢰 결정 요인들을 모형에 추가하였다. 그 결과, 아래의 <표 9-7>에 제시한 바와 같이 상사신뢰 결정 요인들이 추가로 설명하는 변량은 66.42%로서 α=.0001 수준에서 유의한 것으로 나타났으며, 결정 요인들 모두의 β계수가 α=0.001 수준에서 유의한 것으로 나타났다. 이러한 결과는 본 연구에서 제시한 상사신뢰의 다섯 개 결정 요인들이 상사신뢰에 미치는 영향에 대한 가설 1-2, 2-2, 3-2, 4-2 및 5-2가 모두 지지되었음을 의미한다. β계수를 통해 각 변인이 상사신뢰에 미치는 영향의 상대적 크기를 유추해 보면, 회사신뢰와는 달리, 배려, 조직에 대한 책임 및 도덕성의 영향이 유사한 것으로 나타났으며, 업무역량과 공정성이 상대적으로 적은 영향을 미치는 것으로 나타났다.

〈표 9-7〉 상사신뢰에 대한 위계적 중다회귀분석 결과

단계	예언변인 변수 명	Dummy 변수	B계수	β계수	표준오차	t	prob>|t|
1	성 별	sex	-0.174	-0.080	0.072	-2.41	.016
	직 급	p1	0.029	0.011	0.091	0.32	.746
		p2	0.152	0.060	0.097	1.56	.119
		p3	0.121	0.029	0.145	0.83	.404
		p4	0.286	0.059	0.168	1.70	.090
		p5	0.241	0.054	0.143	1.68	.093
	회사규모	s1	0.002	0.001	0.110	0.03	.979
		s2	0.197	0.050	0.125	1.57	.116
		s3	0.162	0.063	0.085	1.91	.056
	재직기간	t1	-0.044	-0.014	0.104	-0.42	.672
		t2	-0.026	-0.011	0.090	-0.29	.771
		t3	0.075	0.024	0.117	0.64	.521
		t4	-0.096	-0.025	0.167	-0.57	.565
	연 령	g1	0.077	0.037	0.086	0.90	.369
		g2	0.063	0.021	0.146	0.43	.664
		g3	0.367	0.034	0.343	1.07	.285
	$R^2=0.031(F_{(16,1040)}=2.10,\ p<.01)$						
2	공정성		0.112	0.102	0.034	3.30	.001
	배 려		0.220	0.227	0.035	6.24	.001
	도덕성		0.216	0.216	0.035	6.07	.001
	업무능력		0.151	0.162	0.028	5.36	.001
	조직에 대한 책임		0.216	0.193	0.036	5.97	.001
	$\Delta R^2=0.624(F_{5,1035}=375.06,\ p<.001)$						
	$R^2=0.656(F_{21,1035}=93.79,\ p<.001)$						

상사신뢰에 대해서도 회사신뢰에서와 마찬가지의 방법으로 판별분석을 실시하였다. 판별분석 결과 회귀분석에서와 마찬가지로 모든 변수가 판별함수에 포함되었으며, 이들 다섯 개의 결정 요인들로 구성된 판별함수의 정준상관계수는 .636(p<.0001)으로 통계적으로 유의하게 나타났다. 최종적으로 결정된 표준화된 정준판별함수 계수를 살펴보면

도덕성이 .364로 가장 높게 나타났으며, 다음이 공정성(=.236), 업무 능력(=.233), 배려(=.210), 조직에 대한 책임(=.157)으로 나타났으며, 최종판별함수는 다음과 같았다. 판별함수를 통해 예측된 집단분류의 정확성은 81.3%인 것으로 나타났다.

$$Y(상사신뢰\ 유무)=0.499X_1(공정성)+0.399X_2(배려)+0.723X_3(도덕성)$$
$$+0.416X_4(업무능력)+0.337X_5(사회적\ 책임)-10.23$$

판별함수를 통해 예측된 집단분류의 정확성은 아래의 <표 9-8>에 제시한 바와 같이 81.3%인 것으로 나타났다. 이러한 적중률은 상사신뢰 저집단과 고집단의 사전비율이 52 : 48에서 모든 사례를 상사신뢰 고집단에 분류했을 때의 적중률보다 1.56배 더 정확한 비율로서, 좋은 분류비율의 기준으로 제시되고 있는 1.25(=65%)배보다도 더 높은 값이므로(Hair et al., 1995), 본 판별함수를 통한 분류정확도인 81.3%는 이 기준을 초과하므로 다섯 개의 예언변수가 두 집단을 유의하게 잘 설명해 준다고 할 수 있다.

〈표 9-8〉 판별함수를 통한 상사신뢰 고/저집단에 대한 예측결과

		예측집단		전 체
		상사신뢰 저	상사신뢰 고	
실제집단	상사신뢰 저	413	98	553
	상사신뢰 고	100	446	504
적중률		80.8%	81.7%	81.3%

2. 회사신뢰와 상사신뢰의 효과

모형검증에 앞서, 모형검증에 이용할 척도들이 서로 잘 변별되는지를 알아보고, 측정모형의 타당성을 살펴보고자 확인적 요인 분석을 실시하였다. 이를 위하여, 모형 내 모든 이론변수들 간 상관을 지정하여 이론모형에 대한 자유도를 0이 되게 함으로써, 측정모형에 대해서만 모형검증이 이루어지도록 하였다. 확인적 요인 분석에서의 모수추정방식은 ML법을 이용하였으며, 모형검증에 이용한 공분산 행렬은 아래의 조직신뢰 통합모형에 이용한 것과 동일한 것으로서 <부록 6>에 제시하였다. 모형검증은 Lisrel 8.12 윈도우용을 이용하였다.

모형검증 결과 얻어진 측정모형의 전반적 합치도 지수들은 아래의 <표 9-9>에 제시하였다. 표에서 볼 수 있듯이, 측정모형의 전반적 합치도 지수 중 RMSEA가 좋은 합치도의 기준인 .10보다 다소 높게 나타났으나(Steiger, 1990), NFI, NNFI, CFI 값들은 좋은 합치도의 기준인 .90을 훨씬 넘고 있었다(Bentler & Bonett., 1980). 이러한 결과는 본 연구에 이용한 측정척도들이 타당함을 보여주는 것이라 할 수 있다.

<표 9-10>에는 측정변수들에 대한 경로계수 및 유의도 검증 결과를 제시하였다. 표에서 볼 수 있듯이, 대부분의 표준화된 경로계수가 0.6 이상의 경로계수를 보이고 있었으며, 경로계수의 유의도 검증 결과 모든 경로계수가 유의한 것으로 나타났다.

⟨표 9-9⟩ 측정모형의 전반적 합치도 지수들

모 형	χ^2 (df)	RMSEA	NFI	NNFI	CFI
조직신뢰 모형	6199(df=499)	.104	.951	.951	.956

⟨표 9-10⟩ 측정변수의 경로계수 및 t값

이론 변수	측정변수	비표준화 계수	표준화 계수	t값
회사 신뢰	회사신뢰의 인지적 차원	1.000	0.724	-
	회사신뢰의 행동적 차원	1.113	0.843	24.896
	회사신뢰의 정서적 차원	0.767	0.616	18.663
상사 신뢰	상사신뢰의 인지적 차원	1.000	0.823	-
	상사신뢰의 행동적 차원	0.907	0.858	33.302
	상사신뢰의 정서적 차원	0.748	0.727	26.357
회사 협력	나는 회사의 정책과 방향을 지지한다.	1.000	0.603	-
	나와 회사가 의견이 다르더라도 회사가 어떤 결정을 내리면 기꺼이 협력할 것이다.	1.161	0.696	18.351
	나는 회사와 문제가 생기면 이를 건설적으로 해결하기 위해 노력할 것이다.	1.201	0.793	20.081
	나는 회사의 목표달성을 위해 회사에 적극적으로 협력할 것이다.	1.304	0.855	21.050
	나는 내가 가지고 있는 아이디어를 회사를 위해 적극 제공할 것이다.	1.223	0.793	20.081
회사 충성	나는 회사를 위해서라면 나의 불이익을 감수할 수 있다.	1.000	0.729	-
	나는 회사를 위해서라면 무엇이든지 할 수 있다.	1.022	0.721	22.898
	나는 근무시간 외에도 회사가 요구한다면 내 시간을 할애할 수 있다.	0.959	0.656	20.778
	나는 회사의 방침을 진심으로 따를 것이다.	0.935	0.792	25.266
	나는 회사에 대해 충성심을 가지고 있다.	1.071	0.821	26.219
상사 협력	나는 상사의 정책과 방침을 지지한다.	1.000	0.749	-
	나는 상사와 의견이 다르더라도 상사가 어떤 결정을 내리면 기꺼이 협력할 것이다.	0.925	0.717	23.708
	나는 상사와 갈등이 생기면 이를 해결하기 위해 허심탄회하게 이야기할 것이다.	0.942	0.644	21.090
	나는 팀의 목표달성을 위해 상사를 도울 것이다.	1.046	0.811	27.236
	나는 내가 가지고 있는 아이디어를 상사에게 적극 제공할 것이다.	1.118	0.817	27.449
상사 충성	나는 상사를 위해서라면 나의 불이익을 감수할 수 있다.	1.000	0.751	-
	나는 상사를 위해서라면 무엇이든지 할 수 있다.	0.995	0.727	24.143
	나는 근무시간 외에도 상사가 요구한다면 내 시간을 할애할 수 있다.	1.009	0.689	22.729
	나는 상사의 지시를 진심으로 따를 것이다.	1.140	0.874	29.751
	나는 상사에 대해 충성심을 가지고 있다.	1.210	0.866	29.436
조직 몰입	정서적 몰입	1.000	0.849	-
	규범적 몰입	0.806	0.637	20.029
	지속적 몰입	0.648	0.608	19.047
조직 시민 행동	이타행동	1.000	0.770	-
	문제예방행동	1.013	0.764	24.249
	스포츠맨십 행동	0.574	0.355	10.860
	성실행동	0.964	0.694	21.904
	참여행동	1.066	0.767	24.338

　본 연구에서 제시한 조직신뢰 통합모형의 검증을 위해 모형검증을 실시하였다. 모형검증에서의 모수추정 방식은 ML법을 이용하였다. 모형검증에 이용된 공분산 행렬과 프로그램은 <부록 6>에 제시하였으며, 본 연구의 모형검증은 LISREL 8.12 윈도우용을 이용하였다.

　모형검증 결과 얻어진 각 경로계수들을 아래의 <그림 9-1>에 제시하였으며, 모형의 전반적 합치도 지수들을 <표 9-11>에 제시하였다. 표에서 볼 수 있듯이, 전반적 합치도 지수들 중 RMSEA의 값은 좋은 합치도의 기준인 .10보다 다소 높게 나타났으나, NFI, NNFI, CFI의 값은 모두 좋은 합치도의 기준으로 제시되는 .90(Bentler et al., 1980)을 훨씬 넘고 있었다. 이러한 결과는 본 연구에서 설정한 회사신뢰 및 상사신뢰가 회사 및 상사에 대한 협력의도와 충성심을 통해 조직시민행동과 조직몰입에 미치는 영향에 대한 모형이 전반적으로 우수한 모형임을 보여주는 결과라 할 수 있다.

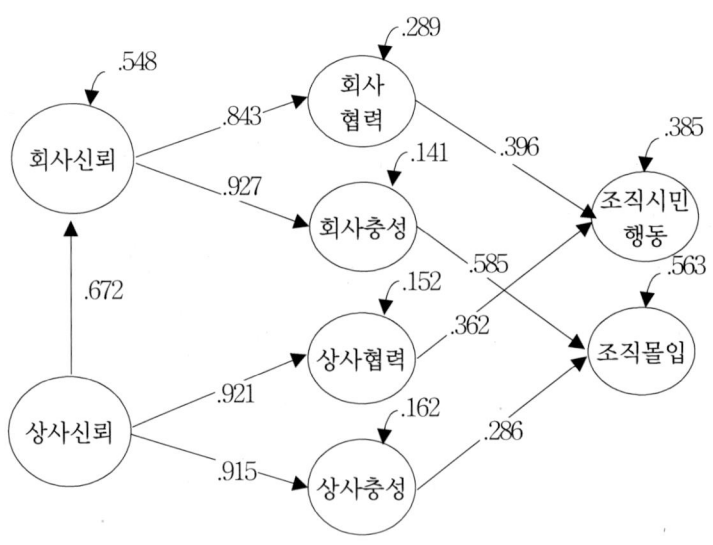

주. 측정변수는 표시하지 않았음

<그림 9-1> 회사신뢰와 상사신뢰의 효과 모형

〈표 9-11〉 모형의 전반적 합치도 지수들

모 형	χ^2 (df)	RMSEA	NFI	NNFI	CFI
조직신뢰 모형	7232(df=518)	.111	.945	.946	.950

모형검증 결과를 구체적으로 살펴보면, <표 9-12>에서 볼 수 있듯이 상사에 대한 신뢰는 회사에 대한 신뢰에 정적으로 유의한 영향을 미치는 것으로 나타났다. 이러한 결과는 본 연구에서 제시한 상사신뢰가 회사신뢰에 미치는 영향에 대한 가설 8이 지지되었음을 의미한다. 또한 회사신뢰가 회사에 대한 협력의도와 충성심에 미치는 영향이 모두 유의미한 것으로 나타났으며, 상사신뢰가 상사에 대한 협력의도와 충성심에 미치는 영향 또한 모두 유의미한 것으로 나타났다. 이러한 결과는 회사와 상사에 대한 신뢰가 협력의도 및 충성심에 미치는 영향에 대한 본 연구의 가설 9-1과 9-2 및 가설 10-1과 10-2가 모두 지지되었음을 보여주는 것이다.

〈표 9-12〉 검증모형의 자유모수들에 대한 추정치와 t값

자유모수	비표준화된 모수 추정치	표준화된 모수 추정치	t값
회사신뢰→회사협력(β_{31})	0.716	0.843	16.457
회사신뢰→회사충성(β_{41})	1.061	0.927	19.780
회사충성→조직몰입(β_{74})	0.582	0.585	14.591
상사충성→조직몰입(β_{76})	0.284	0.286	8.007
회사협력→조직시민행동(β_{83})	0.329	0.396	9.902
상사협력→조직시민행동(β_{85})	0.231	0.362	9.721
상사신뢰→회사신뢰(γ_{11})	0.552	0.672	17.250
상사신뢰→상사협력(γ_{41})	0.838	0.921	24.978
상사신뢰→상사충성(β_{51})	0.861	0.915	24.234

마지막으로, 회사 및 상사에 대한 협력의도가 조직시민행동에 미치는 영향과 회사 및 상사에 대한 충성심이 조직몰입에 미치는 영향이 모두 유의한 것으로 나타났으며, 이러한 결과는 본 연구의 가설 11-1과 11-2 및 가설 12-1과 12-2가 모두 지지되었음을 보여주는 것이라 할 수 있다.

모형검증 결과 얻어진 조직신뢰 통합모형에서의 내생변수들에 대한 중다상관자승(SMC)을 <표 9-13>에 제시하였다. 이론모형에서의 내생변수들에 대한 중다상관자승 값은 그 내생변수가 외생변수나 또는 다른 외생변수들에 의해 설명되는 정도를 나타내는 것이므로, 그 값이 비싸다는 것은 모형을 통해 그 내생변수가 잘 설명된다는 것을 의미한다. 그 값을 살펴보면, 회사신뢰는 .452의 설명력을 보이고 있었으며, 이러한 결과는 본 연구에서 개발한 모형을 통해 회사신뢰가 상사신뢰에 의해 45.2% 설명됨을 의미하는 것이다.

또한 회사에 대한 협력의도 및 충성심은 회사신뢰에 의해 각각 71.1%와 85.9%가 설명되며, 상사에 대한 협력의도 및 충성심은 상사신뢰에 의해 각각 84.8%와 83.8%각 설명되고 있었다. 마지막으로, 본 연구에서 설정한 회사신뢰와 상사신뢰의 효과 모형을 통해 조직몰입은 61.5%가 설명되며, 조직시민행동은 43.7%가 설명되는 것으로 나타났다.

〈표 9-13〉 검증모형의 이론변수들에 대한 중다상관자승(SMC)

	회사 신뢰	회사 협력	회사 충성	상사 협력	상사 충성	조직 몰입	조직시민 행동
중다상관자승 (SMC)	.452	.711	.859	.848	.838	.615	.437

모형검증을 통해 밝혀진 이론변수들 간의 관련성을 보다 자세히 살펴보기 위하여 모형에서 나타난 이론변수들 간의 전체 효과 및 직접

효과를 아래의 <**표 9-14**>와 <**표 9-15**>에 제시하였다. 표들을 통해 볼 수 있듯이, 상사신뢰는 회사신뢰 및 상사협력과 상사충성에 대해 직접적으로 유의한 영향을 미치며, 회사협력과 회사충성 및 조직몰입과 조직시민행동에 대해 간접적으로 유의한 영향을 미치는 것으로 나타났다. 상사신뢰가 상사에 대한 충성과 협력에 미치는 영향은 유사한 것으로 나타났으며, 상대적으로 조직시민행동에 비해 조직몰입에 대해 더 많은 영향을 미치는 것으로 나타났다.

〈표 9-14〉 최종모형의 내생변수에 미치는 외생변수의 표준화된 총 효과(간접효과)

	상사신뢰
회사신뢰	.672*** –
회사협력	.566*** (.566***)
회사충성	.623*** (.623***)
상사협력	.921*** –
상사충성	.915*** –
조직몰입	.626*** (.626***)
조직시민행동	.557*** (.557***)

〈표 9-15〉 최종모형의 내생변수 간 표준화된 총 효과(간접효과)

	회사 신뢰	회사 협력	회사 충성	상사 협력	상사 충성	조직 몰입	조직시민 행동
회사신뢰	— —	— —	— —	— —	— —	— —	— —
회사협력	.843*** —	— —	— —	— —	— —	— —	— —
회사충성	.927*** —	— —	— —	— —	— —	— —	— —
상사협력	— —	— —	— —	— —	— —	— —	— —
상사충성	— —	— —	— —	— —	— —	— —	— —
조직몰입	.542*** (.542***)	— —	.585*** —	— —	.286*** —	— —	— —
조직시민 행동	.334*** (.334***)	.396*** —	— —	.362*** —	— —	— —	— —

회사신뢰 또한 회사협력과 회사충성에 대해 직접적으로 유의한 영향을 미치는 것으로 나타났으며, 조직몰입과 조직시민행동에 대해서는 간접적으로 유의한 영향을 미치는 것으로 나타났다. 회사신뢰는 상대적으로 회사협력보다 회사충성에 대해 더 많은 영향을 미치는 것으로 나타났으며, 회사신뢰 또한 상사신뢰와 마찬가지로 조직시민행동보다 조직몰입에 더 큰 영향을 미치는 것으로 나타났다.

마지막으로, 조직몰입에 대해서는 상사충성에 비해 상대적으로 회사충성의 효과가 큰 것으로 나타난 반면에, 조직시민행동에 대해서는 회사협력과 상사협력의 효과가 유사한 것으로 나타났다.

3. 유용성 분석

회사 및 상사에 대한 협력의도가 충성에 비해서 조직시민행동에 대해 더 큰 효과를 미치며, 회사 및 상사에 대한 충성심이 협력의도에 비해서 조직몰입에 대해 더 큰 효과를 갖는지 검증하기 위해 유용성 분석(usefulness analysis)을 실시하였다. 먼저 <표 9-16>에는 회사 및 상사에 대한 협력과 충성이 조직몰입 및 조직시민행동에 미치는 영향을 알아보기 위한 회귀분석 결과가 제시되어 있다. 표에서 볼 수 있듯이, 조직몰입과 조직시민행동에 대해 네 가지 예언변수들 모두가 유의한 영향을 미치는 것으로 나타났다.

〈표 9-16〉 협력 및 충성이 조직효과성에 미치는 영향에 대한 회귀분석 결과

결과변수 예언변수	조직몰입			조직시민행동		
	β	t	p	β	t	p
회사협력	0.124	3.29	.001	0.186	4.87	.001
상사협력	0.146	3.87	.001	0.477	12.41	.001
회사충성	0.335	8.45	.001	0.206	5.11	.001
상사충성	0.136	3.46	.001	-0.192	-4.82	.001

아래의 <표 9-17>에는 유용성 분석을 위한 위계적 회귀분석 결과가 제시되어 있다. 조직몰입 및 조직시민행동에 대한 회사충성 및 상사충성의 유용성 분석을 위해서는 이들 조직효과성 변수에 대해 회사 및 상사에 대한 협력의도를 먼저 예언변인으로 하여 중다회귀분석을 실시한 뒤, 2단계에서 회사 및 상사에 대한 충성심을 모형에 투입하였을 때 증가되는 설명변량이 어떠한지를 검증하였다. 이와 반대로, 조직몰입 및 조직시민행동에 대한 회사협력 및 상사협력의 유용성 분석에서는 회사충성 및 상사충성을 1단계로 모형에 투입한 뒤, 회사협력과 상

사협력을 2단계로 모형에 투입하여, 그 추가설명변량을 검증하였다.

유용성 분석의 결과를 보면, 조직몰입과 조직시민행동에 대해 회사 및 상사에 대한 협력의도에 추가로 회사충성 및 상사충성의 설명변량이 유의하며, 회사 및 상사에 대한 충성심에 추가로 회사협력 및 상사협력의 설명변량이 유의한 것으로 나타났다. 이러한 결과는 일단 조직몰입과 조직시민행동에 대해 회사협력 및 회사협력과 회사충성 및 상사충성 각각이 모두 고유한 설명력을 가지고 있음을 나타낸다. 그러나 추가변량의 크기를 살펴보면, 조직몰입에 대한 회사 및 상사에 대한 협력의 추가설명변량은 2.4%인 반면에, 회사 및 상사에 대한 충성의 추가설명변량은 7.95%로 나타나, 조직몰입을 설명하는 데 있어서 회사 및 상사에 대한 충성이 훨씬 더 많은 기여를 하고 있음을 알 수 있다. 이와는 반대로, 조직시민행동에 대해서는 회사 및 상사에 대한 충성의 추가설명변량이 1.98%인 반면에 회사 및 상사에 대한 협력의 추가설명변량은 15.54%로 그 차이가 매우 크게 나타나, 조직시민행동을 설명함에 있어서 회사 및 상사에 대한 협력이 충성에 비해 훨씬 더 큰 기여를 하고 있음을 알 수 있다. 이러한 결과는 본 연구에서 설정한 회사협력 및 상사협력은 조직시민행동에 영향을 미치고 회사충성 및 상사충성은 조직몰입에 영향을 미친다는 본 연구의 가설 11-1과 11-2 및 12-1과 12-2를 지지하는 결과라 할 수 있다.

〈표 9-17〉 협력 및 충성이 조직효과성에 미치는 영향에 대한 유용성 분석 결과

결과변수 예언변수	조직몰입			조직시민행동		
	R^2	F	p	R^2	F	p
전체 R^2	.403	177.52	.001	.384	163.95	.001
회사/상사 협력 R^2	.324	252.02	.001	.364	301.86	.001
회사/상사 충성 ΔR^2	.079	70.05	.001	.019	16.91	.001
회사/상사 충성 R^2	.379	321.71	.001	.228	156.17	.001
회사/상사 협력 ΔR^2	.024	21.15	.001	.155	132.70	.001

4. 매개효과 검증

모형검증에 추가로 회사신뢰 및 상사신뢰가 조직몰입 및 조직시민 행동에 미치는 효과가 회사협력과 회사충성을 통해 매개되는지를 밝히고, 이를 통해 회사신뢰 및 상사신뢰에서 조직몰입 및 조직시민행동으로 가는 직접경로의 가능성을 살펴보고자 Baron과 Kenny(1986)가 제안한 위계적 회귀분석 방식에 따라 매개효과 검증을 실시하였다.

회사 및 상사에 대한 신뢰가 조직시민행동에 미치는 효과에 있어서 회사협력 및 상사협력의 매개효과 검증 결과는 <표 9-18>에 제시하였다. 분석 결과, 조직시민행동에 대한 회사신뢰의 유의미한 효과가 회사에 대한 협력의도를 통제했을 때에는 유의하지 않게 되는 것으로 나타났으며, 상사신뢰가 조직시민행동으로 가는 직접효과는 β=.341에서 상사협력의 영향을 통제하고 나면 β=-.225로 바뀌는 완전매개효과를 보이고 있었다. 매개효과를 통계적으로 검증하기 위하여, 분석의 3단계에서의 A(선행변수)의 β계수와 분석의 4단계에서의 A의 β계수 간 차이의 유의도 검증을 실시하였다. 분석 결과, <표 9-18>에 제시한 바와 같이 회사 및 상사신뢰가 조직시민행동에 미치는 직접효과가 각각 회사협력과 회사협력을 통제했을 때 모두 유의하게 작아지는 것으로 나타났다. 이러한 결과는 본 연구의 가설 11-3과 11-4를 지지하는 결과로서, 회사신뢰가 조직시민행동에 미치는 영향이 회사협력에 의해 매개되며, 상사신뢰가 조직시민행동에 미치는 영향 또한 상사협력에 의해서 매개됨을 의미하는 것이라 할 수 있다.

〈표 9-18〉 회사신뢰 및 상사신뢰가 조직효과성에 미치는 영향에 대한 회사협력 및 상사신뢰의 매개효과에 대한 검증

선행변수 (A)	매개변수 (B)	분석 단계	경 로	결과변수(C) 조직시민행동	
				β계수	매개효과
회사신뢰	회사협력	1	A→B	.680***	완전매개
		2	B→C	.517***	
		3	A→C	.323***	
		4	A→C(B 통제)	−.052	
		β계수 간 차이검증		r$_d$=.368***	
상사신뢰	상사협력	1	A→B	.780***	완전매개
		2	B→C	.550***	
		3	A→C	.341***	
		4	A→C(B 통제)	−.225***	
		β계수 간 차이검증		r$_d$=.595***	

주. r$_d$는 Fisher's z전환을 이용하여 3단계와 4단계에서의 β계수 간 차이를 계산한 값임.

회사 및 상사에 대한 신뢰가 조직몰입에 미치는 영향에 대한 회사충성 및 상사충성의 매개효과 검증 결과는 〈**표 9-19**〉에 제시하였다. 표에서 볼 수 있듯이, 조직몰입에 대한 회사 및 상사신뢰의 효과가 각각 회사충성 및 상사충성에 의해 부분 매개되는 것으로 나타났다. 이러한 매개효과를 통계적으로 검증하기 위하여, 회사협력의 매개효과 검증과 동일한 방법으로 3단계와 4단계에서 회사신뢰 및 상사신뢰가 조직몰입에 미치는 직접효과(β계수) 간 차이검증을 실시하였다. 검증 결과, 회사 및 상사에 대한 신뢰가 조직시민행동에 미치는 직접적 효과가 각각 회사 및 상사에 대한 충성을 통제했을 때 유의하게 작아지는 것으로 나타났으며, 이러한 결과는 회사 및 상사에 대한 신뢰가 조직몰입에 미치는 영향이 각각 회사 및 상사충성을 매개로 하고 있음

을 의미하는 것으로서, 본 연구의 가설 12-3과 12-4가 지지되었음을
의미하는 것이라 할 수 있다.

〈표 9-19〉 상사신뢰가 조직효과성에 미치는 영향에 대한 상사협력/충성의
매개효과에 대한 검증

선행변수 (A)	매개변수 (B)	분석 단계	경 로	결과변수(C)	
				조직몰입	
				β계수	매개효과
회사신뢰	회사충성	1	A→B	.667***	부분 매개
		2	B→C	.586***	
		3	A→C	.489***	
		4	A→C(B 통제)	.177***	
		β계수 간 차이검증		r_d=.342***	
상사신뢰	상사충성	1	A→B	.754***	부분 매개
		2	B→C	.512***	
		3	A→C	.450***	
		4	A→C(B 통제)	.147***	
		β계수 간 차이검증		r_d=.325***	

제4절 논 의

연구 4에서는 본 연구에서 설정한 회사신뢰와 상사신뢰의 결정 요
인들이 회사신뢰 및 상사신뢰에 어떠한 영향을 미치는지 알아보기 위
하여 회귀분석을 실시하고, 회사 및 상사신뢰가 협력의도를 통해서는
조직시민행동에 영향을 미치고, 충성심을 통해서는 조직몰입에 미치는
영향을 알아보기 위하여 모형검증과 유용성 분석을 실시하였다.

회사 및 상사신뢰의 결정 요인들이 회사신뢰와 상사신뢰에 미치는

영향에 대한 가설검증 결과, 인구 통계적 변수들의 효과를 통제했을 때, 회사신뢰에 대해서는 조직역량을 제외한 공정성, 배려, 도덕성, 및 사회적 책임의 효과가 유의한 것으로 나타났고, 상사신뢰에 대해서는 공정성, 배려, 도덕성, 업무역량, 및 조직에 대한 책임의 효과가 모두 유의한 것으로 나타났으며, 이러한 결정 요인들이 회사신뢰와 상사신뢰에 대해 각각 51.2%와 62.4%를 설명하는 것으로 나타났다. 이러한 결과는 본 연구에서 설정한 신뢰 결정 요인의 다섯 요인 구조가 회사신뢰 및 상사신뢰를 잘 설명해 주고 있음을 보여주는 것이라 할 수 있다. 더욱이, 본 연구에서 제시한 회사신뢰 및 상사신뢰의 다섯 개 결정 요인들을 토대로 회사 및 상사에 대한 신뢰가 높은 집단과 낮은 집단을 얼마나 잘 판별할 수 있는지를 알아본 결과, 적중률이 각 77.5%와 81.3%로 나타나, 신뢰의 결정 요인들이 회사신뢰 및 상사신뢰를 잘 예언하고 있는 것으로 나타났다.

모형검증 결과, 모형의 전반적 합치도 지수들 중 RMSEA 값을 제외한, NFI, NNFI, 및 CFI 값들 모두가 좋은 모형의 기준을 충족하고 있었으며, 본 연구에서 설정한 가설적 경로들 모두가 유의한 것으로 나타났다. 유용성 분석 결과에서도 모형에 설정한 것과 마찬가지로, 협력의도는 조직시민행동을 설명하는 데 유용한 반면에 충성심은 조직몰입을 설명하는 데 유용함을 입증할 수 있었다.

마지막으로 매개효과 분석을 통해 회사 및 상사에 대한 신뢰가 조직시민행동에 미치는 영향은 협력의도를 통해 매개되며, 조직몰입에 미치는 영향은 충성심을 통해 매개됨을 입증할 수 있다.

본 연구에서 밝혀진 결과들을 살펴보면 다음과 같다.

첫째, 회귀분석과 모형검증 모두에서 회사신뢰와 상사신뢰 모두에서 도덕성 요인이 상대적으로 가장 중요한 것으로 나타난 반면에, 회사의 조직역량은 회사신뢰에 영향을 미치지 못하며 상사의 업무역량은 도

덕성에 비해 상대적으로 덜 중요한 것으로 나타났다. 이러한 결과는
상사신뢰에 있어서 상사의 업무능력이 가장 중요하다는 Butler 등
(1993)의 주장과 일치하지 않는 것으로서, 서양문화권에서는 신뢰를
결정하는 데 있어서 능력이 중요시되는 반면에 동양문화권인 우리나
라에서는 역량보다는 도덕성을 보다 중요시하기 때문인 것으로 해석
할 수 있을 것이다.

둘째, 본 연구에서 가설검증 결과 회사신뢰에 대해서는 조직역량의
영향이 유의하지 않은 것으로 나타났다. 이러한 결과는 회사신뢰에 대
한 예비 연구의 사례에서 조직역량이 전체 사례의 22%를 차지하고
있었다는 점과, 상사신뢰의 경우에는 업무역량의 영향이 유의한 것으
로 나타났다는 점을 통해 볼 때, 쉽게 이해되지 않는 결과이다. 사후
분석 결과 이러한 결과는 본 연구에서 사용한 조직역량의 문항들이
기업의 기술력과 경쟁력을 나타내는 시스템적인 요소와 노사관계나
조직문화 등과 같은 문화적 요소로 나눌 수 있는데, 다른 결정 요인들
과 함께 모형에 투입했을 때 문화적 요소들은 회사신뢰에 유의미한
정적 영향(β=.184, p=.0001)을 미치는 반면에 시스템적인 요소는 유
의미한 영향을 미치지 않는 것으로 나타났다(β=-.032, p=.2633). 이
러한 결과는 회사신뢰의 결정 요인으로서의 조직역량이 시스템적인
요소를 제외한 문화적인 요소들로 구성되어야 함을 나타내는 것이라
할 수 있다. 따라서 향후 연구에서는 이를 고려한 연구가 이루어져야
할 것이다.

셋째, 가설검증에 앞서 여러 가지 인구 통계적 변수들에 따라 회사
신뢰 및 상사신뢰에서 차이가 있는지를 살펴본 결과, 공통적으로 직
급, 성별, 재직기간, 및 연령에서 유의한 차이가 있는 것으로 나타
났다. 이러한 연구 결과는 기존의 연구 결과들과 일치하는 것으로서,
Carnevale 등(1992)은 제시한 직급이 높은 사람은 보다 많은 권한과

책임이 있기 때문에 조직의 가치를 수용하고 조직을 신뢰하는 경향이 있다는 연구 결과를 제시하였으며, 국내에서도 박광섭, 박선희, 도운섭(1999)의 연구에서 연령과 직급이 조직신뢰도와 정적 상관관계가 있음을 보고하였다. 그러나 Carnevale 등(1992)의 연구에서는 여성이 남성에 비해 조직신뢰가 높은 것으로 나타났으며, 박광섭 등(1999)의 연구에서는 성별과 조직신뢰 간에 아무런 정적 상관이 없는 것으로 나타났으나, 최성원(1997)의 연구에서는 남성이 여성에 비해 상사신뢰가 더 높은 것으로 나타났으며, 본 연구에서도 남성이 여성에 비해 회사신뢰 및 상사신뢰 모두에서 더 높은 것으로 나타났다. 우리나라의 경우 최근 들어 여성의 사회적 진출이 증가하고는 있으나, 여전히 여성에 비해 남성은 직장에 보다 더 많은 중요성과 장기적 관점을 가지고 임하게 되며, 개인의 역할 측면에서도 여성에 비해 남성들이 조직 내에서 보다 중요한 역할들을 수행하게 되고, 또 보다 더 많은 상호 작용을 갖게 된다는 점을 고려할 때, 남성이 여성에 비해 회사 및 상사에 대해 보다 더 높은 신뢰를 가질 수 있을 것으로 생각되었다. 그러나 일반적인 상식과 달리 회사의 규모는 사원들의 회사에 대한 신뢰에서 차이가 없는 것으로 나타났으며, 이러한 결과는 본 연구에서의 회사신뢰 결정 요인들 중 조직역량이 회사신뢰에 미치는 영향이 유의하지 않았다는 점에서 그 이유를 찾을 수 있을 것으로 생각되었다.

넷째, 상사에 대한 신뢰는 회사에 대한 신뢰에 정적으로 유의한 영향을 미치는 것으로 나타났다. 이러한 결과는 기존의 연구 결과들(김호정, 1999)에서와 일치하는 것으로 구성원들이 회사에 대한 신뢰를 형성하는 데 있어서 상사의 역할이 중요함을 보여주는 결과라 할 수 있다. Davis, Schoorman, Mayer, & Tan (2000)의 상사에 대한 신뢰가 조직의 성과에 정의 영향을 미친다는 결과와도 동일한 결과라 할 수 있다.

다섯째, 회사신뢰 및 상사신뢰는 회사 및 상사에 대한 협력과 충성에 영향을 미치는 것으로 나타났다. 회사신뢰와 상사신뢰가 협력의도에 영향을 미친다는 것은 기존의 많은 연구(최대정 등, 2002; 이동섭, 1997; 박광국 등, 1999)에서 언급한 협력행동의 직접적인 선행변인이 신뢰라는 것을 뒷받침해 주는 결과라고 할 수 있다. 또한 이러한 결과는, Hwang과 Burgers(1997)가 신뢰를 협동을 위한 중요한 조건이라고 제안한 것과 일관된 결과이며, Dirks(1999)의 대인간 신뢰와 작업집단의 작업과정인 협동, 의사결정, 노력 간의 관계에 대한 실험연구에서 신뢰와 협력 간에 유의한 관계가 있다는 연구 결과와도 일관되는 결과이다. 또한 회사신뢰와 상사신뢰가 충성에 영향을 미친다고 하는 결과는 Wong 등(2002)은 충성심의 직접적인 선행 요인이 상사에 대한 신뢰라고 밝힌 연구에서와 일관된 결과이다.

여섯째, 회사 및 상사에 대한 협력의도는 다시 구성원들의 조직시민행동에 영향을 미치며, 회사 및 상사에 대한 충성심은 구성원들의 조직몰입에 영향을 미치는 것으로 나타났다. 특히, 조직몰입에 대해서는 본 모형을 통해 53.5%가 설명되는 것으로 나타났으며, 이러한 결과는 기존의 조직몰입을 설명하기 위한 어떠한 변수들보다도 회사 및 상사에 대한 충성심이 조직몰입을 설명하는 데 중요한 변수임을 보여주는 것이라 할 수 있다. 또한 신뢰와 협력의도, 충성심 그리고 조직시민행동과의 관계의 결과는 신뢰와 조직시민행동과 유의한 관계가 있다는 다른 연구 결과들(McAllister, 1995; Podsakoff et al., 1990; Deluga, 1994;)과 동일한 것으로서, 그 의미는 조직에서의 사회적 교환관계의 중요한 요소는 신뢰라는 것을 의미한다. 신뢰를 바탕으로 할 때 조직구성원들은 그들의 성과와 조직시민행동에 대해서 조직이 보상할 것이라 믿게 된다는 것이다. 경제적 교환은 상거래 계약에 두지만 사회적 교환관계는 개인상대에게 가지고 있는 신뢰에 기반을 두고 있다. 따라서 회사와 구성원 간에, 상사와 부하 간에 신뢰가 있을 때 구성원들은 조직에서의 추가적인 역할을 더욱 자발적으로 하게 된다는 것이다.

일곱째, 매개효과 분석 결과, 회사 및 상사에 대한 신뢰가 조직시민행동에 미치는 영향은 각각 회사협력 및 상사충성에 의해 완전 매개되는 것으로 나타났으며, 회사신뢰 및 상사신뢰가 조직몰입에 미치는 영향은 회사충성 및 상사충성에 의해서 부분 매개 되는 것으로 나타났다. 조직시민행동의 경우는 신뢰를 통해 협력의도가 생겨야 공식적 보상 없이도 자발적 도움행동이 일어나게 되므로, 회사신뢰 및 상사신뢰가 반드시 협력의도를 거쳐야 조직시민행동에 영향을 미치게 되는 반면에, 조직몰입의 경우는 신뢰를 통해 충성심이 생긴 경우에도 조직에 몰입하게 되지만, 충성을 거치지 않고 신뢰 자체만으로도 회사에 대한 신뢰와 상사에 대한 신뢰가 높으면 그 회사에 계속 남아 있고자하게 될 것이며, 정서적으로 회사에 대한 일체감이 높아지게 될 것이므로 부분 매개효과를 나타내는 것으로 보인다. 어떠한 이유이든, 이러한 결과들은 본 연구에서 제시한 신뢰가 조직효과성 변수에 미치는 영향에 있어서 협력의도와 충성심이 과정변수로 잘 작용하고 있음을 보여주는 것이라 할 수 있다.

제Ⅸ장 연구 5: 개인성향의 조절효과 연구

제1절 연구 목적

지금까지의 많은 신뢰 연구들이 신뢰받는 사람의 어떠한 특성들이 신뢰에 영향을 미치는가에 중점을 두어 왔다. 그러나 신뢰는 신뢰하는 자의 특성에 의해서도 신뢰대상의 다양한 행동들에 대한 해석이 달라질 수 있게 되므로 신뢰 또한 영향을 받게 된다. 인간은 환경으로부터 다양한 정보들을 그대로 수집하고 받아들이는 것이 아니라 자신의 준거 틀에 맞추어 선택적으로 지각하고 주관적으로 해석하기 때문이다. Mayer 등(1995)은 신뢰의 통합모형에서 신뢰성향이 강한 사람은 신뢰대상자의 특성에 대한 신뢰인식에도 영향을 줄 것이라고 제안하였다. 즉 신뢰성향이 신뢰대상자에 갖는 조절효과를 설명하고 있는 것이다. 집합주의 성향 또한 신뢰 차원의 상대적 중요성을 결정짓는 요인일 수 있음을 본 연구의 이론적 배경에 언급하였다. 따라서 연구 5에서는 신뢰하는 자의 신뢰성향과 집합주의적 성향에 따라 회사신뢰 및 상사신뢰의 결정 요인들의 효과가 어떻게 달라지는지를 살펴보고자 한다.

이 장에서 검증할 가설들을 정리하면 다음과 같다.

가설 6. 신뢰 결정 요인×신뢰성향 상호 작용 효과 가설

가설 6-1. 개인의 신뢰성향이 높을수록 회사신뢰의 결정 요인들이 회사신뢰에 미치는 영향은 더 클 것이다. 즉, 신뢰성향이 높은 집단에서는 회사신뢰의 결정 요인이 높고 낮음에 따라 회사신뢰의 차이가 큰 반면에, 신뢰성향이 낮은 집단에서는 회사신뢰 결정 요인의 높고 낮음에 따른 회사신뢰의 차이가 작을 것이다.

가설 6-2 개인의 신뢰성향이 높을수록 상사신뢰의 결정 요인들이 상사신뢰에 미치는 영향은 더 클 것이다. 즉, 신뢰성향이 높은 집단에서는 상사신뢰의 결정 요인이 높고 낮음에 따라 상사신뢰의 차이가 큰 반면에, 신뢰성향이 낮은 집단에서는 상사신뢰 결정 요인의 높고 낮음에 따른 상사신뢰의 차이가 작을 것이다.

가설 7. 신뢰 결정 요인×집합주의 성향 상호 작용 효과 가설

가설 7-1. 집합주의적 성향이 높은 사람들은 낮은 사람들에 비해 개인 차원과 일 차원이 회사신뢰에 영향을 미치는 것보다 구성원 차원과 상위범주 차원이 회사신뢰에 더 많은 영향을 미칠 것이다. 즉, 회사의 배려성과 조직역량의 높고 낮음에 따른 회사신뢰의 차이가 집합주의 성향이 높은 집단보다 낮은 집단이 크게 나타날 것이며, 이와는 반대로 회사의 공정성과 사회적 책임의 높고 낮음에 따른 회사신뢰의 차이는 집합주의 성향이 높은 집단이 낮은 집단보다 더 크게 나타날 것이다.

가설 7-2. 집합주의적 성향이 높은 사람들은 낮은 사람에 비해 개인 차원과 일 차원이 상사신뢰에 영향을 미치는 것보다 구성원 차원과 상위범주 차원이 상사신뢰에 더 많은 영향을 미칠 것이다. 즉, 상사의 배려성과 업무역량의 높고 낮음에 따른 상사신뢰의 차이가 집합주의 성향이 높은 집단보다 낮은 집단이 크게 나타날 것이며, 이와는 반대로 상사의 공정성과 조직에 대한 책임의 높고 낮음에 따른 상사신뢰의 차이는 집합주의 성향이 높은 집단이 낮은 집단보다 더 크게 나타날 것이다.

제2절 방법 및 절차

1. 조사대상 및 조사방법

지금까지의 연구들에서 이용하였던 1,057명의 자료를 이용하였다. 이들에 대한 자세한 인구통계학적 특성은 앞에서의 <표 5-1>에 자세히 제시하였다. 조사방법 또한 앞에서와 동일하다.

2. 질문지 구성

1) 회사신뢰 및 상사신뢰 결정 요인

연구 1과 2에서 개발된 회사신뢰 및 상사신뢰의 결정 요인 척도를 이용하였다.

2) 회사신뢰 및 상사신뢰

연구 3에서 개발된 회사신뢰 및 상사신뢰 척도를 이용하였다.

3) 신뢰 성향

이영석과 김명언(2000)이 Rotter(1967)의 ITS(interpersonal trust scale)의 25문항 중 10문항과 우리나라 현실에 맞게 개발한 여섯 문항을 추가하여 전체 16문항으로 개발한 것으로써, 이 중 신뢰성향을 측정하는 8문항을 이용하였다(세부문항은 <**부록 2**> 참조). 이영석 등(2000)의 연구에서 이들 8문항의 신뢰성향에 대한 신뢰도 계수는 α=0.712였다.

4) 집합주의 성향

집합주의-개인주의는 개인에게 얼마나 많은 자유가 주어져 있고 또 개인이 자신의 이득을 얼마나 중요시하는지에 대한 가치 측면으로 개인이 자신의 목표와 이익을 더 중시하는지 아니면 집단의 이익과 사회 시스템을 더 중시하는지를 나타내고 있다. 본 연구에서는 Triandis (1995)의 'Instrrument I'를 조영호, 조윤형, 안지혜(2002)가 번역한 것을 이용하였다. 이 척도에는 집합주의-개인주의 각각 16개의 항목으로 구성되어 있는데, 이들에 대해 응답자들로 하여금 전혀 그렇지 않다 (1)에서 매우 그렇다 (7)까지의 7점 척도로 평정하도록 하였다. 이 측정치는 집합주의-개인주의 성향을 단일차원으로 간주하고 있다. 즉 각 차원에서 높은 점수는 집합주의 성향이 강함을 낮은 점수는 개인주의 성향이 강함을 나타내준다(세부문항은 <**부록 2**> 참조).

3. 분석방법

각각의 결정 요인들이 회사신뢰 및 상사신뢰에 미치는 효과가 개인의 신뢰성향과 집합주의 성향 등의 개인성향에 의해서 조절되는지를 알아보기 위하여 동시중다회귀분석을 실시한다. 즉, 개인성향이 신뢰 결정 요인의 효과를 조절하는지 알아보기 위하여 Baron과 Kenny (1986)가 제안한 조절효과 검증방식에 따라 위계적 회귀분석을 실시하였다. 이를 위하여 1단계로 각각의 결정 요인 및 개인성향을 모형에 투입한 뒤에, 2단계로 결정 요인×개인성향의 상호 작용항을 모형에 투입했을 때의 증분 R^2의 유의도 검증을 실시하였다. 신뢰성향은 신뢰성향

척도의 평균을 이용하였으며, 집합주의-개인주의 성향에 대해서는 분석 결과 집합주의 성향과 개인주의 성향 간의 상관이 .503(p=.0001)으로 높게 나타났으므로, 집합주의 성향의 평균값을 이용하였다.

제3절 분석 결과

1. 신뢰 성향의 조절효과

신뢰성향이 회사신뢰 및 상사신뢰에 대한 결정 요인들의 효과를 조절하는지 알아보기 위하여 위계적 회귀분석을 실시하였으며, 회사신뢰에 대한 결과는 <표 10-1>에 그리고 상사신뢰에 대한 결과는 <표 10-2>에 제시하였다.

분석 결과 회사신뢰에 대해서는 회사의 조직역량과 사회적 책임에 대해서만 신뢰성향의 조절효과가 검증되었으나, 상사신뢰에 대해서는 조절효과가 검증되지 않았다.

〈표 10-1〉 회사신뢰에 대한 신뢰성향의 조절효과

단계	독립변인	결정 요인				
		회사의 공정성	회사의 배려	회사의 도덕성	회사의 조직역량	회사의 사회적 책임
1	결정 요인	.534***	.607***	.644***	.535***	.514***
	신뢰성향	.220***	.200***	.161***	.199***	.190***
	R^2	.390***	.468***	.500***	.384***	.360***
2	결정 요인* 신뢰성향	-.073	.176	.257	.439*	.649***
	ΔR^2	.000	.000	.002	.004*	.007***
	R^2	.390***	.468***	.502***	.388***	.367***

〈표 10-2〉 상사신뢰에 대한 신뢰성향의 조절효과

단계	독립변인	결정 요인				
		상사의 공정성	상사의 배려	상사의 도덕성	상사의 업무능력	상사의 조직에 대한 책임
1	결정 요인	.631***	.699***	.697***	.646***	.668***
	신뢰성향	.135***	.136***	.155***	.171***	.183***
	R^2	.471***	.562***	.566***	.504***	.535***
2	결정 요인* 신뢰성향	.150	−.028	−.151	.262	.010
	ΔR^2	.000	.000	.001	.001	.000
	R^2	.471***	.562***	.567***	.505***	.535***

따라서 이들 조절효과를 해석하기 위하여, 각각의 변수들을 중앙치를 중심으로 2등분하여 아래의 〈그림 10-1〉에 제시하였다. 〈그림 10-1〉에서 볼 수 있듯이, 신뢰성향이 낮은 집단에서는 회사의 조직역량과 사회적 책임의 고저에 따른 차이가 적었으나, 신뢰성향이 높은 집단에서는 회사의 조직역량과 사회적 책임의 높고 낮음에 따라 회사신뢰의 차이가 크게 나타나고 있었다. 이러한 결과는 본 연구의 가설 6-1이 부분적으로 지지된 반면에, 가설 6-2는 기각되었음을 의미한다.

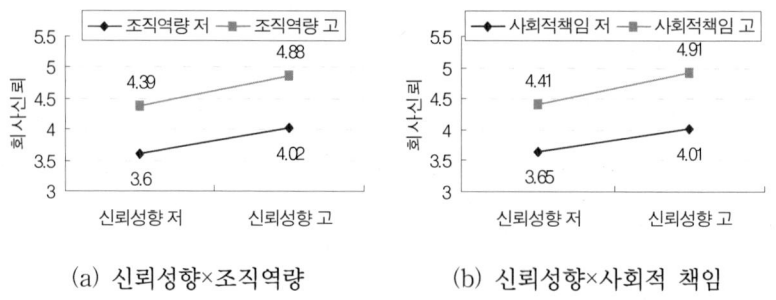

(a) 신뢰성향×조직역량   (b) 신뢰성향×사회적 책임

〈그림 10-1〉 회사신뢰에 대한 신뢰성향의 조절효과

2. 집합주의 성향의 조절효과

집합주의 성향이 회사신뢰 및 상사신뢰에 대한 결정 요인들의 효과를 조절하는지 알아보기 위하여 위계적 회귀분석을 실시하였으며, 회사신뢰에 대한 결과는 <표 10-3>에 그리고 상사신뢰에 대한 결과는 <표 10-4>에 제시하였다. 분석 결과 회사신뢰에 대해서는 회사의 배려성, 도덕성, 조직역량 및 사회적 책임에 대해서 집합주의 성향의 조절효과가 나타났다. 이와는 달리 상사신뢰에 대해서는 어떠한 결정 요인에 대해서도 집합주의 성향에 따른 조절효과가 나타나지 않았다.

<표 10-3> 회사신뢰에 대한 집합주의 성향의 조절효과

단계	독립변인	결정 요인				
		회사의 공정성	회사의 배려	회사의 도덕성	회사의 조직역량	회사의 사회적 책임
1	결정 요인	.543***	.611***	.649***	.540***	.520***
	집합주의	.225***	.159***	.169***	.144***	.154***
	R^2	.393***	.453***	.504***	.365***	.348***
2	결정 요인* 집합주의	.188	.418*	.452*	.678**	.660**
	ΔR^2	.000	.002*	.002*	.005**	.005**
	R^2	.393***	.455***	.506***	.371***	.353***

<표 10-4> 상사신뢰에 대한 집합주의 성향의 조절효과

단계	독립변인	결정 요인				
		상사의 공정성	상사의 배려	상사의 도덕성	상사의 업무능력	상사의 사회적 책임
1	결정 요인	.640***	.712***	.707***	.659***	.677***
	집합주의	.141***	.093***	.133***	.108***	.144***
	R^2	.473***	.553***	.561***	.487***	.524***
2	결정 요인* 집합주의	.029	−.201	−.158	.147	.027
	ΔR^2	.000	.001	.000	.000	.000
	R^2	.473***	.553***	.561***	.487***	.524***

따라서 회사신뢰의 결정 요인들에 대한 집합주의 성향의 조절효과를 해석하기 위하여, 아래의 <그림 10-2>에 회사신뢰의 결정 요인들과 집합주의 성향을 중앙치를 중심으로 2등분하여 그림으로 제시하였다. 그림에서 볼 수 있듯이, 배려, 도덕성, 조직역량 및 사회적 책임 모두에서 집합주의 성향이 낮은 집단에서는 배려, 도덕성, 조직역량 및 사회적 책임의 높고 낮음에 따른 회사신뢰의 차이가 작은 반면에, 집합주의 성향이 높은 집단에서는 이들 결정 요인이 높은 집단이 낮은 집단 간에 비해 회사신뢰가 상대적으로 더 큰 것으로 나타났다. 이러한 결과는 회사신뢰에 대한 집합주의 성향의 조절효과에 대한 본 연구의 가설 7-1이 부분적으로 지지된 반면에, 상사신뢰에 대한 집합주의 성향의 조절효과에 대한 가설 7-2는 기각되었음을 의미한다.

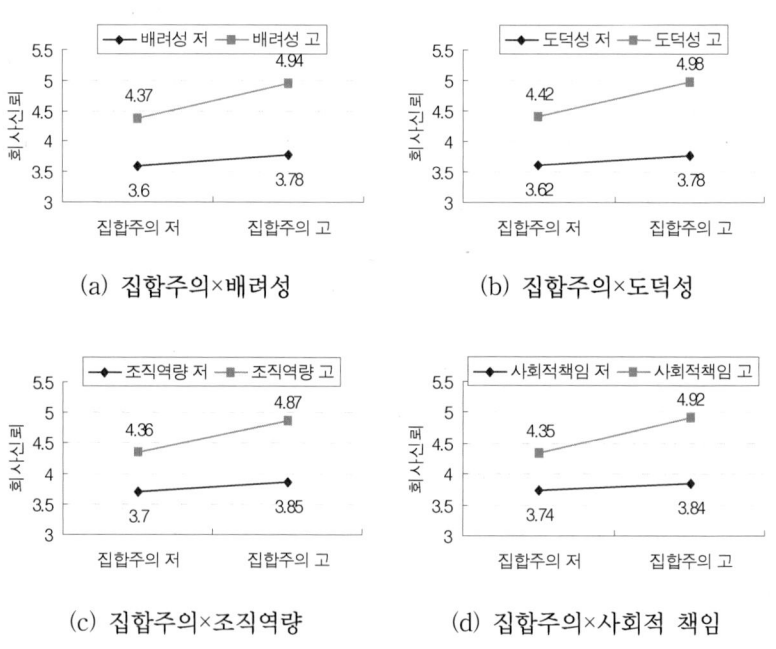

(a) 집합주의×배려성

(b) 집합주의×도덕성

(c) 집합주의×조직역량

(d) 집합주의×사회적 책임

〈그림 10-2〉 회사신뢰에 대한 집합주의 성향의 조절효과

제4절 논 의

연구 5에서는 개인의 신뢰성향과 집합주의 성향에 따라 회사신뢰 및 상사신뢰의 결정 요인들이 회사신뢰 및 상사신뢰 각각에 미치는 효과가 조절되는지를 살펴보았다.

분석 결과, 신뢰성향은 회사신뢰에 대한 회사의 조직역량과 사회적 책임의 영향에 대한 조절효과를 갖는 것으로 나타났으나, 상사신뢰에 대해서는 어떠한 조절효과도 없는 것으로 나타났다. 이러한 결과는 회사신뢰의 경우에는 조직역량과 사회적 책임에 대해서, 이들 결정 요인의 높고 낮음에 따른 신뢰수준에서의 차이가 신뢰성향이 낮은 집단에서보다는 신뢰성향이 높은 집단에서 더 크게 나타난다는 것을 의미한다.

집합주의 성향의 경우에는, 회사신뢰에 대한 배려, 도덕성, 조직역량 및 사회적 책임의 영향에 대해 조절효과를 갖는 것으로 나타났다. 즉, 이들 결정 요인들의 높고 낮은 집단 간의 회사신뢰 수준에서의 차이가 신뢰성향에서와 마찬가지로 집합주의 성향이 낮은 집단에서보다는 집합주의 성향이 높은 집단에서 크게 나타났다. 이러한 결과는 본 연구의 가설 7-1을 부분적으로 지지하는 것으로서, 가설 7-1에서 예언한 바와 같이 사회적 책임이 회사신뢰에 미치는 효과는 집합주의 성향이 낮은 집단에서보다 높은 집단에서 더 크게 나타났으나, 회사의 배려성과 조직역량에 대해서는 본 연구의 가설과 반대로 나타났다. 더욱이, 상사신뢰에 대해서는 집합주의 성향이 어떠한 결정 요인에 대해서도 조절효과를 갖지 않는 것으로 나타났다.

이러한 연구 결과는 몇 가지 의의를 갖는다. 첫째, 회사신뢰 및 상사신뢰에 대한 결정 요인들의 주 효과뿐 아니라 개인성향의 주 효과들도 모두 유의한 것으로 나타났으며, 이것은 신뢰하는 자의 개인적 성향이 조절효과로서뿐 아니라 결정 요인으로도 작용할 수 있음을 의미하는 것이라 할 수 있다.

둘째, 회사신뢰와 상사신뢰 모두에서, 신뢰하는 자의 개인적 성향이 갖는 주 효과보다는 신뢰받는 자의 특성이 보다 더 높은 β값을 보이고 있었으며, 이것은 신뢰를 결정하는 데 있어서 신뢰하는 자의 특성보다는 신뢰받는 자의 특성이 보다 더 중요하다는 것을 입증하는 것이라 할 수 있다.

셋째, 상사신뢰에 대해서는 어떠한 조절효과도 나타나지 않았다. 이것은 회사라는 물적 대상에 대한 신뢰와 상사라는 인적 대상에 대한 신뢰에서 개인의 성향이 갖는 영향이 다를 수 있다는 것이다. 즉, 상사에 대한 신뢰는 상사와 직접적 대면관계를 통해 형성되는 것이므로, 신뢰하는 자가 가지고 있는 개인적 변수보다는 직접적 대면관계에서의 경험들(즉, 상사신뢰 결정 요인들)의 영향이 더욱 크게 작용하는 반면에(최성원, 윤방섭, 2000), 회사에 대한 신뢰는 직접적 대면관계나 무형의 실체가 없기 때문에 심리적 변수인 개인차 변수에 따른 주관적 지각과 해석의 영향이 더 크게 작용할 수 있음을 시사하는 것이라 할 수 있다.

넷째, 신뢰성향보다는 집합주의 성향이 더 많은 결정 요인들에 대해 조절효과를 갖는 것으로 나타났으며, 그 효과의 크기 또한 더 큰 것으로 나타났다. 이것은 기존의 서구사회에서 이루어졌던 개인성향의 조절효과에 대한 연구들이 신뢰성향의 조절효과를 일관적으로 보여 왔던 것과 달리, 집합주의 문화권이 우리나라에서는 신뢰에 있어서 집합주의 성향이 보다 더 중요할 수 있음을 보여주는 것이라 할 수 있다.

다섯째, 본 연구 결과 신뢰성향에 대해서 회사에 대한 조절효과가 나타나고 상사에는 나타나지 않았고 집합주의 성향에서도 회사에는 조절효과가 나타났으나 상사에는 나타나지 않았다. 이러한 사실은 대한 신뢰하는 자의 특성인 개인성향의 개인차 변수로서의 효과는 신뢰대상이 구체적이고, 명확하고, 상호 작용하는 경우에는 그 행동을 보고 판단하기 때문에 개인차 변수가 작용할 여지가 적다는 것을 알 수 있다. 반면에 회사와 같이 눈에 보이는 실체가 아닌 상대적으로 구체적이지 않고 불명확하고 직접 대면하는 상대가 아닌 대상인 경우에는 개인차 변수가 상대적으로 많이 작용함을 알 수 있다.

제 X 장 종합 논의

제1절 전체 요약

본 연구에서는 조직에서의 신뢰를 가져오는 결정 요인을 다섯 차원으로 규명하고 한국기업에서의 회사신뢰와 상사신뢰에 대한 다섯 차원의 결정 요인을 밝혀 척도를 개발하였다. 다음으로 회사신뢰와 상사신뢰의 협력의도, 충성심 등의 신뢰과정변수에 대한 측정척도를 개발하여 회사신뢰와 상사신뢰를 모두 포괄하는 조직신뢰 통합모형에 대한 모형검증을 실시하고자 하였다. 본 연구에서 얻은 중요한 결과는 다음과 같다.

제6장(연구 1)에서는 예비 연구 1(3장)에서의 회사신뢰 사례 연구에서 밝혀진 회사신뢰의 다섯 개 결정 요인들인, 회사 자체 특성 차원의 도덕성, 일 차원의 조직역량, 개인 차원의 배려, 조직구성원 차원의 공정성, 상위범주 차원의 사회적 책임에 대한 측정문항을 개발하고, 이를 확인적 요인 분석함으로써 척도의 타당성을 입증하였다.

제7장(연구 2)에서는 예비 연구 2(4장)에서 추출된 상사신뢰의 사례들을 토대로 상사 자체 특성 차원의 도덕성, 일 차원의 업무능력, 부하 개인 차원의 배려, 팀 구성원 차원의 공정성, 상위범주 차원의 조직에 대한 책임에 대한 측정문항들을 개발하고, 이에 대한 확인적 요인 분석을 통해 척도의 타당성을 입증하였다.

제8장(연구 3)에서는 회사신뢰와 상사신뢰를 인지, 행동, 정서로 구분하여 신뢰 자체를 개념화하고, 회사 및 상사에 대한 신뢰, 협력의도 충성심에 대한 척도를 개발하였으며, 이에 대한 확인적 요인 분석을 실시하여 각 척도의 타당성과 함께 신뢰, 협력의도, 충성심이 각각 독

립적인 요인임을 확인하였다.

제9장(연구 4)에서는 회사 및 상사신뢰의 결정 요인들이 회사신뢰와 상사신뢰에 미치는 영향을 알아보기 위하여, 인구 통계적 변수들의 효과를 통제한 위계적 회귀분석을 실시하였으며, 본 연구에서 제시한 조직신뢰의 통합모형에 대한 모형검증을 실시하였다. 회귀분석 결과 회사신뢰에 대해서는 조직역량을 제외한 모든 결정 요인들의 효과가 유의한 것으로 나타났으며, 상사신뢰에 대해서는 결정 요인들 모두의 영향이 유의한 것으로 나타났다. 또한 모형검증 결과 조직신뢰의 다섯 요인 모형이 전반적으로 높은 합치도를 보이고 있었으며, 모형에서 설정한 대부분의 경로들이 유의함을 확인하였다.

제10장(연구 5)에서는 개인성향에 따른 신뢰의 효과 차이로 신뢰성향은 회사의 조직역량과 사회적 책임에 대해 조절효과를 갖고 집합주의 성향은 회사신뢰의 결정 요인 중 공정성 요인을 제외한 모든 결정 요인들에 대해 조절효과를 갖는 것으로 나타났다. 이러한 연구 결과들을 각 연구별로 구분하여 논의하면 다음과 같다.

제2절 회사신뢰 결정 요인 척도개발(연구 1)에 대한 논의

본 연구에서는 조직구성원들이 자신이 소속되어 있는 회사에 대하여 신뢰를 갖는 결정 요인들을 규명하였다. 예비 연구 1에서 기업체의 구성원들로부터 회사를 신뢰하게 되는 경험적 사례들을 수집하여 탐색적 요인 분석을 실시하였으며, 그 결과 얻어진 7개의 요인이 추출되었으나, 이를 다시 내용적으로 재분류하여 회사신뢰의 다섯 개 결정 요인을 얻을 수 있었다. 연구 1에서는 예비 연구 1에서 얻어진 회사신뢰를 결정하는 다섯 개 요인에 대한 척도를 개발하여, 확인적 요인 분석을 실시함으로써, 예비 연구 1에서 추출된 회사신뢰의 다섯 개 결정 요인이 타당함을 입증하였다. 확인적 요인 분석을 통해 입증된 회사신뢰의 다섯 개 결정 요인들에 대해 살펴보면 다음과 같다.

첫째로 일 관련 차원의 조직역량이다. 기업의 존속유지와 구성원들에게 안정감을 줄 수 있는 조직의 사업에 대한 역량이 얼마나 있는가 하는 것이다. 건실한 재무구조, 경쟁력 있는 제품과 인적 자원, 적절한 관리 시스템, 기술력, 안정된 노사관계 경영층의 일에 대한 열정과 역할충실, 성장전략, 조직문화, 장기적 투자 등이 조직역량을 구성하는 하위범주로 도출되었다.

둘째, 배려는 개인적인 존재로서의 나(구성원)와 관련된 차원으로 조직구성원이 회사로부터 어떠한 배려를 받고 있는가에 대한 측면이다. 구체적 하위범주로는 자기성장의 기회제공, 개인성과의 인정, 고충처리 정도, 근무환경개선, 복리후생, 사원의 개인적 생활에 대한 배려, 업무수행 지원 등이다

셋째, 공정성은 구성원 관련 차원의 요인으로서, 회사가 조직구성원 모두에게 얼마나 공정한 정책이나 제도를 운영하느냐 하는 데서부터 기인한 요인이다. 구체적인 하위범주로는 분배공정성, 정확성, 편파억제, 발언효과, 일관성, 사후공정성 등이 도출되었다.

넷째, 차원은 상위범주 차원으로서 사회적 책임이다. 구성원들은 그들이 속한 회사가 사회를 구성하고 있는 일원으로서 책임과 의무를 다하고 있는가에 따라 회사신뢰에 영향을 받게 되는 것이다. 내가 속한 회사가 국가경제에 기여하는지, 범국가적 관점에서 회사의 정책이 운영되는지, 환경보호 등 사회에 책임과 기여, 법과 규범의 준수 등이 사회적 책임의 하위범주로 도출되었다.

마지막으로 도덕성은 회사 자체의 특성 차원으로서 회사운영절차나

내부 관리가 얼마나 도덕적인 기준과 원칙에 맞는가 하는 것이다. 구체적 하위범주로는 도덕경영, 약속이행, 정직성, 투명경영, 경영진의 역할 충실 등이 나타났다. 이러한 다섯 개 차원의 하위범주들을 문항으로 개발하여 확인적 요인 분석을 한 결과 조직역량, 배려성, 공정성, 사회적 책임, 도덕성의 개별 요인들이 독립적인 결정 요인임을 확인할 수 있었다.

회사신뢰의 결정 요인들에 대한 규명과 척도개발은, 그동안 신뢰의 연구가 일반적 대인관계나 조직 내 구성원들 간의 신뢰에만 치중되어 있던 것을 회사라는 객체에 대한 신뢰로 그 연구 범위를 확장시켰다는 데 의의가 있으며, 또한 그동안의 신뢰 결정 요인에 대한 연구들이 신뢰를 형성하는 원인들을 나열하는 식의 연구였다면 본 연구는 회사의 신뢰를 가져오는 구체적인 차원들을 규명하여 이론적인 함축성을 구축하였고, 이에 대한 구체적이고 실증적인 척도를 개발하였다는 데 큰 의의가 있다 하겠다.

특히, 연구 결과 대인간 신뢰에 적용되는 결정 요인이 회사신뢰에도 적용됨을 알 수 있었다. 신뢰의 관계모형을 가장 잘 나타낸 Mayer 등(1995)은 신뢰의 결정 요인으로 능력(ability), 성실성(integrity), 선의(benevolence)를 제안하였다. 이들이 제안한 능력과 선의는 본 사례 분류에서 도출된 회사신뢰의 일 관련 차원의 조직역량과 개인 관련 차원의 배려성에 해당된다고 하겠다. 또한 Mayer 등(1995)의 성실성은 행위의 일관성, 정보전달의 정확성, 정의감과 공정성, 언행일치 등이 포함되는 요인으로 본 연구에서의 공정성과 도덕성의 일부에 해당되나, 본 사례 연구에서는 구성원들에게는 공정성, 회사 자체는 도덕성이라는 요인과 폭넓은 하위범주들을 분류해낼 수 있었다. 사회적 책임은 회사가 사회를 이루는 구성체라는 인식하에서, 사회라는 상위범주에 대한 책임도 구성원들에게 신뢰를 제공한다는 차원에서 새롭게 분류해낸 내용이다. 특히 집합주의 사회라고 일컬어지는 우리나라의 경우 자기가 소속해 있는 회사의 사회적 책임과 기여에 대한 인식은 회사를 신뢰하는 데 결정 요인으로 작용할 수 있음을 확인할 수 있었다.

제3절 상사신뢰 결정 요인 척도개발(연구 2)에 대한 논의

연구 2구에서는 예비 연구 2에서 수집된 사례들을 회사신뢰에서와 동일한 다섯 개 결정 요인으로 분류하고, 이를 측정하기 위한 문항들을 개발한 뒤 확인적 요인 분석을 통해 상사신뢰의 결정 요인에 대한 다섯 요인 구조가 타당함을 입증하였다. 확인적 요인 분석을 통해 검증된 각 요인들을 살펴보면 다음과 같다.

우선 일 차원의 상사의 업무능력은 조직에서 개인과 상사를 연결하는 고리라는 점에서 상사와 부하 간의 상호 작용에서 중요한 요인임을 확인할 수 있었다. 사례분석을 통해 합리적인 업무처리능력, 대인관계능력, 문제에 대한 대처능력, 설득력, 업무와 관련된 전문적 지식, 업무추진력, 팀 운영 능력, 아이디어제시 능력 등이 신뢰하는 상사의 업무능력의 요소로 정의할 수 있었다.

두 번째는 개인 관련 차원의 배려이다. 상사가 부하에게 개인생활에서 얼마큼 배려하고 부하의 성장과 발전에 노력을 기울여주는가와 관련된 요인이다. 이에 대한 세부범주로는 개인 상담행동, 건설적 피드백, 실수이해 행동, 격려행동, 부하의 어려움을 함께 해결하려는 행동, 육성적 배려향동, 권한위임, 칭찬과 인정 부하의 인격을 존중해 주는 행동, 부하의 잘못을 보호해 주는 방패막이 행동 등의 내용들이 포함되었다.

셋째로는 팀 구성원 관련 차원의 공정성이다. 부하개개인에게 배려해 주는 것뿐만이 아니라 단위조직의 리더로서 전체 구성원에게 얼마나 공정하게 행동하는가와 관련된 요인이다. 공평한 행동, 의견수렴행동, 정보공유 행동, 편견이 없는 행동, 일관적인 행동, 정확한 기준에 의해 평가하는 행동 등의 문항들이 사용되었다.

넷째로는 상사 자체 특성 차원으로서의 도덕성이다. 상사 스스로가 자신에 대해 엄격한 규율을 적용하여 통상적인 윤리와 규범을 준수하는 것을 의미하는 것으로 성실한 행동, 솔선수범행동, 약속준수 행동, 이기주의적이지 않은 행동, 금전적으로 투명한 행동, 공사가 분명한 행동 등이 문항들이 도출되었다.

마지막은 상위범주 차원으로서의 조직에 대한 책임이다. 위에서 언급한 차원들은 부하와 관련된 차원이지만 이것은 팀 외의 조직 전체와 관련된 요인이다. 조직 전체의 측면에서 보면, 상사도 부하들과 마찬가지로 조직의 일원이므로, 부하들은 상사의 행동을 더 큰 범주인 조직 전체 차원에서 상사가 얼마나 바람직한 구성원인가를 생각하게 된다. 따라서 상사가 보여주는 위 상사나 조직에 대한 소신과 책임 있는 행동에서 구성원들은 신뢰를 느낄 수 있다는 것이다. 구체적 하위 범주로는 업무에 대한 소신, 전사적 관점의 행동, 조직을 위한 자기희생, 단기적 성과지양 행동, 조직구성원으로서 책임을 지는 행동 부서 간 협조 행동 등의 사례를 사용하였다.

이러한 다섯 개 차원의 하위범주들을 문항으로 개발하여 확인적 요인 분석을 한 결과 업무능력, 배려, 공정성, 조직에 대한 책임, 도덕성의 개별 요인들이 독립적인 결정 요인임을 확인할 수 있었다. 이러한 결과는 기존의 연구들을 포괄하는 상사신뢰의 요인들을 도출하였음을 보여주는 것이며, 특히 조직구성원 관련 차원으로서의 조직에 대한 책임은 상사에 대한 신뢰가 맡은 바 업무의 책임뿐만 아니라 조직 전체의 입장에서 부하사원들을 이끌어 가는 상사의 행동에 의해서도 영향

받게 됨을 의미한다. 이것은 변혁적 리더십(Bass, 1985)에서 보여주는 리더십의 특징과 유사하다고 할 수 있을 것이다.

상사에 대한 신뢰의 결정 요인들을 밝히고자 많은 연구들이 이루어져 왔으나, 대부분의 연구들이 상사에 대한 신뢰를 형성하는 행동들을 열거하고 특징들을 찾는 식의 연구였다면, 본 연구는 많은 사례들을 통해 상사의 신뢰를 가져오는 구체적인 차원들을 규명하고 이를 측정할 수 있는 구체적이고 실질적인 척도를 개발하였다는 점에서 큰 의미가 있다 하겠다.

특히, 본 연구에서 제안한 상사신뢰의 다섯 요인과 Mayer 등(1995)의 신뢰통합모형에서 제시한 신뢰의 선행 요인인 능력, 성실성, 선의와 비교해 보면 능력 요인은 동일한 영역으로 판단할 수 있으나, 성실성의 요인은 본 연구에서 공정성과 도덕성의 별개의 영역으로 구분되었다. 선의에 대해서는 Mayer 등(1995)이 신뢰자에게 좋은 일을 해줄 것이라고 믿게 되는 정도라고 정의하고 있으며 본 연구에서의 배려성과 유사한 것으로 볼 수 있을 것이다. 그러나 조직에 대한 책임은 Mayer 등의 연구에서는 없었던 것으로써, 본 연구에서 새롭게 밝혀낸 요인이라 하겠다.

제4절 회사 및 상사에 대한 신뢰, 협력의도, 충성심에 대한 척도 개발(연구 3)에 대한 논의

본 연구에서는 회사신뢰와 상사신뢰에 대한 개념적 정의를 바탕으로 신뢰를 인지적, 정서적, 행동의도로 구분하여 문항을 개발하여 척도화하였으며, 협력의도와 충성심에 대한 문항을 개발하여 확인적 요인 분석을 한 결과 상호 다른 요인임을 확인할 수 있었다.

지금까지 신뢰의 연구를 보면 신뢰를 측정함에 있어 신뢰의 선행 요인과 신뢰 자체를 구분 없이 사용하거나 또는 신뢰를 전반적 신뢰로 측정하는 등이 대부분이었지만, 본 연구에서는 회사 및 상사에 대한 신뢰의 인지. 정서, 행동의도 요소들을 포함하는 측정척도를 개발함으로써, 신뢰에 대한 보다 포괄적이고 정확한 측정을 시도하였다는 점에서 의의가 있다 하겠다. 이러한 측정척도는 향후 신뢰 연구에서 신뢰의 수준을 측정하기 위한 보다 포괄적이고 구체적인 척도를 제공하였다는 점과, 이러한 신뢰의 요소들이 신뢰의 결정 요소들 중 어떠한 요소들에 의해서 더 많은 영향을 받으며, 이들 구성요소들이 조직효과성 변인에 어떠한 차별적 영향을 갖는지에 대한 연구의 토대를 마련하였다는 점에서 의의가 있다 하겠다. 특히, 회사신뢰의 경우에는 기존의 연구들에서 구체적인 척도를 제공하지 않아 왔으므로, 본 연구에서 제안한 회사신뢰의 척도를 통해 향후 회사신뢰에 대한 연구를 촉발할 수 있는 계기를 마련하였다 할 수 있다.

또한 기존의 연구들이 신뢰의 선행 요인과 신뢰 자체에 대한 측정을 혼동하여 연구해 왔으나, 본 연구에서는 회사신뢰 및 상사신뢰 자체를 측정할 수 있도록 신뢰의 결정 요인들에 대한 척도와 개념적으로 독립적인 척도를 개발함으로써 향후 신뢰 자체와 신뢰의 결정 요인들을 구분하여 연구할 수 있도록 하였다는 점에서 그 의의가 있다 하겠다.

마지막으로, 기존의 연구들에서는 신뢰를 협력의도와 충성심이 구분 없이 논의함으로써 개념적으로 혼동되어 왔지만(Kee & Knox, 1970; Das & Teng 1998), 본 연구에서는 회사와 상사에 대한 충성심과 협력의도를 신뢰와 구분하여 측정하였으며, 이들을 구분하는 것이 구분하지 않는 것보다 더 바람직하다는 것을 입증하였다. 이것은 신뢰가 충성심이나 협력의도와는 다르다는 것을 개념적으로뿐 아니라 수리적으로도 입증하였다는 점과, 이를 통해 신뢰가 조직효과성 변인들에 미치는 보다 구체적인 심리적 과정을 밝힐 수 있는 토대를 마련하였다는 데 의의가 있다 하겠다.

제5절 가설검증 및 모형검증(연구 4)에 대한 논의

본 연구에서는 회사신뢰와 상사신뢰의 결정 요인들과 각각 회사신뢰와 상사신뢰에 미치는 영향을 검증하기 위하여 위계적 중다회귀분석을 실시하였으며, 또한 회사신뢰 및 상사신뢰가 협력의도와 충성심을 통해 조직몰입과 조직시민행동에 미치는 영향을 밝히고자 모형검증을 실시하였다.

연구 결과를 구체적으로 살펴보면, 회사신뢰의 경우 조직역량을 제외한 회사의 공정성, 배려, 도덕성, 및 사회적 책임의 효과가 유의한 것으로 나타났다. 이러한 연구 결과는 중요한 시사점을 담고 있다. 최근 들어 노사관계의 악화, 구성원들의 회사에 대한 몰입 저하 등의 근본적인 원인은 회사와 구성원 간의 신뢰가 부족한 때문이며 이를 극복하고자 경영층에서는 신뢰경영의 기치를 내세우고 있고, 사회일각에서는 한국에 맞는 신뢰경영지수를 개발하는 등의 사회운동의 일환을 전개해 나가고 있다. 그러나 많은 회사들이 회사신뢰를 생각할 때 너무 회사 내부적인 측면들에만 초점을 두고 있다. 즉, 본 연구에서 밝혀진 신뢰의 다섯 개 결정 요인들 중 임금이나 복리후생 또는 고충처리와 같은 구성원 개개인에 대한 배려 차원이나 인사제도 등의 공정성 차원에만 초점을 두고 있다. 그러나 본 연구에서의 결과들을 보면, 구성원들은 회사가 자신들에게 얼마나 배려적이고 공정한가뿐 아니라,

회사의 자체의 도덕성 및 사회적 책임들에 대해서도 관심을 가지고 지켜보고 있으며, 이러한 요소들이 구성원들의 회사신뢰를 형성하는 데 있어서도 중요하게 고려되어야 함을 보여주고 있다. 이러한 의미에서 본 연구에서 제시한 구체적인 회사신뢰의 결정 요인들 및 측정척도들은 많은 기업들이 구성원들의 회사신뢰를 어떻게 측정해야 하며, 또 이를 높이기 위해 무엇을 어디서부터 개선해 나가야 할지에 대한 구체적인 지침을 제공하리라 판단된다.

둘째, 상사신뢰에 대해서는 상사의 공정성, 배려, 도덕성, 업무역량 및 조직에 대한 책임 등의 영향이 유의한 것으로 나타났으며, 특히 상사의 도덕성이 중요한 것으로 나타났다. 이러한 연구 결과는 현장의 리더십 개발에 대하여 중요한 시사점을 담고 있다. 회사신뢰와 마찬가지로 상사의 리더십 발휘도 그 기반은 신뢰라고 할 수 있다. 그러나 구체적으로 어떠한 행동들이 부하들로 하여금 자신의 상사를 신뢰하도록 하는지에 대해서는 구체적인 연구가 이루어지지 않아 왔으며, 많은 상사들은 부하들로부터 신뢰를 얻기 위해서는 구성원들을 개별적으로 배려하는 것이 중요하다는 잘못된 이해를 가지고 있는 것이 현실이다. 그러나 본 연구에서 밝혀진 상사신뢰의 다섯 가지 결정 요인에 의하면, 구성원들은 상사가 자신에게 잘 해 주는 것뿐만 아니라, 그 외에도 상사가 개인적으로 얼마나 도덕적이며 조직인으로서의 책임을 얼마나 충실히 이행하고 있는가가 중요함을 보여주고 있으며, 팀원들에 대해 얼마나 공정하게 대하고 있으며 상사 자신의 업무역량이 얼마나 뛰어난지도 중요함을 보여주고 있다. 본 연구에서 제시한 상사신뢰의 결정 요인들 및 이들을 측정하기 위한 척도는 수년간에 걸쳐 현장의 실질적인 자료를 통해 추출된 것이므로, 상사들의 이러한 고민에 답을 제시해 줄 수 있을 것이라 생각된다.

셋째, 회사 및 상사에 대한 신뢰는 구성원들의 회사 및 상사에 대한 충성심과 협력의도에 영향을 미치는 것으로 나타났으며, 회사 및 상사에 대한 협력의도는 조직시민행동에 정적인 영향을 미치고, 회사 및 상사에 대한 충성심은 조직몰입에 정적인 영향을 미치는 것으로 나타났다. 신뢰에 대한 많은 연구들이 신뢰가 조직효과성에 직접적인 영향을 미친다는 것에 대해서는 밝혀 왔으나, 왜 신뢰가 조직몰입이나 조직시민행동과 같은 조직효과성 변인들에 영향을 미치는지에 대해서는 밝혀진 바가 없었다. 본 연구 결과에 따르면 회사 및 상사에 대해 신뢰하게 되면 충성심과 협력의도를 갖게 되므로, 이러한 심리적 상태가 구성원들로 하여금 조직몰입과 조직시민행동을 이끈다는 것을 알 수 있다. 최근 많은 기업들이 신뢰경영을 표방하면서 구성원들의 신뢰를 얻기 위해 많은 금전적 및 시간적 노력을 쏟고 있으나, 회사가 구성원들로부터 신뢰를 얻게 되면 어떤 변화가 있을 것인지에 대해서는 확신을 가지고 있지 못한 실정이다. 본 연구에서의 결과는 회사에 대한 신뢰가 구성원들의 회사에 대한 충성과 협력의도를 높이고, 상사에 대한 신뢰는 상사에 대한 부하들의 충성과 협력의도를 높이며, 이렇게 형성된 충성심은 조직몰입을 높여주고 협력의도는 조직시민행동을 높여줌을 보여주고 있다. 구성원들의 회사와 상사에 대한 충성과 협력의도는 조직이 지향하는 구성원들의 바람직한 자세이다. 더욱이, 많은 연구 결과들은 구성원들의 높은 조직몰입이 구성원들의 이직을 감소시킴으로써 기업의 신규 인력에 대한 선발과 교육에 드는 비용을 감소시키고(Allen & Meyer, 1996), 자신들의 직무에 몰두하도록 함으로써 직무수행을 증진시키며(Mathieu & Zajac, 1990; Meyer & Allen, 1997), 조직시민행동이 집단과 조직의 수행을 증진시키고(Bachrach, Bendoly, & Podsakoff, 2001; Staw, 1975), 조직이 효과적으로 기능하는 데 필수적임을(Katz & Kahn, 1978) 보여주고 있다. 이러한 의미에서 회사와 상사에 대한 신뢰가 조직에 미치는 영향은 매우 크다

할 것이며, 본 연구를 통해 신뢰가 조직효과성에 영향을 미치는 과정
에 대한 발견은 매우 중요한 의미를 갖는다 하겠다.

제6절 개인성향의 조절효과(연구 5)에 대한 논의

　본 연구에서는 신뢰성향과 집합주의 성향 등의 개인성향이 신뢰의
결정 요인들의 효과를 조절하는지에 대한 살펴보고자 하였다.

　분석 결과, 신뢰성향은 회사신뢰에 대한 조직역량과 사회적 책임의
영향에 대해 조절효과를 가지며, 상사신뢰에 대해서는 아무런 조절효
과를 갖지 않는 것으로 나타났다. 이와는 달리 집합주의 성향은 회사
신뢰에 대한 공정성의 효과를 제외한 배려성, 도덕성, 조직역량 및 사
회적 책임의 영향에 대해 조절효과를 갖는 것으로 나타났다. 즉, 개인
의 신뢰성향이 낮거나 또는 집합주의 성향이 낮은 경우에는 결정 요
인의 값이 비싼 집단과 낮은 집단 간에 신뢰의 수준에 차이가 작은
반면에, 신뢰성향이 높거나 집합주의 성향이 높은 경우에는 결정 요인
의 값이 비싼 집단이 낮은 집단에 비해 신뢰 수준의 차이가 큰 것으
로 나타났다.

　그러나 신뢰성향의 경우에는 본 연구에서 설정한 가설의 방향과 일
치하게 조절효과가 나타났으나, 집합주의 성향의 경우에는 회사의 사
회적 책임만이 가설을 지지할 뿐, 나머지 요인들에 대해서는 가설이
방향과 일치하지 않거나, 조절효과가 유의하지 않은 것으로 나타났다.
그러나 기존의 연구들에서 신뢰의 결정 요인들과 신뢰성향 간의 조절
효과에 대한 연구들은 많이 이루어져 왔으나, 집합주의 성향을 대상으
로 조절효과를 다룬 연구들은 지금까지 없었다는 점에서 의의를 찾을
수 있다. Doney, Cannon, & Mullen(1998)은 신뢰형성에 미치는 문화

적 요소들의 영향에 대해 강조하면서 집합주의 문화권과 개인주의 문
화권의 영향이 신뢰의 형성에 촉진적 또는 억제적일 수 있음을 제안
하였다. 본 연구에서도 회사신뢰에 대해 배려성, 도덕성, 조직역량 및
사회적 책임에 대해 집합주의 성향이 조절효과를 갖는 것으로 나타났
으며, 이러한 결과는 개인의 집합주의 성향에 따라 신뢰의 결정 요인
들이 신뢰에 미치는 영향이 달라질 수 있음을 보여주는 것이라 할 수
있다. 그러나 본 연구에서의 집합주의 성향에 대한 결과가 본 연구의
가설을 잘 지지하지 않고 있다는 점은 향후 이 부분에 대한 보다 많
은 연구가 필요함을 보여주는 것이라 할 수 있다.

제7절 연구의 제한점 및 추후 연구방향

본 연구의 제한점으로 첫째 상사에 대한 충성이 조직시민행동에는
오히려 부적인 영향을 미치는 것으로 나타났다. 이는 한국문화에서 특
수하게 나타날 수 있는 내용들로 구성된 조직시민행동의 척도(최창회,
1995)를 사용했더라면 다른 결과를 얻을 수 있었다고 판단된다. (최창
회, 1995)의 연구에서 이타행동, 충성행동, 제안행동 등은 미국과 동일
하게 나타났지만 문제예방행동, 스포츠맨십행동 등은 우리나라에서 나
타나지 않았음을 보고하고 있다. 또한 우리나라에서는 대인관계활동,
자기계발, 정보수립 및 공유 활동은 우리나라에만 나타나는 행동으로
보고하고 있다. 따라서 본 연구에서 사용된 조직시민행동은 문화적 차
이를 반영하지 않음으로 해서 나타나는 한계를 극복하지 못했을 수
있으므로 향후 연구에서는 한국문화를 반영한 척도의 사용이 고려되
어야 하겠다.

두 번째는 본 연구에서 상사의 신뢰를 측정하는 설문에 있어 "현재

소속되어 있는 조직의 상사라고"라고 되어 있어 응답자들의 상사라는 대상에 대하여 어떠한 심성모델을 상정했는지에 한계가 있을 수 있다. "현재 소속되어 있는 조직의 직속상사"라고 전제를 구성했어야 했는데 이에 대한 효과가 어떠한 영향을 결과에 어떠한 영향을 미치었는지에 대해서는 알 수가 없다. 물론 대부분의 경우 이러한 설문에는 상사라 함은 직속상사로 이해하는 경우로 가정하지만 향후 연구 시 응답자들의 심성모델의 작용 여부까지 고려한 연구가 되어야 할 것이다.

세 번째는 본 연구에서의 조사가 인터넷 패널을 통해 이루어짐으로써, 연구 결과에 조사방법에 따른 영향이 있을 수 있다는 것이다. 최근 인터넷 사용의 급증으로 새로운 리서치 도구로서의 활용 등을 목적으로 인터넷 설문조사가 많이 시행되고 있다(김광용, 김기수, 1999a). 인터넷 설문조사는 기존의 설문지를 하이퍼텍스트 형태로 사이버 공간에 위치시킴으로써 인터넷을 이용하는 사람들을 대상으로 공개되어 있는 설문조사방법을 말한다. 인터넷 설문조사는 전통적인 설문방법에 비교하여 방법론적인 측면에서 상당히 유사하나 특히 패널을 모집하는 방법은 다음과 같은 장단점을 가지고 있다. 장점으로는 첫째, 다양한 회사와 직급, 직무대상자들의 반응으로 일반화 가능성이 높다. 두 번째, 설문작성에 대한 인센티브가 주어지므로 반응이 높다. 셋째 특히 신뢰조사와 같은 자기상사, 회사에 대한 평가가 불이익을 볼지도 모른다는 우려가 없어진다. 넷째 시간적으로 많은 양의 표본을 확보할 수 있다. 다섯째 코딩에러와 같은 비표본 오차가 없다는 것이다. 이에 반해 단점으로는 첫째 설문응답자에게 지불하는 인센티브의 부담이 있다는 것과 두 번째는 조사면접자와 조사면접자보다는 반응충실도가 떨어진다는 단점이 있지만 일반적인 설문의 조사 시에도 진행자가 없기는 마찬가지이므로 상대적인 단점으로 작용하지는 않을 것이다. 본 연구에서는 상사신뢰나 회사신뢰와 같은 민감한 질문이 많기 때문에 인터넷을 이용한 패널을 모집하여 실시하였다. 인터넷 조사는 인터넷 사용자가 폭발적으로 증가하고 있다는 점에서 유용한 조사방법으로 사용될 수 있으며 단점보다는 장점이 더 많아(Comley, 1998a) 대중적인 조사도구로서 사용이 확대될 것이다. 향후 심리학연구의 방법론 차원에서 인터넷 설문조사에 대한 방법론적인 문제들이 체계적으로 연구되어야 할 것이다.

향후 연구방향과 관련하여, 첫 번째는 본 연구에서의 회사에 대한 신뢰가 회사의 업종이나 경영환경 및 과거 또는 현재의 기업 내 특수한 이슈에 따라 달라질 수 있다는 것이다. 예를 들어, 어떤 기업이 자금으로 인한 경영위기에 처해 있거나 과거에 그러한 경험이 있었다면, 그 기업에서의 구성원들의 회사신뢰는 회사의 조직역량이 보다 더 중요할 수 있으며, 환경 등의 문제로 지역민들과 마찰을 일으키고 있다면 사회적 책임이 회사신뢰의 중요한 요인으로 작용할 수 있게 될 것이다. 또한 업종에 따라서도 회사신뢰의 중요성이 달라질 수 있는데, 예를 들어 제조업을 주로 하는 기업이라면 생산직에 종사하는 구성원들이 많게 되므로, 회사의 공정한 분배에 관심을 갖게 될 수 있는 반면에, 기술 중심의 벤처 기업이라면 회사의 기술력과 같은 조직역량에 대한 관심이 클 것이기 때문이다. 본 연구에서는 다양한 직종을 대상으로 연구를 실시함으로써 모든 회사에 일반적으로 적용될 수 있는 회사신뢰 결정 요인을 찾는 데 초점을 둠으로써, 회사의 특성에 따른 회사신뢰 결정 요인의 상대적 중요성에 대해서는 간과한 측면이 있다. 따라서 향후 연구에서는 이러한 측면들을 고려한 연구가 이루어져야 할 것이다.

둘째, 본 연구에서는 상사신뢰와 회사신뢰만을 다루었기 때문에 조직신뢰의 전체적으로 포괄하는 데는 한계가 있을 수 있다. 본 연구에서 다룬 수직적 관계에서 발생하는 신뢰뿐만이 아니라 수평적인 관계

에서 발생하는 동료 간의 신뢰, 부서 간의 신뢰를 포괄하여 보다 확장
된 형태의 조직신뢰를 추가적으로 연구할 필요가 있다. 특히 팀제가
실시되는 조직에서는 목표달성을 위해 동료 간의 협력이 매우 중요하
다. 이와 관련하여 동료 간의 협력을 가져올 수 있는 신뢰의 결정 요
인이 어떤 차원으로 구성되는지 살펴볼 필요가 있으며, 본 연구에서
제시된 회사신뢰와 상사신뢰의 다섯 요인 모델이 동료 간이나 부서
간에도 적용될 수 있는지를 검증할 필요가 있다.

특히 상사신뢰의 경우 본 연구에서는 부하의 상사에 대한 신뢰만을
연구하였고 상사의 부하에 대한 신뢰를 고려하지 않았다. 신뢰는 쌍방
적인 것으로 상대방이 나를 어떻게 보느냐에 따라 달라질 수도 있다.
따라서 부하의 상사에 대한 신뢰 못지않게 상사의 부하에 대한 신뢰
도 중요하다. 따라서 상사가 부하를 신뢰하는 결정 요인이 무엇인지를
규명하는 것도 의미 있는 연구가 될 것이다. 아울러 회사신뢰의 경우
조직 내부 인들이 가지는 결정 요인뿐만 아니라 신뢰의 범위를 확대
하여 고객이나 협력업체 직원 등과 같은 조직 외부인들이 어떤 회사
에 대해 신뢰를 갖는 데 작용하는 결정 요인이 무엇인지, 그리고 그것
이 내부 인이 지각하는 결정 요인과 어떤 차이가 있는지 비교해 보는
것도 의의가 있을 것이다.

셋째, 본 연구는 회사신뢰와 상사신뢰의 결정 요인들을 규명하고 이
것이 각각 회사신뢰와 상사신뢰에 미치는 영향력과 나아가 조직효과성
변수에 미치는 영향력을 분석하였다. 하지만 본 연구로는 신뢰의 다섯
가지 결정 요인들 중에서 어느 요인이 고신뢰를 가져오고 어느 요인이
저신뢰를 가져오는가는 규명되었으나, 신뢰 결정 요인들 중 구체적으
로 어떠한 행동들이 구성원들에게 고신뢰를 가져오는 것인지, 어떤 구
체적 행동이 저신뢰를 가져오는지에 대한 행동적 수준에서의 연구가
필요다고 생각한다. 이것을 통해서 현장에서는 구체적인 신뢰증진을

가져올 수 있는 개입책 개발의 지침으로 활용할 수 있을 것이다.

넷째, 본 연구는 조직에서의 신뢰와 불신 중 신뢰만을 다루었다. 신뢰와 불신을 단일 차원의 연속선상에 있는 양극의 개념으로 보고 불신이 높다는 것은 신뢰가 낮다는 것으로 해석하였다. 최근에 Lewicki, McAllister, 그리고 Bies(1998)는 이러한 신뢰와 불신의 일차원성에 의문을 제기하면서 신뢰와 불신은 단일 차원의 양극에 위치한 반대되는 개념이 아니라, 신뢰를 증가시키거나 감소시키는 요인과 불신을 증가시키거나 감소시키는 요인이 서로 다르다고 주장하였다. 본 연구자는 상사신뢰와 불신, 회사신뢰와 불신에 대하여 다른 차원으로 분리될 수 있다는 실증적인 증거들을 보고한 바 있지만 이 부분도 깊이 있는 연구가 요구된다.

최근에 조직이 처한 환경이 급변함에 따라 신뢰에 대한 관심이 급증하고 있고 신뢰는 사회적 자본으로서 조직과 관계의 기반으로서 중요한 것으로 간주되고 있으며, 조직 차원에서는 얼마만큼 신뢰경영을 펼쳐나가는가 하는 것이 조직경쟁력의 중요한 기준이 되어 가고 있다. 조직 내 신뢰가 구성원에게는 직장에서의 삶의 질을 좌우하는 중요한 심리적 변수이며, 조직에는 조직의 효과성을 결정하는 중요한 요인임에도 불구하고, 이에 대한 심리학적인 측면에서의 체계적인 연구는 미비한 실정이다. 특히 한국사회와 기업에 맞는 신뢰를 찾아나가는 것은 심리학자들에게 주어진 큰 사명일 것이다. 본 연구는 이러한 상황에서 심리학적인 입장으로 조직신뢰의 결정 다섯 요인을 중심으로 회사신뢰와 상사신뢰가 매개변수인 충성심, 협력의도를 거쳐 조직몰입, 조직시민행동에 어떠한 영향을 미치는지를 논해 보았다. 앞으로 이를 계기로 한국적 상황을 반영한 신뢰에 대한 풍부한 연구가 있기를 희망한다.

참고문헌

권석균・이을려 (1999). 대인간 신뢰와 공유학습. 한국인사관리 학회: 인사관리 연구, 23(2), 1-23.

김관용・김기수 (1999a). 다양한 인터넷 설문조사 방식의 비교와 설문 만족에 관한 연구, 한국경영정보학회춘계 학술논문집, 181-190.

김규성・김명언 (2000). 연구개발조직의 리더의 역량 및 조직풍토가 수행성과에 미치는 영향. 한국심리학회 연차 학술대회 발표논문집. 한국심리학회.

김명언・이현정 (1992). 조직공정성: 평가기준과 지각된 공정성, 직무 만족, 조직몰입, 직무몰입, 봉급만족과의 관계, 한국심리학회지: 사회, 6(2), 11-28.

김명언・이영석 (2000). 한국기업조직에서 부하가 갖는 상사에 대한 신뢰와 불신의 기반. 한국심리학회지: 사회문제.

김정호・서용원 (2000). 상사에 대한 부하의 신뢰 요인에 대한 연구, 2000년 한국 산업 및 조직심리학회 추계 학술대회 발표논문집.

김학수 (1998). 인적 자원 관리의 전략적 성격과 이론, 경남대학교 출판부.

김호정 (1999). 신뢰와 조직몰입. 한국행정학보, 33(2), 19-35.

박광국・박선희・도운섭 (1999). 조직신뢰도의 결정 요인에 관한 연구: 대구광역시를 중심으로, 한국정책학회보, 8(3).

서재현 (2000). 조직공정성이 조직후원인식에 미치는 영향에 관한 연구: 상사에 대한 신뢰의 매개역할을 중심으로, 경영학연구, 29(3), 451-472.

서용원 (1992). 수행평가상황에서 도구적 및 비도구적 발언기회가 절차정의지각에 미치는 영향. 한국심리학회 1992년도 학술발표논문집. 365-375.

서용원 (2002). 공정성 지각과 리더행동 간의 관계: 분배공정리더십과 절차공정 리더십의 차별 효과, 한국심리학회지: 산업 및 조직, 15(3), 113-112.

서용원 (1996). 산업 및 조직심리학에서의 비교문화 연구. 한국심리학회 동계연구세미나: 심리학에서의 비교문화 연구. 165-185.

서용원 (1997). 자율과 존중의 리더십. 박영석·김명언(편). 한국기업문화의 이해. 서울: 오롬.

서철현 (1998). 신뢰가 종사원의 직무몰입에 미치는 영향과 직무만족의 매개역할에 관란 연구. 대한 관관경영학회, 12, 53-74.

신유근 (1993). 21세기를 향한 한국기업의 경영구상, 서강하버드비지니스, 51, 28-35.

오인수 (2001). 조직시민행동 관련 변인의 고찰과 측정, 한국심리학회지: 산업 및 조직, 14(3), 57-82.

옥용재·서용원 (2000). 부하에 대한 상사의 신뢰행동 요인 및 효과, 한국 산업 및 조직심리학회 추계 학술대회 발표 논문집.

원숙연 (2000). 조직구성원 간 신뢰와 "연줄": 사회적 범주화를 중심으로 한국행정학보, 34(2).

이규태 (1981). 한국인의 의식구조. 문리사.

이규태 (1883). 속 한국인의 의식구조. 신원문화사.

이동섭 (1997). 조직구성원 간 신뢰형성의 영향요인 및 결과에 관한 연구. 서울대학교 대학원 석사학위논문.

이영석 (1999). 구조조정 후의 조직안정화를 위한 신뢰 증진 프로그램 개발 사례, 한국인재개발종합 대회 발표 논문집, 한국능률협회,

이영석 (2002). 신뢰증진 프로그램. ORP연구소.

이영석·김명언·서용원 (1999). 회사신뢰/불신 척도개발과 신뢰/불신의 이차원 검증, 한국산업 및 조직심리학회 추계학술대회 발표논문집.

이재연·차동욱 (2003). 신뢰의 영향요인 및 결과에 관한 연구. 한국인사관리학회: 인사관리연구, 27(3), 251-279.

이종한 (1998). 직장인의 분배원리 선호에 대한 집단주의-개인주의 관점에서의 분석. 한국심리학회지: 사회 및 성격, 12(1), 1-16.

이주일 (2001). 조직에서의 정서: 리더와 구성원 간의 신뢰와 불신을 중심으로. 한국심리학회지: 일반, 20(1), 91-128.

정기산 (2002). 중간관리자의 유형별 행동특성과 신뢰와의 관계. 박사학위청구논문: 서울대학교 대학원.

조영호 조윤형 안지혜 (2000). 조직구성원의 개인주의-집합주의 성향과 심리적 계약에 관한 연구, 한국 심리학회지; 산업 및 조직, 15(3), 89-112.

최대정·박동건 (2002). 가성화된 조직의 환경특성, 신뢰 및 협력행동 간의 관계, 한국심리학회지: 산업 및 조직, 15(2), 123-150.

최연철·김철영·강인원 (2001). 조종사와 항공교통관제사 간의 상호의존성, 신뢰, 협력, 관계의 효과성에 관한 연구, 운항학회지, 9, 5-13.

최상진 (2000). 한국인 심리학. 중앙대학교 출판부.

최성원 (1999). 신뢰와 불신의 개념적 독립성과 그 선행 요인의 차별성에 관한 연구. 연세대학교대학원 석사학위논문.

최창회 (1994). 조직시민행동의 차원규명, 그리고 조직공정성 및 개인 주의-집단주의 성향과의 관계, 서울대학교 대학원 석사논문.

한국생산성본부 (1999). 신뢰경영과 21세기 기업의 생산성, 한국생산성 본부.

한덕웅 (2002). 집단행동이론. 서울: 시그마 프레스.

한덕웅 (2003). 인간의 동기심리. 발행예정.

홍대식 (1997). 한국 기업에서의 연고주의. 김명언, 박영석편, 한국기 업문화의 이해, 218-277. 서울: 오롬.

Adler, P. A., & Adler, P. (1988). Intense loyalty in orgnizations: A case study of college athletics. *Administrative Science Quarterly, 33,* 401-417.

Ajzen, A., & Fishbein, M. (1980). *Understanding attitudes and predicting social behavior.* Englewood Cliffs. NJ: Prentice-Hall.

Alexander, S., & Ruderman, M. (1987). The role of procedural justice and distributive justice in organizational behavior. *Social Justice Research, 1,* 177-197.

Allen, N. J., & Meyer, J. P. (1990). The measurement and antecedents of affective, continuance and normative commitment to the organization. *Journal of Occupatioal Psychology, 63,* 1-18.

Allen, N. J., & Meyer, J. P. (1996). Affective, continuance, and normative commitment to the organization: An examination of construct validity. *Journal of Vocational Behavior, 49,* 252-276.

Bachrach, D. G., Bendoly, E., & Podsakoff, P. M. (2001). Attributions of the "Causes" or group performance as an explanation of the organizational citizenship behavior/organizational performance relationship. *Journal of Applied Psychology, 86,* 1285-1293.

Barber, B. (1983). *The logic and limits of trust.* New Brunswick, NJ: Rutgers University Press.

Barney, J. B., & Hansen, M. H. (1994). Trust worthiness as a source of competitive edge. *Strategic Management Journal, 15,* 175-190.

Baron, R. M. & Kenny, D. A. (1986). The moderator-mediator variable distinction in social psychological research: Conceptual, strategic, and statistical considerations, *Journal of Personality & Social Psychology, vol.51(6),* 1173-1182.

Bass, B. M. (1985). *Leadership and performance beyond expectations.* New York: Free Press.

Bass, B. M. (1990). From transactional to transformational leadership: learning to share the vision. *Organizational Dynamics, 18*(3), 179-189.

Bass, B. M., & Avolio, B. J. (1990). Developing transformational leadership: 1992 and beyond. *Journal of European Industrial Training, 14,* 21-27.

Bateman, T. S., & Organ, D. W. (1983). Job satisfaction and the good soldier: The relationship between affect and employee citizenship. *Academy of Management Journal, 26,* 587-595.

Becker, H. S. (1960). Notes on the concept of commitment. *American Journal of Sociology, 66.*

Bentler, Peter M. & Bonett, Douglas G. (1983). Goodness-of-fit procedures for the evaluation and selection of log-linear models, *Psychological Bulletin, vol.93(1),* 149-166.

Bies, R. J. & Moag, J. S. (1986). Interactional justice: The management or moral outage. In L. L. Cummings & B. M. Staw (Eds.), *Research in organizational behavior, 9,* 289-319. Greenwich, CT: JAI Press.

Blau, G. J. (1964). *Exchange and power in social life.* New York: John Wiley & Sons, Inc.

Blomqvist, K. (1997). The many faces of trust, *Scandinavian Journal of Management, 13*(3).

Brief, A. P., & Motowidlo, S. J. (1986). Prosocial organizational behaviors. *Academy of Management Review, 10,* 710-725.

Buchanan, B. (1974). Building organizational commitment: The socialization on of managers in work organization, *Administrative Science Quarterly, 19.* 533-546.

Burns, J. M. (1978). *Leadership.* New York: Harper & Row.

Butler, J. K. (1991). Toward understanding and measuring conditions of trust: Evolution of a conditions of trust inventory. *Journal of Management, 17,* 643-663.

Butler, J. K. Jr., & Cantrell R. S. (1984). A behavioral decision theory approach to modeling dyadic trust in superiors and subordinates. *Psychological Reports, 55,* 19-28.

Carnevale, D. G. (1995). *Trustworthy Government.* San Francisco: Jossey-Bass.

Carnevale, D. G., & Wechsler, B. (1992). Trust in public sector. *Administration and Society, 23,* 471-495.

Carroll, B. A. (1979). A three-dimensional conceptual model of corporate social performance. *Academy of Management Review, 4,* 497-505.

Carroll, B. A. (1999). Corporate social responsibility, *Business and Society, 38*(2), 268-295.

Chen, Z. X.. Tsui, A. S., Farh, J. L. (2002). Loyalty to supervisor vs. organizational commitment: Relationships to employee performance in China. *Journal of Occupational & Organizational Psychology, 75*(3), 339-357.

Clark, M. C., & Payne, R. L. (1997). The nature and structure of workers' trust in management, *Journal of Organizational Behavior, 18,* 205-224.

Cohen, S. G., Ledford, G. E. & Spreitzer, G. M. (1996). A predictive model of self-managing work team effectiveness, *Human Relations, vol.49(5),* Special Issue: Organizational change in corporate settings. 643-676.

Coleman, T. S. (1990), Foundations of social theory, Cambridge, MA. Harvard Buseness Press.

Collins, J. (2002). Good to Great, harperbusiness.

Comley, P. (1998a). On-Line research? some options, some, problem, some case studies. *Proceedings of the ASC International Conference, a satellite meeting for Compstat98.*(김광용, 김기수 (1999). 웹 설문조사의 기술적 방법론적 문제에 관한 연구에서 재인용).

Conlon, E. J., & Mayer, R. C. (1994). The effect of trust on principal-agent dyads: An empirical investigation of stewardship and agency. Paper presented at the annual meeting of the Academy of Management, Dallas, TX.(Mayer, Davis, & Schoorman, (1995) 재인용)

Cook, J., & Wall, T. (1980). New work attitude measures of trust, organizational commitment, and personal need nonfulfillment. *Journal of Occupational Psychology, 53,* 39-52.

Covey, S. R. (1989). *Seven habits of highly effective people*(김경섭 역), Frankiln covey co. NY.

Cumming, L. L., & Bromiley, P. (1996). The organizational trust inventory(OTI): Development and validation. In R. M. Kramer, and T. R. Tyler (Eds.), *Trust in Organizations,* Thousand Oaks, CA: Sage, 302-330.

Currall, S. C. (1990). *The role of interpersonal trust in work relationship.* Unpublished Doctoral Dissertation. Cornell University.

Curry, J. P., Wakefield, D. S., Price, J. L. & Muller C. W.(1986). On the casual ordering of job satisfaction and organizatiol commitment, *Academy of Management Journal, 29,* 847-858.

Daley, D. M. & Vasu, M. L. (1998). Fostering organizational trust in North Carolina: the pivotal role of administrator and political leaders: *Administation & Society, 30(1),* 62-83.

Das, T. K. & Teng, Bing-Sheng (1998) Between trust and control: Developing confidence in partner cooperation in alliances, *Academy of Management Review, vol.23(3),* 491-512.

Davis-Blake, A., & Pfeffer, J. (1989). Just a mirage. The search for dispositional effects in organizational research. *Academy of*

Management Review, 14, 385-400.

Davis, J. H., Schoorman, F. D., Mayer, R. C., & Tan, H. H. (2000). The trusted general manager and business unit performance: empirical evidence of a competitive advantage, *Strategic Management Journal, 21*: 563-576.

Dean, J, W. & K. Sharfman. (1996). Does Decision Process Matter? A study of Strategic Desision_Making Effectiveness, *Academy of Management Jouranal, 39, 368_396.*

Decotiis, T. A. & Summers, T. P. (1987). A path analysis of a model of the antecedents and consequences of organizational commitment. *Human Relations, 40,* 445-470.

Deluga, Ronald J. (1994). Supervisor trust building, leader^member exchange and organizational citizenship behaviour, *Journal of Occupational & Organizational Psychology, vol.67(4),* 315-326.

Deutsch, M. (1960). The effect of motivational orientation upon trust and suspicion. *Human Relation, 13,* 123-139.

Dirks, Kurt T. (1999). The Effects of interpersonal trust on work group performance, *Journal of Applied Psychology. Vol.84*(3). 445-455.

Doney, P. M., & Cannon, J. P. (1997). An examination of trust in buyer-supplier relationships, *Journal of Marketing, 2,* April. 35-53.

Doney, P. M., Cannon, J. P., & Mullen, M. R. (1998). Understanding the influence of national culture on the development of trust, *Academy of Management Review, 23*(3), 601-621.

Dunphy, D. & Bryant, B. (1996). Teams: panaceas or prescriptions for improved performance?, *Human Relations, vol.49(5)*, Special Issue: Organizational change in corporate settings. 677–699.

Eisenberger, R., Fasolo, P. & Davis–LaMastro, V. (1990). Perceived organizatioal support. *Journal of Applied Psychology, 71,* 500–507.

Eken, P. P. (1974). *Social exchange theory: Two traditions.* Princeton, NJ: Princeton University Press.

Farling, M. L., Stone, A. G., & Winstone, B. E. (1999). Servant leadership: Setting the stage for empirical research. *The Journal of Leadership Studies, 6(1).*

Farnham, A. (1989). The trust gap. *Fortune,* Vol.35(December 4), 56–78.

Feldman, D. C. (1982). The multiple socialization of organization members. *Academy of Management Review, 6,* 309–318.

Folger, R. & Konovsky, M. A. (1989). Effects of procedural and distributive justice on reactions to pay raise decisions, *Academy of Management Journal, vol.32(1),* 115–130.

Fukuyama, F. (1995). *Trust: The social virtues and the creation of prosperity.* New York: Free Press Paperbacks.

Full, J., Brief, A. P., & Barr, S. H. (1985). Trust in supervisor and perceived fairness and accuracy of performance evaluation. *Journal of Business Research, 13,* 299–313.

Gabarro, J. J. (1978). The development of trust influence and expectations. In A. G. Athos, & J. J. Gabarro (Eds.),

Interpersonal behavior: Communication and understanding in relationships(pp.290-303). Englewood Cliffs, NJ: Prentice Hall.

Gambetta, D. (1988). Can we trust ♠ trust? In D. Gambetta(Ed.), *Trust: making and breaking cooperation relations,* 213-237. New York: Basil Blackwell.

Ghoshal, S. & C. A. Bartlett (1995). Changing the role of the top management: Beyond structure to process, *Harvard Business Review, January-February,* 86-96.

Gibb, J., & Gibb, L (1969). Role freedom in a TORI group. In A. Burton(Ed.), *Encounter theory and practice of encounter groups,* 42-57. San Francisco: Jossey-Bass.

Giffin, K. (1967). The contribution of studies of source credibility to a theory of interpersonal trust in the communication process. *Psychological Bulletin, 68*(2), 104-120.

Greenberg, J. (1986). Determinants of perceived fairness of performance evaluations. *Journal of Applied Psychology, 71(2).* 340-342.

Hackman, J. R. & Oldham, G. R. (1986). Motivation through the design of work: A test of a theory. *Organizational Behavior and Human Performance, 16,* 250-279.

Hair, Jr. J. F., Anderson, R. E., Tatham, R. L., & Black, W. C.(1995). *Multivariate data analysis*(pp.205). Englewood Cliffs, NJ: Prentice Hall.

Han, S., & Ahn, C. (1990). Collectivism and its relationships to age, education, mode of marriage and living in korea, *한국심리학*

회지: 사회, 5(1), 116-128.

Hardin, R. (1996). Trustworthiness. *Ethics,* 107(pp. 26-42).

Hart, K. M., Capps, H. R., Cangemi, J. P., & Caillouet, L. M. (1986). Exploring organizational trust and its multiple dimensions: A case study of general motors. *Organization Development Journal.* 4(2), 31-39.

Hofstede, G. (1980). *Culture's consequences: Intentional differences in work related values.* Beverly Hills, CA: Sage.

Hofstede, G. (1983). National cultures revisited, *Behavior Science Research, vol.18(4),* 285-305.

Holmes, J. G. (1981). The exchange process in close relations: Microbehavior and Macromotives. In M. J. Lerner & S. C. Lerner (Eds.), *The justice motive in social behavior,* 261-284. New York: Plenum.

Hosmer, L. T. (1995). Trust: The connecting link between organizational theory and philosophical ethics. *Academy of Management Review, 20*(2), 379-403.

Husted, B. W. (1989). Trust in business relatives: Direction for empirical research. *Business & Professional Ethics Journal, 8,* 23-40.

Hwang, P. & Burgers, W. (1997). Properties of Trust: An analytic view. Processes, 69, 67-73.

Jacqueline, A., Gilbert, Thomas Li-Ping Tang (1998). An examination of organizational trust antecedents, *Public Personnel Management, 27*(3), Fall, 321-336.

Johnson-George, C., & Swap, W. C. (1982). Measurement of specific interpersonal trust: Construction and validation of a scale to assess trust in a specific other. *Journal of Personality and Social Psychology, 43,* 1306-1317.

Jones, A., James, L., & Bruni, J. (1975). Perceived leadership behavior and employee confidence in the leader as moderrated by involvement. *Journal of Applied Psychology, 60,* 146-149.

Kanter, R. M. (1988). *When giants learn to dance.* New York: Simon & Schuster.

Katz, D., & Kahn, R. L. (1978). *The social psychology of organizations* (2nd ed.), New York: John Wiley & Wiley.

Kee, Herbert W. & Knox, Robert E. (1970). Conceptual and methodological considerations in the study of trust and suspicion, *Journal of Conflict Resolution, Vol.14(3),* 357-366.

Koh, W. L., Steers, R. M., & Terborg, J. R. (1995). The effects of transformational leadership on teacher attitudes and student performance in Singapore. *Journal of Organizational Behavior, 16,* 319-333.

Konovsky, M. A., & Pugh, S. D. (1994). Citizenship behavior and social exchange. *Academy of Management Journal, 37,* 656-669.

Koys, D. J., & DeCotiis, T. A. (1991). Inductive measures of psychological climate. *Human Relations, 44,* 265-283.

Kramer, R. M. (1999). Trust and distrust in organizations: Emerging perspectives, enduring questions. *Annual Review of Psychology, 50,* 569-598.

Kramer, R. M., & Tyler, T. R. (1996). *Trust in organizations: Frontiers of theory and research*. Thousand Oaks CA: Sage.

Lane, C. (1998). Introduction: Theories and issues in the study of trust. In C. Lane, & R. Bachmann (Eds.), *Trust within and between organizations: Conceptual issues and empirical applications*. Oxford University Press.

Leiter, Michael P. & Maslach, Christina. (1988). The impact of interpersonal environment on burnout and organizational commitment, *Journal of Organizational Behavior, vol.9(4)*, 297-308.

Leventhal, G. S. (1976). The distribution of rewards and resources in group and organizations. In L. Berkowitz & E. Walster (Eds.), *Advances in experimental social psychology*. New York: Academic Press, 211-239.

Levering, R. (2000). *A great place to work: What makes some employers so good(and most so bad)*. San Francisco: A great place to work institute.

Lewicki, R. J., & Bunker, B. B. (1995). Trust in relationships: A model of trust development and decline. In B. B. Bunker, & J. Z. Rubin (Eds.), *Conflict, cooperation and justice*. San Francisco: Jossey-Bass.

Lewicki, R. J., & Bunker, B. B. (1996). Developing and maintaining trust in work relationships. In R. M. Kramer, & T. R. Tyler (Eds.), *Trust in organizations: Frontiers of theory and research*, 114-139. Thousand Oaksm CA: Sage.

Lewicki, R. J., McAllister, D. J., & Bies, R. J. (1998). Trust and distrust: New relationships and realities. *Academy of Management Review, 23*(3), 438-458.

Lewis, J. D., & Weigert, A. (1985). Trust as a social reality. *Social Forces, 63,* 967-985.

Lieberman, J. K. (1981). *The litigious society,* New York: Basil Books.

Lind. A.. & Tyler, T. (1988). *The social psychology of procedural justice.* New York: Plenum Press.

Luhmann, N. (1979). *Trust and power.* London. Wiley.

MaCauley, D. P., & Kuhnert, K. W. (1992). A theoretical review and empirical investigation of employee trust in management. *Public Administration Quarterly, 16*(2): 265-285.

MacNeil, I. R. (1985). Relational contract: What we do and do not know. *Wisconsin Law Review,* 483-525.

Markus, H. R. & Kitayama, S. (1991). Culture and the self: Implication for cognition, emotion and motivation. *Psychological Review, 98,* 224-253.

Marshall, E. M. (2003). 속도와 신뢰경영. (이영석, 오동근 역). 서울: 시그마 프레스. (원전은 1999).

Mathieu, J., & Zajac, D. (1990). A review and meta-analysis of the antecedent, correlates, and consequences of organizational commitment. *Psychological Bulletin, 2,* 171-194.

Mayer, R. C., Davis, J. H., & Schoorman, F. D. (1995). An integrative model of organizational trust. *Academy of Management Review, 20,* 709-734.

McAllister, D. J. (1995). Affect and cognition based trust as foundations for interpersonal cooperation in organizations. *Academy of Management Journal, 38,* 24-59.

McFall, L. (1987). Integrity. *Ethics, 98,* 5-20.

McKnight, H., Cummings, L. L., & Chervany, N. (1998). Initial trust formation in new organizational relationships. *Academy of Management Review, 23,* 473-490.

Meyer, J. P. & Allen, N. J. (1990). The measurement and antecedents of affective, continuance and normative commitment to the organization. *Journal of Occupational Psychology, Vol.63 Issue 1,* 1-18.

Meyer, J. P. & Allen, N. J. (1991). A three-component conceptualization of organizational commitment. *Human Resource Management Review, 1,* 61-89.

Meyer, J. P., & Allen, N. J. (1997). *Commitment in the workplace: Theory, research, and application.* Thousand Oaks, CA: Sage.

Mishra, A. K. (1993). Breaking down organizational boundaries during crisis: The role of mutual trust. Paper presented at the 1993 Academy of Management Meeting, Atlanta, GA.

Mishra, A. K., & Mishra, K. E. (1994). The role of mutual trust in effective downsizing strategies, *Human Resource Management, 33*(2), 261-279.

Mishra, A. K., & Spreitzen, G. M. (1998). Explain how survivors respond to downsizing: The role of trust, empowerment, justice, and work redesign. *Academy of Management Review,*

23, 567-588.

Mishra, J., & Morrissey, M. A. (1990). Trust in employee/employer relationship: A survey of west Michigan managers. *Public Personnel Management, 19*, 443-485.

Moorman, C., Deshpande, R., & Zaltman, G. (1993). Factors affecting trust in market research relationships. *Journal of Marketing, 57*(January), 81-101.

Niehoff, B. P., & Moorman, R. H. (1993). Justice as a mediator of the relationship between methods of monitoring and organizational citizenship behavior. *Academy of Management Journal, 36*, 527-556.

O'Malley, M. (1999). *Creating commitment: How to attract and retain talented employees by building relationships that last.* NY: John Wiley & Sons.

O'Reilly, C. A. & Pfeffer, J. (2002). *Hidden value: How great companies achieve extraordinary results with ordinary people.* Boston: Harvard Business School Press.

Organ, D. W. (1988). *Organizational citizenship behavior: The good soldier syndrome.* Lexington, MA: Lexington Books.

Organ, D. W. (1990). The motivational basis of organizational citizenship behavior. In B. M. Staw, & L. L. Cumming (Eds.), *Research in organizational behavior, 12*, 43-72. Greenwich, CT; JAI Press.

Pfeffer, J. (1994). *Competitive advantage through people: Unleashing the power of the workforce.* Boston: Harvard Business School.

Pfeffer, J. (2002). *The human equation: Building profits by putting people first.* Boston: Harvard Business School Press.

Pillai, R., Schriesheim, C. A. & Williams, E. S. (1999). Fairness perceptions and trust as mediators for transformational and transactional leadership: A two-sample study, *Journal of Management, vol.25(6)*, 897-933.

Podsakoff, P. M., & MacKenzie, S. B. (1989). *The structure of organizational citizenship behavior.* Unpublished manuscript. Indiana University, Bloominton, IN.

Podsakoff, P. M., MacKenzie, S. B., & Bommer, W. H. (1996). Transformational leader behaviors and subsitutes for leadership as determinants of employee satisfaction, commitment, trust and organizational citizenship behavior. *Journal of Management, 22(2)*, 259-298.

Podsakoff, P. M., Mackenzie, S. B., Moorman, R. M., & Fetter, R. (1990). Transformational leader behaviors and their effect on followers' trust in leader, satisfaction, and organizational citizenship behaviors. *Leadership Quarterly, 1*, 107-142.

Porter, L. W., Steer, R. M., Mowday, R. T., & Boulian, P. V. (1974). Organizational commitment, job satisfaction, and turnover among pstchiatric thechnicial. *Journal of Applied Psychology, 59*, 465-476.

Puffer, S. M. (1987). Prosocial behavior, noncompliant behavior, and work performance among commission salespeople. *Journal of Applied Psychology, 72*, 615-621.

Ring, P. S., & Van de Ven, A. H. (1994). Developmental processes of cooperative interorganizational relationships. *Academy of Management Review, 19,* 90-118.

Roberts, K. H., & O'Reilly, C. A. (1974). Measuring organizational communication. *Journal of Applied Psychology, 59*(3), 323-326.

Robinson, S. L., & Rousseau, D. M. (1994). Violating the psychological contract: Not the exception but the norm. *Journal of Organization Behavior, 15,* 245-259.

Rosen, B., & Jerdee, T. H. (1977). Influence of subordinate characteristics on trust and use of participative decision strategies in a management simulation. *Journal of Applied Psychology, 62,* 628-631.

Rotter, J. B. (1967). A new scale for the measurement of interpersonal trust. *Journal of Personality, 35,* 651-665.

Rotter, J. B. (1971). Generalized expectancies for interpretation trust. *American Psychologist, 26,* 443-452.

Rousseau, D. K. & Parks, J. (1993). The contracts of individuals and organizations IN L. L. Cummings & B. M. Staw (Eds.), *Research in organizational behavior, 15,* 1-47. Greenwich, CT: JAI Press.

Rousseau, D. M., Sitkin, S. B., Burt, R. S., & Camerer, C. (1998). Not so different after all: A cross-discipline view of trust. *The Academy of Management Review, 23*(3), 393-404.

Russell, R. F. (2000). The role of value in servant leadership. *Leadership & Organizational Development Journal, 22*(2).

Ryan, Kathleen D., & Oestreich, D. K. (1998). *Driving fear out of the workplace: Creating the high-trust, high-performance organization.* San Francisco: Jossey-Bass Publishers.

Scott, C. L., III. (1980). Interpersonal trust: A comparison of attitudinal and situational factor. *Human Relations, 33,* 805-812.

Scott, S. G. & Bruce, R. A. (1994). Determinants of innovative behavior: A path model of individual innovation in the workplace, *Academy of Management Journal, vol.37(3),* 580-607.

Shamir, B., House, R. J., & Arthur, M. B. (1993). The motivational effects of charismatic leadership: A self-concept based theory. *Organization Science, 4*(4), 585.

Shaw, R. B. (1997). *Trust in the balance,* Jossey-Bass CA.

Shandler, D. (2002). 핵심역량과 학습조직 (이영석, 오인수 역). 서울, 시그마프레스, (원전은 2000에 출간).

Sitkin, S. B. (1995). On the positive effects of legalization on trust. *Research Negotiation in Organization, 5,* 185-217.

Sitkin, S. B., & Roth, N. L. (1993). Explaining the limited effectiveness of legalistic "remedies" for trust/distrust. *Organization Science, 4,* 367-392.

Smith, C. A., Organ, D. W., & Near, J. P. (1983). Organizational citizenship behavior: Its nature and antecedents. *Journal of Applied Psychology, 68,* 653-663.

Smith, K. G. Carroll, S. J. & Ashford, S. J. (1995). Intra and interorganizational cooperation: Toward a research agenda.

Academy of Management journal. 38(1), 7-23.

Steers, R. M. (1977). Antecedents and Outcomes of Organizational Commitment. *Administrative Science Quarterly, 22*(1), 46-56.

Steiger, J. M. (1990). Structural model evaluation and modification: An internal estimation approach, *Multivariate Behavioral Research, 25(2)*, 173-180.

Swan, J., Trawick. I., Rick, D., & Richard, J. (1988). Measuring dimensions of purchaser trust of industrial salespeople. *Journal of Personal Selling and Sales Management, 8*, 1-9.

Trandis, H. C. (1989). The self and social behavior in differing cultural contexts, *Psychological Review, 95*, 506-520.

Trandis, H. C., Leung, K., Villareal, M. J., & Clark, F. L. (1985). Allocentric versus ideocentric tendencies convergent and discriminant validation. *Journal of Research in Personality, 19*, 395-415.

Triandis, H. C. (1995). Individualism and collectivism. Boulder, Co: Westview Press. Walster, E., Walster, G. W., & Bersheid, E. (1978). *Equity: Theory and research.*

Triandis, H. C., Bontempo, R., Villareal, M. J., Asai, M., & Lucca, M. (1988). Individualism and collectivism: Cross-cultural perspectives on self-ingroup relationships. *Journal of Personality and Social Psychology, 54*, 323-338.

Tway, D. C., & Davis, L. N. (1993). Leadership as trust building. Communication and trust. Presentation to Ength Annual Texas Confernce on Organization, Lago Vista, TX.

Waitley, Denis. (1995). *Empires of the mind: Lessons to lead and succeed in a knowledge-based world.* NY: William Norrow and Company, Inc.

Weidner, C. Ken, Ii (1997). Trust and distrust at work: Normative and dyad-exchange influences on individual and subunit performance. Dissertation paper. University of Illinois.

Werther, W. B. Jr (1988). Loyalty at work, *Business Horizons, March-April,* 28-35.

Whitener, E. M., Brodt, S. E., Korsgaard, M. A., & Werner, J. M. (1998). Managers as initiators of trust: An exchange relationship framework for understanding managerial trustworthy behavior. *Academy of Management Review, 23*(3), 513-530.

Whitney, J. O. (1994). *The trust factor.* New York: McGraw Hill.

Wicks, A. C., Berman, S. L., & Jones, T. M. (1998). The structure of optimal trust: moral and strategic implications. *Academy of Management Review, 24*(1), 99-116.

Wong, Y. T., Wong, C. S., & Ngo, H. Y. (2002). Loyalty to supervisor and trust in supervisor of workers in Chinese joint ventures: A test of two competing models. *International Journal of Human Resource Management: 13*(6), 883-901.

Zaleznik, A. (1977). Managers and leaders, are they different?. *Harvard Business Review, 55*(5), 67-78.

Zand, D. E. (1972). Trust and managerial problem solving. *Administrative Science Quarterly, 17,* 229-239.

Zand, D. E. (1981). *Information, organization, and power.* New

York: McGraw-Hill.

Zuker, L. G. (1986). Production of trust: Institutional sources of economic structure 1840-1920. In B. M. Staw and L. L. Cummings (ed.), *Reaearch in organizational behavior.* 8, 53-111. Greenwich, CT: JAI Press.

사원생활설문

본 설문조사의 목적은 구성원들의 전반적인 회사생활인식에 대한 설문입니다.

다음 페이지부터 제시되는 문항들을 잘 읽으시고 제시된 응답 요령에 따라 **"귀하의 생각"을 솔직하게 답해 주시기 바랍니다.**

본 설문에는 정답이나 오답이 있을 수 없으며 귀하의 의견은 익명으로 처리되어 통계적인 방법으로 분석됩니다. 따라서 가능한 정확하게,

한 문항도 빠짐없이 응답해 주시기 바랍니다.

귀중한 시간을 내주신 것에 감사드리며 분석 결과는 여과 없이 경영층과 직원 여러분과 공유할 것을 약속드립니다.

다시 한번 성실하게 응답해 주실 것을 부탁드립니다.

감사합니다.

L 주식회사

번호	문 항	전혀 그렇지 않다	그렇지 않다	별로 그렇지 않다	반반 이다	약간 그렇다	그렇다	매우 그렇다
1	우리 회사는 전반적으로 복리후생 제도가 잘 되어 있다.	1	2	3	4	5	6	7
2	우리 회사는 사원들의 가정생활이 원만하도록 세밀하게 배려한다.	1	2	3	4	5	6	7
3	우리 회사는 사원에 대한 고충처리 제도가 잘 이루어져 있다.	1	2	3	4	5	6	7
4	우리 회사는 나에게 안정된 일자리를 제공하기 위해 노력하고 있다.	1	2	3	4	5	6	7
5	우리 회사는 망하지 않을 것이다.	1	2	3	4	5	6	7
6	우리 회사를 다님으로써 생활의 안정감을 얻을 수 있다.	1	2	3	4	5	6	7
7	우리 회사의 장래는 매우 밝다.	1	2	3	4	5	6	7
8	우리 회사는 어려운 경영환경 속에서도 봉급과 상여를 제때에 지급할 것이다.	1	2	3	4	5	6	7
9	우리 회사는 직원들과의 약속을 잘 지킨다.	1	2	3	4	5	6	7
10	우리 회사에서는 정해진 규정과 기준에 따라 업무수행이 이루어진다.	1	2	3	4	5	6	7
11	우리 회사는 복지시설이 잘 되어 있다.	1	2	3	4	5	6	7
12	우리 회사는 성공적인 업무수행 시 그 노력과 성과를 인정해 준다.	1	2	3	4	5	6	7
13	우리 회사는 최선을 다해 업무수행을 한 경우 실수가 있더라도 인정해 준다.	1	2	3	4	5	6	7
14	우리 회사는 나를 인격적으로 존중해 준다.	1	2	3	4	5	6	7
15	우리 회사는 사원들을 회사의 자산으로 인식하고 있다.	1	2	3	4	5	6	7
16	우리 회사는 나 자신이 성장할 수 있는 기회를 제공하고 있다.	1	2	3	4	5	6	7
17	나는 우리 회사에서 일함으로써 성취감을 느낀다.	1	2	3	4	5	6	7
18	나는 우리 회사의 사회에 대한 기여와 봉사에 대해 자부심을 느낀다.	1	2	3	4	5	6	7
19	우리 회사는 우리나라 경제 발전에 기여하고 있다.	1	2	3	4	5	6	7
20	우리 회사는 환경친화적인 기업이다.	1	2	3	4	5	6	7
21	우리 회사에서는 나의 성장에 도움이 될 수 있는 교육 기회를 제공한다.	1	2	3	4	5	6	7

번호	문 항	전혀 그렇지 않다	그렇지 않다	별로 그렇지 않다.	반반 이다	약간 그렇다	그렇다	매우 그렇다
22	우리 회사는 편안한 마음으로 일할 수 있는 분위기가 되어 있다.	1	2	3	4	5	6	7
23	우리 회사는 도전과 모험이 장려되는 조직이다.	1	2	3	4	5	6	7
24	우리 회사는 경영환경에 유연하게 대응하는 조직이다.	1	2	3	4	5	6	7
25	우리 회사에서는 각종 제도들이 상충되지 않고 일관된 방향으로 운영되고 있다.	1	2	3	4	5	6	7
26	우리 회사의 각종 정책이나 제도들은 직급에 상관없이 일관되게 적용된다.	1	2	3	4	5	6	7
27	우리 회사는 상황이 동일할 때는 같은 방식으로 일을 처리한다.	1	2	3	4	5	6	7
28	우리 회사는 혁신적이고 창의적인 조직이다.	1	2	3	4	5	6	7
29	우리 회사의 각종 정책이나 제도들은 시간이 바뀌어도 일관되게 운영된다.	1	2	3	4	5	6	7
30	우리 회사에서는 비도덕적인 일을 하지 않는다.	1	2	3	4	5	6	7
31	우리 회사에서는 투명한 경영을 하고 있다.	1	2	3	4	5	6	7
32	우리 회사에서는 동료 간에 지식 공유가 잘 이루어지고 있다.	1	2	3	4	5	6	7
33	우리 회사에서 나는 상사들로부터 많은 것을 배우고 있다.	1	2	3	4	5	6	7
34	우리 회사에서는 정도 경영이 지켜지고 있다.	1	2	3	4	5	6	7
35	우리 회사에서는 중요한 기술(지식)이 전수되고 있다.	1	2	3	4	5	6	7
36	우리 회사는 내가 하고 있는 일과 관련된 기술(지식)의 축적을 위한 시스템이 갖추어져 있다.	1	2	3	4	5	6	7
37	우리 회사에서는 장기적 안목에서의 인력 수급이 체계적으로 이루어지고 있다.	1	2	3	4	5	6	7
38	우리 회사에서는 부서별 인원배분이 적절하다.	1	2	3	4	5	6	7
39	우리 회사의 사업부제는 효과적으로 운영되고 있다.	1	2	3	4	5	6	7
40	우리 회사에서 현재 운영되고 있는 팀제는 목적에 맞게 잘 운영되고 있다.	1	2	3	4	5	6	7
41	우리 회사의 각 부문(지원, 영업, 생산, 연구)은 긴밀한 관계를 유지하여 효율적으로 운영되고 있다.	1	2	3	4	5	6	7
42	우리 회사의 관리 역량(지원 부문)은 경쟁 우위를 가지고 있다.	1	2	3	4	5	6	7

번호	문 항	전혀 그렇지 않다	그렇지 않다	별로 그렇지 않다.	반반 이다	약간 그렇다	그렇다	매우 그렇다
43	우리 회사의 기술력(제조, 설계)은 경쟁 우위를 가지고 있다.	1	2	3	4	5	6	7
44	우리 회사의 R&D 기술력은 경쟁 우위를 가지고 있다.	1	2	3	4	5	6	7
45	우리 회사는 세계화 경쟁에 나설 수 있는 글로벌 역량을 가지고 있다.	1	2	3	4	5	6	7
46	우리 회사의 마케팅력은 경쟁 우위를 가지고 있다.	1	2	3	4	5	6	7
47	우리 회사에서 같이 근무하는 동료들과의 관계는 돈독하다.	1	2	3	4	5	6	7
48	우리 회사에서 만난 사람들은 내 인생에 있어 도움이 되는 사람들이다.	1	2	3	4	5	6	7

◎아래 진술문 가운데 우리 회사를 잘 표현하고 있다고 생각되는 문항을
모두 골라 해당 번호에 ○표 해 주십시오.

(1) 우리 회사는 사원들에 대해 배려를 하는 회사이다							
(2) 우리 회사는 안정적인 회사이다.							
(3) 우리 회사는 사원과의 약속을 잘 이행하는 회사이다.							
(4) 우리 회사는 사원들을 존중해 주는 회사이다.							
(5) 우리 회사에서는 사원들이 성장할 수 있도록 해 준다.							
(6) 우리 회사는 사회에 기여를 하고 있다.							
(7) 우리 회사는 활성화된 회사이다.							
(8) 우리 회사의 정책이나 제도는 일관성 있게 시행되고 적용된다.							
(9) 우리 회사는 도덕적인 회사이다.							
(10) 우리 회사는 지식을 축적하고 공유하는 데 익숙한 회사이다.							
(11) 우리 회사의 조직구조는 합리적으로 설계되어 있다.							
(13) 우리 회사는 경쟁 우위에 설 수 있는 역량을 가지고 있다.							

번호	문 항	전혀 그렇지 않다	그렇지 않다	별로 그렇지 않다.	반반 이다	약간 그렇다	그렇다	매우 그렇다
49	우리 회사는 회사의 이익을 위해서 사원들의 희생을 강요한다.	1	2	3	4	5	6	7
50	우리 회사에서는 일을 잘하는 사람보다 말을 잘하는 사람을 더 우대한다.	1	2	3	4	5	6	7
51	우리 회사에서는 사소한 잘못도 허용되지 않는다.	1	2	3	4	5	6	7
52	우리 회사에서는 회사의 이익을 위해서 개인의 인격을 무시하는 경우가 많다.	1	2	3	4	5	6	7
53	우리 회사에서는 나의 능력을 인정해 주지 않는다.	1	2	3	4	5	6	7
54	우리 회사는 회사의 이익을 위해서 지나친 경쟁심을 부추긴다.	1	2	3	4	5	6	7
55	우리 회사에서는 경영층에서 결정된 내용을 사원들이 자세하게 알 수 없다.	1	2	3	4	5	6	7
56	우리 회사는 각종 제도의 시행과 변경에 있어서 사원들의 의견을 반영하지 않는 편이다.	1	2	3	4	5	6	7
57	우리 회사의 정책이나 현황에 대해 설명하는 기회가 거의 없다.	1	2	3	4	5	6	7
58	우리 회사에서는 사원들의 창의적인 아이디어가 경영에 반영되지 않는다.	1	2	3	4	5	6	7
59	우리 회사는 노사 간 합의 사항을 거의 이행하지 않는다.	1	2	3	4	5	6	7
60	우리 회사에서 사원과의 약속을 이행하지 못할 때 사후 설명을 하거나 이해를 구하지 않는다.	1	2	3	4	5	6	7
61	우리 회사는 회사의 정책이나 약속을 믿고 따르게 하는 데 노력을 하지 않는다.	1	2	3	4	5	6	7
62	우리 회사에서는 효율적으로 업무를 수행할 수 있도록 시스템이나 절차가 구비되어 있지 않다.	1	2	3	4	5	6	7
63	우리 회사에서는 부서 간 업무 협조가 잘 이루어지지 않는다.	1	2	3	4	5	6	7
64	우리 회사의 업무처리 절차나 방법이 복잡하여 짜증이 나는 경우가 있다.	1	2	3	4	5	6	7
65	우리 회사에서는 업무수행 시 품질은 별로 고려되지 않는다.	1	2	3	4	5	6	7
66	우리 회사에서는 업무(작업) 진행 절차가 효율적이지 못하다.	1	2	3	4	5	6	7
67	우리 회사에서는 부서 배치나 전배가 불합리하게 이루어지고 있다.	1	2	3	4	5	6	7
68	우리 회사의 구성원들은 능력 발휘를 할 수 없는 곳에 배치된 경우가 많다.	1	2	3	4	5	6	7
69	우리 회사에서는 능력 있고 업무수행이 뛰어난 사람들이 대우받지 못하고 있다.	1	2	3	4	5	6	7

번호	문 항	전혀 그렇지 않다	그렇지 않다	별로 그렇지 않다.	반반 이다	약간 그렇다	그렇 다	매우 그렇다
70	우리 회사에서는 학연·지연에 의한 인사가 이루어지는 경향이 있다.	1	2	3	4	5	6	7
71	우리 회사의 구조조정 과정은 공정하고 투명하게 이루어지지 않았다.	1	2	3	4	5	6	7
72	우리 회사는 해야 할 일에 비해 인원이 적은 편이다.	1	2	3	4	5	6	7
73	우리 회사에서는 능력 있는 사람들이 승진에서 누락되는 경우가 있다.	1	2	3	4	5	6	7
74	우리 회사에서는 사원에게 적용되는 인사기준(방향)이 수시로 바뀐다.	1	2	3	4	5	6	7
75	우리 회사에서는 지속적 발전을 위한 합리화 투자가 없다.	1	2	3	4	5	6	7
76	우리 회사에서는 신사업에 대한 투자가 부족하다.	1	2	3	4	5	6	7
77	우리 회사에서는 경영정책을 일관되게 추진하지 않는다.	1	2	3	4	5	6	7
78	우리 회사는 성장을 위한 명확한 비전이 없다.	1	2	3	4	5	6	7
79	우리 회사에서는 전선부문과 기계부문 간에 차별을 두고 있다.	1	2	3	4	5	6	7
80	우리 회사에서는 회사에서 하고자 하는 일을 안 따라주면 불이익이 있어서 따를 수밖에 없다.	1	2	3	4	5	6	7
81	우리 회사 사원들은 비전에 대해서 주인의식을 느끼지 못한다.	1	2	3	4	5	6	7
82	우리 회사에서는 회사 정책이나 제도에 대해 수용할 수 없는 경우에도 의견을 제시할 수 없다.	1	2	3	4	5	6	7
83	우리 회사의 각종 제도의 시행과 변경은 일방적으로 이루어지는 경우가 많다.	1	2	3	4	5	6	7
84	우리 회사는 업무수행 시에 불편을 느낄 정도로 근무조건이 나쁘다.	1	2	3	4	5	6	7
85	우리 회사는 사원 개인이 누릴 수 있는 편의시설이 부족하다.	1	2	3	4	5	6	7
86	우리 회사를 위해 노력한 정도에 비해 내가 받고 있는 보상은 형편없다.	1	2	3	4	5	6	7
87	내가 맡고 있는 책임에 비해 받고 있는 보상은 불공정하다.	1	2	3	4	5	6	7
88	나의 업무수행의 결과에 비해 받고 있는 보상은 부족하다.	1	2	3	4	5	6	7
89	우리 회사에서 제공하고 있는 복리후생은 직원들의 원만한 가정생활을 하기에는 부족하다.	1	2	3	4	5	6	7
90	우리 회사의 사원들에 대한 근무 평가의 기준은 공정하지 못하다.	1	2	3	4	5	6	7

번호	문 항	전혀 그렇지 않다	그렇지 않다	별로 그렇지 않다.	반반 이다	약간 그렇다	그렇 다	매우 그렇다
91	우리 회사의 승진을 결정하는 기준이나 절차는 공정하지 못하다.	1	2	3	4	5	6	7
92	우리 회사의 봉급이나 보너스 인상 등을 결정하는 절차들은 공정하지 못하다.	1	2	3	4	5	6	7
93	우리 회사에서는 열심히 일을 해도 받는 보상은 별로 달라지지 않는다.	1	2	3	4	5	6	7
94	우리 회사에서는 일하는 데 필요한 물적 자원·인적 자원이 각 부서에 공평하게 배분되지 않는다.	1	2	3	4	5	6	7
95	우리 회사에서는 유언비어가 난무한다.	1	2	3	4	5	6	7
96	우리 회사의 사원들은 자신의 장래에 대한 불안감을 느끼고 있다.	1	2	3	4	5	6	7
97	나는 우리 회사의 앞으로의 운명이 불투명하여 불안하다.	1	2	3	4	5	6	7
98	내가 속한 부서 및 사업부에 대한 구조조정 가능성에 대해 불안감을 느끼고 있다.	1	2	3	4	5	6	7
99	우리 회사의 앞으로의 조직 분위기는 더 나빠질 것이다.	1	2	3	4	5	6	7
100	우리 회사에서 인원 및 사업을 퇴출·철수할까봐 불안하다.	1	2	3	4	5	6	7
101	우리 회사의 노경관계에 대한 앞으로의 전망은 부정적이다.	1	2	3	4	5	6	7
102	우리 회사에서는 고객의 이익보다 회사의 이익을 더 중요시한다.	1	2	3	4	5	6	7
103	우리 회사에서 표방하는 가치와 실제로 작용하는 가치는 일치되지 않는다.	1	2	3	4	5	6	7
104	우리 회사에서는 주주의 이익보다 회사의 이익을 더 중요시한다.	1	2	3	4	5	6	7
105	나는 우리 회사가 좋아서 회사를 계속 다닐 것이다.	1	2	3	4	5	6	7
106	나는 우리 회사에서 월급을 받는 만큼 다른 회사에서도 받을 수 있다면 회사를 옮길 것이다.	1	2	3	4	5	6	7
107	다른 회사에서 스카우트 제의를 한다면 나는 언제라도 회사를 그만둘 수 있다.	1	2	3	4	5	6	7
108	우리 회사에 근무하기로 결정한 것은 나에게 있어서 명백한 실수였다.	1	2	3	4	5	6	7
109	최근에 나는 주변으로부터 회사를 옮겨 보라는 권유를 받은 적이 있다.	1	2	3	4	5	6	7
110	나는 내가 담당하고 있는 업무를 통해서 자기 성장을 하고 있다고 느낀다.	1	2	3	4	5	6	7

번호	문 항	전혀 그렇지 않다	그렇지 않다	별로 그렇지 않다.	반반 이다	약간 그렇다	그렇 다	매우 그렇다
111	내가 담당하고 있는 일은 나의 경력 개발에 도움을 준다.	1	2	3	4	5	6	7
112	내가 맡고 있는 일은 나로 하여금 살맛나게 해 준다.	1	2	3	4	5	6	7
113	업무시간 외에도 내가 하고 싶어서 추가로 일을 한다.	1	2	3	4	5	6	7
114	종합적으로 판단할 때, 나는 내 직무에 만족한다.	1	2	3	4	5	6	7
115	나는 우리 회사의 중요한 구성원이다.	1	2	3	4	5	6	7
116	나는 우리 회사에 근무하는 것이 자랑스럽다.	1	2	3	4	5	6	7
117	나는 회사가 보다 잘되게 하기 위해 내가 맡은 보통 이상의 노력을 기울인다.	1	2	3	4	5	6	7
118	나는 우리 회사에 다니게 되어 기쁘다.	1	2	3	4	5	6	7
119	나의 친한 친구가 우리 회사에 들어오려 한다면 권장하겠다.	1	2	3	4	5	6	7
120	우리 회사에 대한 칭찬을 외부 사람에게서 들으면 개인적 칭찬을 받는 느낌이 든다.	1	2	3	4	5	6	7
121	회사에 대해 말할 때 항상 '우리'라는 표현을 쓴다.	1	2	3	4	5	6	7
122	대중 매체에서 회사를 비난하는 보도를 하면 자신에 대한 비난을 하는 것 같아 당혹스럽다.	1	2	3	4	5	6	7
123	나는 나의 남은 회사생활을 우리 회사에서 했으면 좋겠다.	1	2	3	4	5	6	7
124	나는 우리 회사의 문제를 내 문제처럼 생각한다.	1	2	3	4	5	6	7
125	나는 우리 회사에 대한 강한 소속감을 느끼지 못한다.	1	2	3	4	5	6	7
126	나는 우리 회사에 정이 별로 없다.	1	2	3	4	5	6	7
127	나는 우리 회사의 한 가족이라는 느낌이 들지 않는다.	1	2	3	4	5	6	7
128	우리 회사는 나에게 큰 의미가 있다.	1	2	3	4	5	6	7
129	지금 현재 우리 회사는 나에게 필요한 존재이다.	1	2	3	4	5	6	7
130	내가 바라더라도 지금 우리 회사를 떠나기는 매우 어려운 일이다.	1	2	3	4	5	6	7

번호	문 항	전혀 그렇지 않다	그렇지 않다	별로 그렇지 않다.	반반 이다	약간 그렇다	그렇다	매우 그렇다
131	내가 지금 우리 조직을 떠나기로 결심한다면 나는 절망감을 느낄 것이다.	1	2	3	4	5	6	7
132	내가 우리 회사를 떠나고 말고를 결정할 만한 선택의 여지가 별로 없다.	1	2	3	4	5	6	7
133	내가 우리 회사에 별로 투자(기여)한 것이 별로 없기 때문에 나는 이직을 고려 중이다.	1	2	3	4	5	6	7
134	내가 우리 회사를 떠나지 못하는 이유는 가능한 대안이 별로 없다는 것이다.	1	2	3	4	5	6	7
135	나는 이 직장에 계속 남아 있어야 한다는 의무감을 느끼지 못한다.	1	2	3	4	5	6	7
136	나한테 이득이 있더라도 내가 지금 이 회사를 떠나는 것이 좋지 않다고 생각한다.	1	2	3	4	5	6	7
137	우리 회사를 지금 떠나게 된다면 죄책감을 느낄 것이다.	1	2	3	4	5	6	7
138	우리 회사는 내가 충성할 만하다.	1	2	3	4	5	6	7
139	우리 회사에 있는 사람들에 대한 책임이 있기 때문에 나는 지금 당장 회사를 떠나기 어렵다.	1	2	3	4	5	6	7
140	나는 우리 회사 덕을 많이 보고 있다.	1	2	3	4	5	6	7
141	우리 회사의 임원들은 담당부문에 대한 제반 전문적 지식을 구비하고 있다.	1	2	3	4	5	6	7
142	우리 회사의 임원들은 담당부문의 나아가야 할 방향을 제시하지 않고 결과에 대해서만 챙긴다.	1	2	3	4	5	6	7
143	우리 회사의 임원들은 사업 환경의 변화에 둔감하다.	1	2	3	4	5	6	7
144	우리 회사의 임원들은 각 사업부에 대한 비전을 달성할 만한 인물들이다.	1	2	3	4	5	6	7
145	우리 회사의 임원들은 사업에 대한 전략적인 마인드를 갖고 있다.	1	2	3	4	5	6	7
146	우리 팀장은 팀원들 간의 인간관계를 좋게 하는 데 유능한 사람이다.	1	2	3	4	5	6	7
147	우리 팀장은 팀 업무를 추진하는 데 유능한 사람이다.	1	2	3	4	5	6	7
148	우리 팀장은 업무에 관련된 전문 지식을 구비하고 있다.	1	2	3	4	5	6	7

◎ 회사를 완전히 **신뢰하는 정도를 100%로 가정한다면** 귀하는 우리 회사를 어느 정도나 신뢰하시는지 %로 적어 주십시오.

나는 우리 회사를 (　　　)% 신뢰한다.

◎ 회사를 완전히 **불신하는 정도를 100%로 가정한다면** 귀하는 우리 회사를 어느 정도나 불신하시는지 %로 적어 주십시오.

나는 우리 회사를 (　　　)% 불신한다.

◎ 아래 기술문 중 귀하의 회사에 대한 느낌을 잘 반영하는 것 중 **하나만 체크**해 주시기 바랍니다.

(1) 우리 회사에 대해서 상당히 신뢰하는 면도 있지만 상당히 불신하는 면도 있다.

(2) 우리 회사에 대해서 불신을 갖는 것은 거의 없고 상당히 신뢰하고 있다.

(3) 우리 회사에 대해서 신뢰를 하고 있는 것은 거의 없고 상당히 불신하고 있다.

(4) 우리 회사에 대해서 별로 신뢰할 만한 것도 없고 불신할 만한 것도 없다.

* 다음은 인적 사항에 관한 항목들입니다. 이 사항들은 자료의 분류 및 통계처리를 위한 것으로 개별적으로 자료가 공개되는 일은 절대 없사오니 **빠짐없이 응답**하여 주십시오.

　1. 성별　(1) 남(　　　　　)　　　　(2) 여(　　　　　)

　2. 연령　　　(　　　　) 세

　3. 근무연한　(　　　　)년　(　　　　　)개월

　4. 최종학력　(1) 중졸 (　) 　(2) 고졸(　) 　(3) 전문대졸(　)

　　　　　　　(4) 대졸 (　) 　(5) 대학원졸(　)

5. 직군 (1) 영업(   )

(2) 제조(   )

(3) 기획/관리/지원(생산관리 포함)

(4) 연구(   )

(5) 기술(설계/생기/QA 등) (   )

6. 직급

(1) 사원(   )　　　(5) 차장(   )

(2) 대리(   )　　　(6) 부장(   )

(3) 계/반장(   )　　(7) 임원(   )

(4) 과장(   )　　　(8) 파견사원 및 기타(   )

솔직하게 응답하여 주시어 감사합니다.

<부록 2> 본 조사 설문지

직장인의 회사 및 상사에 대한
태도 조사 설문지

이 조사는 직장인의 회사 및 상사에 대한 태도를 조사하기 위한 설문입니다.

이 설문지는 첫째, 현재 귀하가 다니고 있는 회사의 특징을 묻는 질문들, 둘째, 개인의 인생과 및 직장생활관에 대한 질문들, 셋째, 귀하의 상사에 대한 태도를 묻는 질문들, 넷째, 직장생활의 특징을 묻는 질문들로 이루어져 있습니다.

이 질문들에는 정해진 답이 없습니다. 모든 질문에 하나도 빠짐 없이 본인의 솔직한 생각을 답해 주시기 바랍니다.

1. 성별: ① 남 ② 여
2. 학력: ① 대졸 미만 ② 전문대졸 ③ 대졸 ④ 대학원졸
3. 직급: ① 사원 ② 대리 ③ 과장 ④ 차장 ⑤ 부장 ⑥ 임원
4. 직책: ① 팀원 ② 팀장 ③ 부문장 이상
5. 직종: ① 지원(관리) ② 영업 ③ 제조 ④ 기술 ⑤ 기술 ⑥ 기타
6. 업종: ① 금융업 ② 제조업 ③ 유통업 ④ 서비스업 ⑤ 기타( )
7. 근무지: ① 서울 ② 광역시 ③ 지방도시 ④ 기타
8. 회사규모: ① 300명 미만 ② 500명 미만 ③ 1000명 미만 ④ 100명 이상
9. 연령: _____세
10. 근속 연수: _____년
11. 회사역사: _____년

성균관대학교 응용심리연구소

1. 다음은 귀하께서 현재 다니고 있는 회사에 대한 귀하의 태도를 알아보기 위한 질문들입니다. 한 문항도 빠짐없이 솔직히 응답해 주시기 바랍니다.

문 항	전혀 그렇지 않다	보통 이다	매우 그렇다
1. 우리 회사는 정확한 정보에 기초하여 승진결정이 이루어지고 있다.	①…②…③…④…⑤…⑥…⑦		
2. 우리 회사는 지연이나 학연에 의해 인사결정에 영향을 받지 않는다.	①…②…③…④…⑤…⑥…⑦		
3. 우리 회사는 경영성과를 사원들에게 적절히 분배해 준다.	①…②…③…④…⑤…⑥…⑦		
4. 우리 회사는 담당자들의 의견이 경영층의 의사결정에 적극적으로 반영된다.	①…②…③…④…⑤…⑥…⑦		
5. 우리 회사는 회사의 경영정책이나 방침이 일관성 있게 추진된다.	①…②…③…④…⑤…⑥…⑦		
6. 우리 회사는 고과결과에 대해서 직원들에게 적절한 설명과 피드백을 제공한다.	①…②…③…④…⑤…⑥…⑦		
7. 우리 회사는 직원들이 열심히 노력한 성과를 인정해 주고 포상해 준다.	①…②…③…④…⑤…⑥…⑦		
8. 우리 회사는 사원들의 고충이나 애로사항을 적극적으로 해결해 준다.	①…②…③…④…⑤…⑥…⑦		
9. 우리 회사는 사원들의 근무환경 개선을 위해 적극적으로 노력한다.	①…②…③…④…⑤…⑥…⑦		
10. 우리 회사는 사원들의 복지나 복리후생에 많은 신경을 쓰고 있다.	①…②…③…④…⑤…⑥…⑦		
11. 우리 회사는 사원들의 경조사나 가족들에 대해서도 세심하게 배려해 준다.	①…②…③…④…⑤…⑥…⑦		
12. 우리 회사는 사원들 개개인을 인격적으로 존중해 준다.	①…②…③…④…⑤…⑥…⑦		
13. 우리 회사는 사원들이 성장할 수 있도록 교육이나 경력개발의 기회를 적극적으로 제공하고 있다.	①…②…③…④…⑤…⑥…⑦		
14. 우리 회사는 사원들의 업무수행에 필요한 자원들을 원활히 제공하고 있다.	①…②…③…④…⑤…⑥…⑦		
15. 우리 회사는 직원들에게 비도덕적인 일을 하지 않는다.	①…②…③…④…⑤…⑥…⑦		
16. 우리 회사는 사원들과의 약속을 어기지 않는다.	①…②…③…④…⑤…⑥…⑦		
17. 우리 회사는 의도적으로 직원들을 속이지 않는다.	①…②…③…④…⑤…⑥…⑦		
18. 우리 회사는 경영성과를 사원들에게 투명하게 공유하고 있다.	①…②…③…④…⑤…⑥…⑦		
19. 우리 회사는 회사의 이익을 위해 직원들에게 부당한 요구를 하지 않는다.	①…②…③…④…⑤…⑥…⑦		
20. 우리 회사의 경영진은 회사 본연의 임무에 충실히 전념하고 있다.	①…②…③…④…⑤…⑥…⑦		
21. 우리 회사는 안정적이고 건실한 재무구조를 가지고 있다.	①…②…③…④…⑤…⑥…⑦		
22. 우리 회사의 제품이나 서비스는 시장에서 경쟁력이 있다.	①…②…③…④…⑤…⑥…⑦		
23. 우리 회사는 경쟁사에 비해 우수한 인적 자원을 보유하고 있다.	①…②…③…④…⑤…⑥…⑦		
24. 우리 회사는 사업성공을 위한 효율적 시스템이 잘 갖추어져 있다.	①…②…③…④…⑤…⑥…⑦		
25. 우리 회사의 기술력은 경쟁사에 비해 비교우위를 점하고 있다.	①…②…③…④…⑤…⑥…⑦		

문 항	전혀 그렇지 않다	보통 이다	매우 그렇다
26. 우리 회사는 원만한 노사관계를 유지하고 있다.	①…②…③…④…⑤…⑥…⑦		
27. 우리 회사의 최고 경영진은 전문적인 경영능력을 갖추고 있다.	①…②…③…④…⑤…⑥…⑦		
28. 우리 회사는 환경의 변화에 적절하고 신속하게 잘 대응하고 있다.	①…②…③…④…⑤…⑥…⑦		
29. 우리 회사는 향후 발전 가능성이 높다.	①…②…③…④…⑤…⑥…⑦		
30. 우리 회사는 바람직한 조직문화가 형성되어 있다.	①…②…③…④…⑤…⑥…⑦		
31. 우리 회사는 장기적 관점에서의 연구개발과 설비투자가 이루어지고 있다.	①…②…③…④…⑤…⑥…⑦		
32. 우리 회사는 국가 경쟁력 향상에 기여하고 있다.	①…②…③…④…⑤…⑥…⑦		
33. 우리 회사는 새로운 투자나 경영정책 수립 시, 사회 전체에 미칠 영향을 고려한다.	①…②…③…④…⑤…⑥…⑦		
34. 우리 회사는 사회적 책임을 성실히 이행하고 있다.	①…②…③…④…⑤…⑥…⑦		
35. 우리 회사는 사회 복지 향상을 위해 지속적으로 기부 활동을 하고 있다.	①…②…③…④…⑤…⑥…⑦		
36. 우리 회사는 사회질서를 혼란시키는 부당행위나 불법행위 등을 하지 않는다.	①…②…③…④…⑤…⑥…⑦		
37. 우리 회사의 사원들은 대부분 회사를 신뢰하고 있다.	①…②…③…④…⑤…⑥…⑦		
38. 나는 우리 회사가 적어도 직원들을 속이지 않는다고 생각한다.	①…②…③…④…⑤…⑥…⑦		
39. 나는 회사정책이 내게 어떤 영향을 미칠지라도 믿고 따를 것이다.	①…②…③…④…⑤…⑥…⑦		
40. 나에게 섭섭하게 했더라도 나는 회사에 해를 끼치지 않을 것이다.	①…②…③…④…⑤…⑥…⑦		
41. 회사의 정책이 내게 불이익이 되는 경우가 있더라도 나는 불쾌하게 받아들이지 않을 것이다.	①…②…③…④…⑤…⑥…⑦		
42. 회사가 나를 버릴지도 모른다는 불안감을 갖고 있지 않다.	①…②…③…④…⑤…⑥…⑦		
43. 나는 회사의 정책과 방향을 지지한다.	①…②…③…④…⑤…⑥…⑦		
44. 나와 회사가 의견이 다르더라도 회사가 어떤 결정을 내리면 기꺼이 협력할 것이다.	①…②…③…④…⑤…⑥…⑦		
45. 나는 회사와 문제가 생기면 이를 건설적으로 해결하기 위해 노력할 것이다.	①…②…③…④…⑤…⑥…⑦		
46. 나는 회사의 목표달성을 위해 회사에 적극적으로 협력할 것이다.	①…②…③…④…⑤…⑥…⑦		
47. 나는 내가 가지고 있는 아이디어를 회사를 위해 적극 제공할 것이다.	①…②…③…④…⑤…⑥…⑦		
48. 나는 회사를 위해서라면 나의 불이익을 감수할 수 있다.	①…②…③…④…⑤…⑥…⑦		
49. 나는 회사를 위해서라면 무엇이든지 할 수 있다.	①…②…③…④…⑤…⑥…⑦		
50. 나는 근무시간 외에도 회사가 요구한다면 내 시간을 할애할 수 있다.	①…②…③…④…⑤…⑥…⑦		
51. 나는 회사의 방침을 진심으로 따를 것이다.	①…②…③…④…⑤…⑥…⑦		
52. 나는 회사에 대해 충성심을 가지고 있다.	①…②…③…④…⑤…⑥…⑦		

2. 다음은 귀하의 인생 및 직장생활에 대한 가치관을 알아보기 위한 질문들입니다. 한 문항도 빠짐없이 솔직히 응답해 주시기를 부탁드립니다.

문 항	전혀 그렇지 않다	보통 이다	매우 그렇다
1. 나는 다른 사람이 잘했을 때 긴장이 되며, 나도 잘 해야 된다고 느낀다.	①…②…③…④…⑤…⑥…⑦		
2. 나는 다른 사람과 공동으로 작업을 할 때 즐거움을 느낀다.	①…②…③…④…⑤…⑥…⑦		
3. 나는 다른 사람이 나보다 더 뛰어난 일을 했을 때 화가 난다.	①…②…③…④…⑤…⑥…⑦		
4. 나는 동료들이 만족을 얻을 수 있도록 신경을 쓴다.	①…②…③…④…⑤…⑥…⑦		
5. 나의 행복은 주변 사람들의 행복에 달려 있다.	①…②…③…④…⑤…⑥…⑦		
6. 나는 다른 사람들과는 다르고 독특해지려고 한다.	①…②…③…④…⑤…⑥…⑦		
7. 나는 조직의 이익을 위해 내 자신의 이익을 희생하곤 한다.	①…②…③…④…⑤…⑥…⑦		
8. 나는 집단에서 다른 사람의 의견에 동조하곤 한다.	①…②…③…④…⑤…⑥…⑦		
9. 나는 내방식대로 일을 한다.	①…②…③…④…⑤…⑥…⑦		
10. 나는 내 가족에게 즐거움이 된다면 싫어도 기꺼이 한다.	①…②…③…④…⑤…⑥…⑦		
11. 나의 성공은 나의 능력에 의해 결정된다고 생각한다.	①…②…③…④…⑤…⑥…⑦		
12. 나는 다른 사람들보다 일을 잘하는 것이 중요하다고 생각한다.	①…②…③…④…⑤…⑥…⑦		
13. 나는 집단과 조화를 유지하는 것이 중요하다고 생각한다.	①…②…③…④…⑤…⑥…⑦		
14. 나는 이기는 것이 가장 중요하다고 생각한다.	①…②…③…④…⑤…⑥…⑦		
15. 나는 늙은 부모님을 모시고 살아야 한다고 생각한다.	①…②…③…④…⑤…⑥…⑦		
16. 나에게 닥치는 일은 내 스스로 해결해야 할 일이라고 생각한다.	①…②…③…④…⑤…⑥…⑦		
17. 나는 경쟁이 자연의 법칙이라고 생각한다.	①…②…③…④…⑤…⑥…⑦		
18. 나는 다른 사람과 함께 시간을 보내는 것을 큰 즐거움으로 생각한다.	①…②…③…④…⑤…⑥…⑦		
19. 나는 스스로를 독립된 개인으로 생각한다.	①…②…③…④…⑤…⑥…⑦		
20. 나는 동료가 상을 받으면 다른 사람들에게 자랑한다.	①…②…③…④…⑤…⑥…⑦		
21. 나는 경쟁적인 일을 하기 좋아한다.	①…②…③…④…⑤…⑥…⑦		
22. 나는 개인생활을 갖는 것을 좋아한다.	①…②…③…④…⑤…⑥…⑦		
23. 나는 작은 것이라도 이웃과 나누는 것을 좋아한다.	①…②…③…④…⑤…⑥…⑦		
24. 나는 긴 여행을 가기 전에 사전에 부모님이나 친구들과 상의한다.	①…②…③…④…⑤…⑥…⑦		
25. 비록 신문이나 라디오, TV 등이 있지만 사건의 진실을 알기란 정말 어렵다.	①…②…③…④…⑤…⑥…⑦		

문 항	전혀 그렇지 않다	보통 이다	매우 그렇다
26. 보험회사에 접수되는 사고의 많은 경우는 허위 조작된 것이 많다.	①…②…③…④…⑤…⑥…⑦		
27. 사람들은 대부분 자기이익을 위해 생활하기 때문에 사회봉사나 공헌 도 자기이익을 위해 하는 것이다.	①…②…③…④…⑤…⑥…⑦		
28. 대부분의 애프터서비스 맨(A/S맨)은 고객들이 기술적 내용을 모른 다 할지라도 바가지를 씌우려 하지 않을 것이다.	①…②…③…④…⑤…⑥…⑦		
29. 대다수의 학생들은 시험 볼 때 들키지 않을 것이 확실해도 부정행위 를 하지 않을 것이다.	①…②…③…④…⑤…⑥…⑦		
30. 대부분의 사람들은 기회만 있으면 자신의 세금을 속이려 할 것이다.	①…②…③…④…⑤…⑥…⑦		
31. 내가 사람들에게 정직하게 대하면 대부분의 사람들도 정직하게 대할 것이다.	①…②…③…④…⑤…⑥…⑦		
32. 각종 사회운동가, 환경보호 단체들은 그들의 이익보다 사회의 이익을 위해서 봉사하는 사람들이다.	①…②…③…④…⑤…⑥…⑦		
33. 사람들이 법을 지키는 것은, 양심에서라기보다 처벌이나 사회적 망신 이 두렵기 때문이다.	①…②…③…④…⑤…⑥…⑦		
34. 처음 보는 사람은 믿을 만한 확증이 있기 전까지는 일단 의심하고 경계하는 것이 최선이다.	①…②…③…④…⑤…⑥…⑦		
35. 미래는 희망적이라고 생각한다.	①…②…③…④…⑤…⑥…⑦		
36. 법정에서는 법대로의 공정한 판결이 이루어지고 있다.	①…②…③…④…⑤…⑥…⑦		
37. 사람들은 대부분 자기 일을 성실히 완수하려고 한다.	①…②…③…④…⑤…⑥…⑦		
38. 대부분의 사람들은 정직하지 않으며 자기이익을 위해서는 거짓말도 한다.	①…②…③…④…⑤…⑥…⑦		
39. 회사에서 어떤 것을 해 준다고 한 것에 대해 곧이곧대로 믿어서는 안 된다고 생각한다.	①…②…③…④…⑤…⑥…⑦		
40. 사람들은 거짓말하는 것이 자신에게 유리하다 할지라도 대체로 사실 을 말한다.	①…②…③…④…⑤…⑥…⑦		

3. 다음은 귀하께서 현재 소속되어 있는 조직의 상사에 대한 귀하의 태도를 알아보기 위한 질문들입니다. 한 문항도 빠짐없이 솔직히 응답해 주시기 바랍니다.

문 항	전혀 그렇지 않다	보통 이다	매우 그렇다
1. 나의 상사는 부하직원들을 공평하게 대한다.	①…②…③…④…⑤…⑥…⑦		
2. 나의 상사는 부하직원들의 의견을 수렴하여 의사결정 한다.	①…②…③…④…⑤…⑥…⑦		
3. 나의 상사는 가능한 한 모든 정보를 부하직원들과 공유한다.	①…②…③…④…⑤…⑥…⑦		
4. 나의 상사는 의사결정 시에 주관적인 편견을 개입시키지 않는다.	①…②…③…④…⑤…⑥…⑦		
5. 나의 상사는 상황에 따라 말을 자주 바꾼다.	①…②…③…④…⑤…⑥…⑦		
6. 나의 상사는 잘못된 결정이 있으면, 이를 시정하려고 노력한다.			
7. 나의 상사는 부하직원들을 정확히 평가하지 않고, 개인적인 감정에 얽매여 판단한다.	①…②…③…④…⑤…⑥…⑦		
8. 나의 상사는 부하직원들의 고충이나 고민에 대해 관심을 가지고 상담해 준다.	①…②…③…④…⑤…⑥…⑦		
9. 나의 상사는 내가 잘못했을 때 건설적인 피드백을 제공해 준다.	①…②…③…④…⑤…⑥…⑦		
10. 나의 상사는 부하직원들의 불가피한 잘못에 대해서는 이해하고 감싸준다.			
11. 나의 상사는 부하가 어려움에 처했을 때, 이를 극복할 수 있도록 격려하고 용기를 준다.			
12. 나의 상사는 문제가 발생하면 자신의 일처럼 함께 해결책을 찾으려 노력한다.	①…②…③…④…⑤…⑥…⑦		
13. 나의 상사는 부하직원들의 성장을 위해 교육이나 경력개발의 기회를 부여하고 있다.	①…②…③…④…⑤…⑥…⑦		
14. 나의 상사는 부하직원들이 소신을 가지고 자율적으로 업무를 추진할 수 있도록 배려한다.	①…②…③…④…⑤…⑥…⑦		
15. 나의 상사는 부하직원들의 잘한 일에 대해서는 인정이나 칭찬을 아끼지 않는다.			
16. 나의 상사는 부하직원들의 인격을 무시하는 말을 하곤 한다.	①…②…③…④…⑤…⑥…⑦		
17. 나의 상사는 나에게 어려운 일이 생겼을 때 방패막이 역할을 해 준다.	①…②…③…④…⑤…⑥…⑦		
18. 나의 상사는 업무에 태만하지 않고 성실하게 자신의 역할을 수행한다.	①…②…③…④…⑤…⑥…⑦		
19. 나의 상사는 자신이 잘못한 점에 대해서는 솔직히 인정한다.	①…②…③…④…⑤…⑥…⑦		
20. 나의 상사는 부하직원들에게 솔선수범하여 모범을 보인다.	①…②…③…④…⑤…⑥…⑦		
21. 나의 상사는 자신이 약속한 사항에 대해서는 책임감 있게 행동한다.	①…②…③…④…⑤…⑥…⑦		
22. 나의 상사는 자신의 이익을 위해 부하직원들을 희생시키지 않는다.	①…②…③…④…⑤…⑥…⑦		
23. 나의 상사는 금전적인 문제가 깨끗하지 못하다.	①…②…③…④…⑤…⑥…⑦		
24. 나의 상사는 공사구분이 불분명하다.	①…②…③…④…⑤…⑥…⑦		
25. 나의 상사는 합리적이고 계획성 있게 업무를 수행한다.	①…②…③…④…⑤…⑥…⑦		

문 항	전혀 그렇지 않다　보통 이다　매우 그렇다
26. 나의 상사는 대인관계 능력이 뛰어나다.	①…②…③…④…⑤…⑥…⑦
27. 나의 상사는 문제발생 시 대처능력이 뛰어나다.	①…②…③…④…⑤…⑥…⑦
28. 나의 상사는 다른 사람들을 설득할 수 있는 지식과 스킬을 가지고 있다.	①…②…③…④…⑤…⑥…⑦
29. 나의 상사는 자신의 분야에 대해 해박한 지식과 경험을 가지고 있다.	①…②…③…④…⑤…⑥…⑦
30. 나의 상사는 조직으로부터 업무수행에 필요한 지원을 잘 이끌어낸다.	①…②…③…④…⑤…⑥…⑦
31. 나의 상사는 조직과 팀에 대한 운영능력이 뛰어나다.	①…②…③…④…⑤…⑥…⑦
32. 나의 상사는 새로운 아이디어를 제시하는 능력이 뛰어나다.	①…②…③…④…⑤…⑥…⑦
33. 나의 상사는 회사를 위한 일이라면 소신 있게 직언한다.	①…②…③…④…⑤…⑥…⑦
34. 나의 상사는 개인이나 팀의 이익보다는 회사 전체의 관점에서 판단 하고 행동한다.	①…②…③…④…⑤…⑥…⑦
35. 나의 상사는 회사를 위해서라면 자신의 희생을 마다하지 않는다.	①…②…③…④…⑤…⑥…⑦
36. 나의 상사는 항상 회사의 규범을 준수한다.	①…②…③…④…⑤…⑥…⑦
37. 나의 상사는 장기 성과보다는 평가 위주의 단기적인 성과에 치중한다.	①…②…③…④…⑤…⑥…⑦
38. 나의 상사는 문제가 발생하면 상황 탓으로 책임을 전가한다.	①…②…③…④…⑤…⑥…⑦
39. 나의 상사는 타 부서의 일이라도 자기 일처럼 협력한다.	①…②…③…④…⑤…⑥…⑦
40. 우리 팀원들은 대부분 상사를 신뢰하고 있다.	①…②…③…④…⑤…⑥…⑦
41. 나는 나의 상사가 적어도 직원들을 속이지 않는다고 생각한다.	①…②…③…④…⑤…⑥…⑦
42. 나는 상사의 지시가 내게 어떤 영향을 미칠지라도 믿고 따를 것이다.	①…②…③…④…⑤…⑥…⑦
43. 상사가 나에게 섭섭하게 했더라도 나는 상사에게 해를 끼치지 않을 것이다.	①…②…③…④…⑤…⑥…⑦
44. 나는 상사가 어떤 지시를 하더라도 불쾌하게 받아들이지 않을 것이다.	①…②…③…④…⑤…⑥…⑦
45. 나는 상사가 나를 배신할지도 모른다는 불안감을 갖고 있지 않다.	①…②…③…④…⑤…⑥…⑦
46. 나는 상사의 정책과 방침을 지지한다.	①…②…③…④…⑤…⑥…⑦
47. 나는 상사와 의견이 다르더라도 상사가 어떤 결정을 내리면 기꺼이 협력할 것이다.	①…②…③…④…⑤…⑥…⑦
48. 나는 상사와 갈등이 생기면 이를 해결하기 위해 허심탄회하게 이야 기할 것이다.	①…②…③…④…⑤…⑥…⑦
49. 나는 팀의 목표달성을 위해 상사를 도울 것이다.	①…②…③…④…⑤…⑥…⑦
50. 나는 내가 가지고 있는 아이디어를 상사에게 적극 제공할 것이다.	①…②…③…④…⑤…⑥…⑦
51. 나는 상사를 위해서라면 나의 불이익을 감수할 수 있다.	①…②…③…④…⑤…⑥…⑦
52. 나는 상사를 위해서라면 무엇이든지 할 수 있다.	①…②…③…④…⑤…⑥…⑦
53. 나는 근무시간 외에도 상사가 요구한다면 내 시간을 할애할 수 있다.	①…②…③…④…⑤…⑥…⑦
54. 나는 상사의 지시를 진심으로 따를 것이다.	①…②…③…④…⑤…⑥…⑦
55. 나는 상사에 대해 충성심을 가지고 있다.	①…②…③…④…⑤…⑥…⑦

4. 다음은 귀하의 직장생활의 특징을 알아보기 위한 질문들입니다. 한 문항도 빠짐없이 솔직히 응답해 주시기를 부탁드립니다.

문 항	전혀 그렇지 않다	보통 이다	매우 그렇다
1. 이 회사는 나에게 있어서 개인적으로 상당한 의미를 부여한다.	①…②…③…④…⑤…⑥…⑦		
2. 다른 회사에서 더 좋은 조건을 제시한다고 직장을 떠나는 것은 옳지 않다.	①…②…③…④…⑤…⑥…⑦		
3. 나는 회사를 그만뒀을 때의 대안들을 거의 갖고 있지 않다.	①…②…③…④…⑤…⑥…⑦		
4. 나는 한 회사에서 계속 충성하고 남아있는 것이 가치 있는 일이라고 배웠다.	①…②…③…④…⑤…⑥…⑦		
5. 만일 지금 회사를 떠난다면 내 인생에서 너무나 많은 것을 잃게 될 것이다.	①…②…③…④…⑤…⑥…⑦		
6. 설령 내가 원한다 하더라도 당장 회사를 떠나는 것은 매우 어려운 일이다.	①…②…③…④…⑤…⑥…⑦		
7. 이 회사에 계속 다니는 것이 현재 나에게는 필수적인 일이다.	①…②…③…④…⑤…⑥…⑦		
8. 나는 이 회사에 대해 강한 소속감을 갖고 있다.	①…②…③…④…⑤…⑥…⑦		
9. 나는 이 회사에서 한 가족의 일원이라는 느낌을 받고 있다.	①…②…③…④…⑤…⑥…⑦		
10. 이 회사, 저 회사 옮겨 다니는 것은 비윤리적이라고 생각한다.	①…②…③…④…⑤…⑥…⑦		
11. 나는 부서에 새로 온 사람들이 잘 적응할 수 있도록 자발적으로 돕는다.	①…②…③…④…⑤…⑥…⑦		
12. 나는 점심시간이나 휴식시간을 길게 갖지 않는다.	①…②…③…④…⑤…⑥…⑦		
13. 나는 타인들의 권리를 이용하지 않는다.	①…②…③…④…⑤…⑥…⑦		
14. 나는 업무시간에 쓸데없이 휴식을 취하지 않는다.	①…②…③…④…⑤…⑥…⑦		
15. 나는 중요한 행동을 하기 전에 관련된 사람들에게 그 사실을 알린다.	①…②…③…④…⑤…⑥…⑦		
16. 나는 항상 긍정적인 측면보다는 부정적인 측면에 초점을 두는 편이다.	①…②…③…④…⑤…⑥…⑦		
17. 나는 사소한 문제를 크게 확대해서 말하는 경향이 있다.	①…②…③…④…⑤…⑥…⑦		
18. 나는 결근했던 동료를 도와서 업무의 차질이 없도록 해 준다.	①…②…③…④…⑤…⑥…⑦		
19. 나는 항상 시간 약속을 잘 지킨다.	①…②…③…④…⑤…⑥…⑦		
20. 나는 자발적으로 회사의 이미지를 향상시키는 활동들에 참여하곤 한다.	①…②…③…④…⑤…⑥…⑦		
21. 나는 업무 부담이 많은 동료들을 도와주곤 한다.	①…②…③…④…⑤…⑥…⑦		
22. 나는 자주 직장을 그만두고 싶다는 말을 하곤 한다.	①…②…③…④…⑤…⑥…⑦		
23. 나는 회사와 관련된 모임에 주의를 기울이고 참여하곤 한다.	①…②…③…④…⑤…⑥…⑦		
24. 나는 사소한 문제에 대해서도 자주 불평하곤 한다.	①…②…③…④…⑤…⑥…⑦		
25. 나는 회사 내의 변화에 뒤떨어지지 않도록 노력한다.	①…②…③…④…⑤…⑥…⑦		
26. 나는 회사의 발전을 위해 항상 노력한다.			
27. 나는 아무도 지켜보는 사람이 없어도 회사의 규칙과 절차를 준수한다.	①…②…③…④…⑤…⑥…⑦		
28. 나는 나의 결정이나 행동에 의해서 영향 받을 수 있는 사람들과 미리 상의한다.	①…②…③…④…⑤…⑥…⑦		
29. 나는 다른 동료들과 문제를 일으키지 않도록 사전에 조치를 취한다.	①…②…③…④…⑤…⑥…⑦		
30. 나는 자신이 맡은 일을 잘 처리하지 못하는 동료를 돕는 데 시간을 투자한다.	①…②…③…④…⑤…⑥…⑦		

－여러분들의 협조에 진심으로 감사드립니다.－

<부록 3> 회사신뢰 결정 요인에 대한 확인적 요인 분석

```
data no=1056 ni=36 ma=cm
label
ojus1     ojus2     ojus3     ojus4     ojus5     ojus6     ocon1     ocon2     ocon3     ocon4
ocon5     ocon6     ocon7     ocon8     oeth1     oeth2     oeth3     oeth4     oeth5     oeth6
ocom1     ocom2     ocom3     ocom4     ocom5     ocom6     ocom7     ocom8     ocom9     ocom10
ocom11    ores1     ores2     ores3     ores4     ores5
cm sy
1.915
0.688  2.583
1.114  0.794  2.195
0.793  0.631  1.152  1.959
0.944  0.687  1.115  1.105  1.975
1.024  0.677  1.267  1.054  1.232  2.103
1.035  0.522  1.451  1.102  1.172  1.494  2.206
0.889  0.555  1.185  1.075  1.084  1.253  1.489  2.010
0.909  0.518  1.137  1.016  1.152  1.166  1.307  1.522  2.035
0.882  0.445  1.126  0.831  1.105  1.144  1.299  1.409  1.636  2.258
0.737  0.426  0.803  0.690  0.820  0.845  0.989  0.944  1.002  1.119  1.959
0.823  0.550  0.878  0.914  0.963  0.923  1.037  1.057  1.034  0.979  1.132  1.657
0.835  0.392  0.941  0.713  0.999  0.909  1.035  1.014  1.157  1.301  1.031  1.011  2.091
0.707  0.439  0.879  0.730  0.922  0.854  0.965  0.931  1.029  1.081  0.853  0.889  1.140  1.659
0.557  0.590  0.588  0.583  0.658  0.557  0.647  0.716  0.712  0.654  0.645  0.863  0.609  0.688  1.898
0.724  0.562  0.794  0.674  0.887  0.785  0.890  0.931  0.894  0.954  0.767  0.858  0.833  0.805  1.021
1.586
0.590  0.539  0.710  0.701  0.744  0.668  0.778  0.804  0.822  0.826  0.784  0.866  0.706  0.735  1.077
1.102  1.810
0.811  0.599  1.061  0.928  0.980  1.057  1.105  1.064  1.103  1.072  0.930  0.934  1.011  0.925  0.881
1.027  1.101  2.119
0.553  0.491  0.763  0.711  0.772  0.755  0.813  0.838  0.890  0.872  0.721  0.809  0.711  0.746  0.993
0.878  1.039  1.082  1.832
0.724  0.667  0.837  0.800  1.016  0.853  0.923  0.896  0.947  0.895  0.743  0.846  0.776  0.832  0.798
0.905  0.927  1.063  1.063  1.854
0.584  0.213  0.453  0.178  0.679  0.402  0.538  0.442  0.600  0.789  0.708  0.430  0.752  0.616  0.358
0.567  0.474  0.539  0.444  0.609  2.230
0.567  0.267  0.538  0.427  0.630  0.526  0.577  0.483  0.612  0.632  0.581  0.465  0.577  0.559  0.408
0.466  0.516  0.535  0.477  0.600  1.027  1.581
0.595  0.229  0.552  0.449  0.663  0.604  0.623  0.596  0.664  0.711  0.574  0.594  0.701  0.604  0.432
0.441  0.473  0.549  0.465  0.538  0.775  0.941  1.522
0.744  0.311  0.736  0.487  0.882  0.769  0.771  0.705  0.842  0.919  0.631  0.632  0.876  0.780  0.492
0.575  0.526  0.733  0.571  0.707  0.871  0.862  0.981  1.619
0.530  0.169  0.542  0.415  0.647  0.582  0.624  0.512  0.616  0.746  0.547  0.512  0.638  0.635  0.459
0.489  0.536  0.599  0.496  0.567  0.820  1.065  1.009  1.007  1.682
0.711  0.431  0.822  0.811  0.845  0.842  0.914  0.948  1.004  0.976  0.822  0.875  0.793  0.757  0.773
0.783  0.869  1.061  0.934  0.936  0.506  0.568  0.598  0.757  0.681  1.877
0.760  0.446  0.824  0.758  1.011  0.874  0.944  0.849  0.951  0.963  0.755  0.821  0.869  0.871  0.646
0.771  0.747  1.012  0.813  1.110  0.707  0.708  0.703  0.968  0.799  1.078  2.071
0.689  0.413  0.807  0.713  0.913  0.842  0.897  0.826  0.942  0.926  0.663  0.688  0.824  0.784  0.474
0.685  0.586  0.879  0.647  0.926  0.715  0.743  0.692  0.942  0.766  0.848  1.247  1.701
0.723  0.361  0.818  0.693  0.847  0.771  0.900  0.793  0.899  0.842  0.724  0.717  0.779  0.737  0.555
0.601  0.667  0.824  0.707  0.844  0.810  0.959  0.865  0.930  0.978  0.846  1.114  1.174  1.906
0.923  0.530  1.005  0.854  1.121  1.035  1.091  1.121  1.155  1.191  0.865  0.948  1.032  0.915  0.738
0.878  0.763  1.086  0.826  0.992  0.750  0.730  0.770  1.028  0.762  1.030  1.144  1.114  1.124  1.779
0.723  0.188  0.735  0.486  0.798  0.701  0.833  0.726  0.887  0.897  0.702  0.616  0.964  0.737  0.389
0.569  0.425  0.748  0.519  0.665  0.870  0.784  0.799  0.949  0.847  0.654  0.936  0.963  1.043  1.055
1.925
0.621  0.104  0.536  0.438  0.668  0.562  0.658  0.578  0.714  0.755  0.690  0.632  0.831  0.663  0.460
0.491  0.467  0.700  0.463  0.596  0.851  0.766  0.842  0.853  0.885  0.609  0.856  0.831  1.013  0.876
1.223  1.846
0.616  0.055  0.603  0.407  0.638  0.599  0.688  0.605  0.757  0.804  0.613  0.584  0.804  0.666  0.380
0.499  0.448  0.730  0.565  0.559  0.736  0.633  0.728  0.853  0.780  0.579  0.819  0.724  0.838  0.870
1.063  1.174  1.765
0.603  0.171  0.612  0.517  0.707  0.593  0.673  0.691  0.732  0.805  0.705  0.712  0.795  0.685  0.612
0.582  0.614  0.799  0.642  0.719  0.731  0.590  0.655  0.734  0.626  0.699  0.829  0.700  0.781  0.825
0.820  0.975  1.018  1.488
0.655 -0.080  0.610  0.289  0.670  0.650  0.657  0.692  0.787  1.045  0.703  0.506  0.977  0.714  0.395
0.555  0.400  0.736  0.465  0.476  0.853  0.549  0.661  0.827  0.668  0.596  0.719  0.712  0.697  0.867
0.937  0.933  1.050  1.075  2.329
0.383  0.389  0.354  0.374  0.432  0.326  0.372  0.378  0.451  0.466  0.535  0.569  0.457  0.447  0.794
0.581  0.764  0.648  0.706  0.570  0.479  0.490  0.427  0.363  0.466  0.613  0.568  0.375  0.511  0.538
0.401  0.456  0.433  0.678  0.499  1.690
select
1 2 3 4 5 6 7 8 9 10 11 12 13 14 15 16 17 18 19 20 21 22 23 24 25 26 27 28 29 30
31 32 33 34 35 36 /
model nx=36 nk=5 lx=fu,fi td=di,fr ph=sy,fr
lk
0_jus 0_con 0_eth 0_com 0_res
free lx 2 1 lx 3 1 lx 4 1 lx 5 1 lx 6 1
free lx 8 2 lx 9 2 lx 10 2 lx 11 2 lx 12 2 lx 13 2 lx 14 2
free lx 16 3 lx 17 3 lx 18 3 lx 19 3 lx 20 3
free lx 22 4 lx 23 4 lx 24 4 lx 25 4 lx 26 4 lx 27 4 lx 28 4 lx 29 4 lx 30 4 lx 31 4
free lx 33 5 lx 34 5 lx 35 5 lx 36 5
value 1.0 lx 1 1 lx 7 2 lx 15 3 lx 21 4 lx 32 5
path diagram
out it=100 ad=off nd=3 ss me=ml
```

<부록 4> 상사신뢰 결정 요인에 대한 확인적 요인 분석

```
data no=1057 ni=39 ma=cm
label
sjus1  sjus2  sjus3  sjus4  sjus5  sjus6  sjus7  scon1  scon2  scon3  scon4  scon5  scon6  scon7  scon8  scon9
scon10 seth1  seth2  seth3  seth4  seth5  seth6  seth7  scom1  scom2  scom3  scom4  scom5  scom6  scom7  scom8
sres1  sres2  sres3  sres4  sres5  sres6  sres7
cm sy
1.784
1.262  1.832
1.112  1.228  1.855
1.056  1.089  1.121  1.757
0.548  0.662  0.515  0.415  2.128
1.026  1.149  1.094  0.986  0.563  1.688
0.561  0.536  0.451  0.326  1.031  0.409  1.929
1.014  1.090  1.061  0.899  0.440  1.077  0.430  1.837
0.967  1.101  1.045  0.916  0.541  0.985  0.454  1.267  1.767
1.111  1.228  1.106  0.911  0.569  1.111  0.556  1.332  1.311  1.905
1.122  1.196  1.076  0.877  0.542  1.062  0.449  1.300  1.275  1.416  1.768
1.106  1.160  1.121  0.962  0.578  1.063  0.489  1.298  1.310  1.417  1.540  1.869
1.023  1.083  1.058  0.949  0.547  0.977  0.336  1.177  1.182  1.234  1.340  1.333  1.883
1.065  1.174  1.050  0.892  0.524  1.100  0.505  1.122  1.172  1.291  1.282  1.264  1.298  1.776
1.020  1.090  0.997  0.879  0.523  1.010  0.483  1.128  1.186  1.247  1.282  1.280  1.157  1.344  1.851
0.675  0.748  0.667  0.532  0.775  0.651  0.896  0.755  0.730  0.824  0.737  0.728  0.608  0.786  0.774  2.307
0.981  1.065  0.912  0.878  0.505  1.030  0.403  1.071  1.102  1.217  1.285  1.321  1.173  1.123  1.140  0.618
1.760
0.991  0.941  0.875  0.829  0.744  0.979  0.575  0.935  1.022  1.095  1.114  1.163  1.087  1.082  1.001  0.731
1.151  1.943
1.045  1.187  1.091  0.996  0.618  1.105  0.519  1.087  1.164  1.257  1.243  1.255  1.133  1.209  1.227  0.810
1.155  1.160  1.900
1.199  1.212  1.127  1.093  0.814  1.133  0.619  1.164  1.238  1.341  1.332  1.391  1.225  1.275  1.325  0.859
1.300  1.476  1.498  2.097
1.051  1.043  0.989  0.867  0.654  1.031  0.372  1.009  1.048  1.160  1.151  1.217  1.082  1.125  1.070  0.709
1.115  1.231  1.155  1.363  1.780
1.097  1.155  0.987  0.971  0.531  0.981  0.468  1.033  1.100  1.193  1.149  1.194  1.090  1.133  1.071  0.728
1.176  1.119  1.175  1.327  1.264  1.946
0.729  0.717  0.602  0.422  0.829  0.634  0.673  0.542  0.662  0.746  0.707  0.671  0.558  0.617  0.660  0.937
0.546  0.884  0.833  0.940  0.807  0.855  2.560
0.340  0.434  0.384  0.179  0.439  0.348  0.531  0.411  0.415  0.518  0.464  0.438  0.442  0.433  0.429  0.667
0.442  0.466  0.490  0.499  0.477  0.531  1.040  2.302
1.047  1.044  0.948  0.984  0.580  1.020  0.403  0.983  1.077  1.110  1.133  1.183  1.125  1.161  1.166  0.720
1.112  1.192  1.165  1.351  1.179  1.143  0.755  0.345  1.798
0.800  0.744  0.716  0.631  0.366  0.762  0.527  0.836  0.831  0.849  0.943  1.027  0.838  0.936  0.967  0.576
0.894  0.830  0.874  1.000  0.906  0.858  0.413  0.337  1.052  1.998
0.934  0.871  0.812  0.749  0.462  0.854  0.489  0.826  0.913  0.953  1.022  1.069  0.938  1.018  1.057  0.606
1.047  1.000  0.980  1.169  0.998  0.930  0.550  0.359  1.189  1.245  1.858
0.907  0.946  0.835  0.763  0.547  0.842  0.565  0.868  1.026  1.072  1.045  1.080  0.981  1.049  1.026  0.666
0.997  1.012  1.016  1.202  1.032  0.991  0.614  0.317  1.140  1.208  1.387  1.917
0.899  0.921  0.798  0.774  0.546  0.892  0.598  0.869  1.049  1.088  1.100  1.064  0.939  1.107  0.953  0.658
0.962  1.164  1.114  1.254  1.037  0.979  0.737  0.319  1.115  0.967  1.234  1.428  2.056
1.057  1.042  0.939  0.846  0.555  1.027  0.479  0.988  1.074  1.186  1.115  1.111  1.012  1.135  1.075  0.685
1.118  1.111  1.131  1.274  1.126  1.059  0.610  0.444  1.114  1.121  1.253  1.320  1.420  1.849
1.080  1.114  1.005  0.946  0.601  0.991  0.497  0.978  1.042  1.123  1.251  1.221  1.105  1.124  1.124  0.687
1.096  1.059  1.109  1.256  1.160  1.140  0.573  0.460  1.180  1.084  1.199  1.227  1.183  1.354  1.721
1.017  1.064  0.970  0.938  0.615  0.932  0.452  0.886  1.009  0.989  1.138  1.141  1.132  1.121  1.053  0.517
1.046  1.107  1.106  1.294  1.147  1.066  0.580  0.338  1.219  0.918  1.206  1.183  1.200  1.192  1.350  1.832
1.010  0.977  0.855  0.893  0.655  0.953  0.578  0.840  1.029  1.027  1.091  1.125  1.063  1.102  1.066  0.596
1.018  1.174  1.103  1.261  1.107  1.032  0.701  0.280  1.187  0.871  0.977  1.152  1.203  1.086  1.170  1.421
2.026
0.738  0.858  0.757  0.672  0.596  0.848  0.554  0.769  0.931  0.898  0.953  1.011  0.858  0.963  0.909  0.549
0.863  1.181  1.058  1.127  1.003  0.933  0.749  0.396  1.017  0.753  0.909  0.991  1.106  0.974  0.974  1.128
1.364  1.977
0.730  0.715  0.729  0.704  0.486  0.702  0.480  0.642  0.818  0.800  0.853  0.928  0.776  0.774  0.797  0.437
0.915  1.154  0.902  1.140  0.928  0.903  0.614  0.347  0.885  0.726  0.861  0.875  0.897  0.919  0.866  0.998
1.125  1.373  2.114
0.792  0.721  0.709  0.681  0.579  0.718  0.505  0.715  0.832  0.858  0.842  0.883  0.827  0.820  0.764  0.620
0.683  1.109  0.935  1.041  0.954  0.911  0.962  0.397  0.891  0.549  0.711  0.777  0.930  0.893  0.830  0.899
0.991  1.141  1.235  1.789
0.518  0.635  0.586  0.536  0.669  0.529  0.639  0.562  0.490  0.534  0.473  0.541  0.470  0.475  0.506  0.834
0.494  0.517  0.585  0.654  0.539  0.597  0.630  0.445  0.605  0.351  0.385  0.498  0.553  0.431  0.481  0.509
0.508  0.459  0.374  0.338  1.816
0.793  0.892  0.714  0.659  0.814  0.830  0.697  0.825  0.815  0.993  0.859  0.870  0.686  0.851  0.809  1.067
0.773  0.814  0.923  0.994  0.859  0.988  1.097  0.800  0.824  0.648  0.746  0.783  0.840  0.829  0.780  0.705
0.740  0.750  0.636  0.700  1.024  2.109
0.760  0.757  0.713  0.691  0.659  0.795  0.436  0.817  0.862  0.958  0.923  0.981  0.899  0.870  0.859  0.484
0.882  0.958  0.983  1.151  0.888  0.847  0.529  0.278  0.877  0.590  0.742  0.869  0.943  0.871  0.829  0.864
0.985  0.941  0.929  0.797  0.412  0.688  1.747
select
1 2 3 4 5 6 7 8 9 10 11 12 13 14 15 16 17 18 19 20 21 22 23 24 25 26 27 28 29 30 31 32 33 34 35 36 37 38 39/
model nx=39 nk=5 lx=fu,fi td=di,fr ph=sy,fr
lk
S_Jus S_con S_eth S_com S_res
free lx 2 1 lx 3 1 lx 4 1 lx 5 1 lx 6 1 lx 7 1 lx 9 2 lx 10 2 lx 11 2 lx 12 2 lx 13 2 lx 14 2 lx 15 2 lx 16 2
free lx 17 2 lx 19 3 lx 20 3 lx 21 3 lx 22 3 lx 23 3 lx 24 3 lx 26 4 lx 27 4 lx 28 4 lx 29 4 lx 30 4 lx 31 4
free lx 32 4 lx 34 5 lx 35 5 lx 36 5 lx 37 5 lx 38 5 lx 39 5
value 1.0 lx 1 1 lx 8 2 lx 18 3 lx 25 4 lx 33 5
path diagram
out it=100 ad=off nd=3 ss sc me=ml
```

<부록 5> 회사/상사신뢰, 협력의도, 충성심에 대한 확인적 요인 분석

```
data no=1057 ni=32 ma=cm
label
otru1    otru2    otru3    otru4    otru5    otru6    stru1    stru2    stru3    stru4    stru5    stru6
ocoo1    ocoo2    ocoo3    ocoo4    ocoo5    oloy1    oloy2    oloy3    oloy4    oloy5    scoo1    scoo2
scoo3    scoo4    scoo5    sloy1    sloy2    sloy3    sloy4    sloy5
cm sy
1.781
1.346  1.914
1.119  1.157  2.024
0.662  0.805  0.942  1.929
0.703  0.757  1.076  0.817  1.720
0.500  0.546  0.556  0.416  0.532  2.398
0.783  0.770  0.770  0.475  0.530  0.342  2.124
0.642  0.831  0.651  0.553  0.445  0.372  1.380  1.897
0.566  0.552  0.878  0.508  0.647  0.285  1.217  1.132  1.730
0.383  0.500  0.552  0.734  0.510  0.199  0.878  0.927  0.923  1.557
0.405  0.377  0.728  0.463  0.643  0.250  0.816  0.684  1.063  0.834  1.663
0.367  0.505  0.421  0.303  0.279  0.469  0.877  0.904  0.701  0.644  0.608  1.976
0.967  0.948  0.992  0.577  0.754  0.679  0.656  0.522  0.538  0.382  0.464  0.378  1.424
0.649  0.682  0.843  0.829  0.693  0.447  0.458  0.483  0.532  0.530  0.478  0.337  0.745
1.444
0.473  0.545  0.586  0.639  0.425  0.339  0.361  0.408  0.379  0.448  0.309  0.264  0.540
0.735  1.190
0.563  0.620  0.628  0.666  0.445  0.363  0.378  0.438  0.426  0.461  0.355  0.253  0.571
0.741  0.883  1.205
0.520  0.600  0.582  0.614  0.388  0.353  0.404  0.414  0.369  0.412  0.304  0.279  0.546
0.632  0.766  0.878  1.233
0.665  0.660  1.035  0.735  1.002  0.432  0.519  0.425  0.701  0.489  0.689  0.282  0.725
0.793  0.545  0.637  0.620  1.799
0.655  0.627  1.064  0.671  0.920  0.390  0.537  0.360  0.734  0.448  0.868  0.240  0.748
0.715  0.469  0.592  0.570  1.263  1.922
0.505  0.598  0.753  0.795  0.621  0.350  0.428  0.427  0.606  0.626  0.558  0.274  0.541
0.777  0.681  0.777  0.674  0.931  0.942  2.044
0.677  0.722  0.868  0.732  0.636  0.425  0.508  0.490  0.569  0.478  0.523  0.366  0.729
0.789  0.689  0.761  0.683  0.810  0.859  0.907  1.333
0.834  0.802  0.959  0.759  0.723  0.434  0.580  0.536  0.625  0.502  0.584  0.337  0.857
0.775  0.698  0.796  0.812  0.955  1.017  0.921  1.003  1.626
0.584  0.595  0.585  0.451  0.458  0.263  1.266  1.099  1.014  0.785  0.775  0.812  0.602
0.484  0.401  0.446  0.427  0.469  0.564  0.455  0.520  0.596  1.511
0.416  0.456  0.646  0.553  0.507  0.206  0.832  0.790  0.969  0.828  0.932  0.592  0.470
0.655  0.433  0.507  0.405  0.638  0.642  0.590  0.608  0.654  0.845  1.413
0.332  0.426  0.420  0.332  0.334  0.202  0.870  0.821  0.725  0.680  0.508  0.605  0.416
0.362  0.452  0.443  0.508  0.378  0.382  0.403  0.434  0.510  0.792  0.637  1.814
0.365  0.472  0.473  0.508  0.329  0.144  0.779  0.815  0.729  0.828  0.567  0.666  0.446
0.525  0.598  0.656  0.660  0.462  0.401  0.610  0.587  0.626  0.770  0.775  0.906  1.411
0.415  0.527  0.506  0.535  0.412  0.267  0.898  0.933  0.813  0.829  0.612  0.600  0.520
0.515  0.589  0.651  0.739  0.513  0.509  0.653  0.597  0.671  0.872  0.788  0.949  1.164
1.589
0.388  0.403  0.804  0.500  0.736  0.321  0.883  0.685  1.071  0.748  0.939  0.570  0.487
0.512  0.337  0.391  0.308  0.941  0.921  0.702  0.514  0.641  0.745  0.764  0.610  0.600
0.673  1.713
0.397  0.355  0.779  0.390  0.720  0.323  0.898  0.681  1.048  0.650  1.086  0.527  0.507
0.436  0.271  0.337  0.266  0.834  1.075  0.582  0.494  0.613  0.777  0.772  0.564  0.506
0.594  1.354  1.810
0.335  0.440  0.638  0.652  0.558  0.246  0.797  0.730  0.907  0.848  0.794  0.515  0.435
0.655  0.588  0.598  0.554  0.721  0.723  1.241  0.683  0.700  0.773  0.821  0.619  0.852
0.930  1.059  1.020  2.075
0.532  0.578  0.692  0.569  0.577  0.296  1.189  1.016  1.059  0.875  0.882  0.733  0.595
0.589  0.531  0.586  0.557  0.706  0.730  0.712  0.693  0.787  1.058  0.934  0.910  0.951
1.038  0.997  0.974  1.119  1.643
0.597  0.617  0.759  0.492  0.592  0.306  1.343  1.091  1.091  0.852  0.882  0.781  0.634
0.531  0.501  0.541  0.537  0.731  0.743  0.669  0.643  0.858  1.111  0.912  0.903  0.900
1.020  1.118  1.147  1.103  1.396  1.888
select
1 2 3 4 5 6 7 8 9 10 11 12 13 14 15 16 17 18 19 20 21 22 23 24 25 26 27 28 29 30 31 32/
model nx=32 nk=6 lx=fu,fi td=di,fr ph=sy,fr
lk
O_trust S_trust O_coope O_loyal S_coope S_loyal
free lx 2 1 lx 3 1 lx 4 1 lx 5 1 lx 6 1
free lx 8 2 lx 9 2 lx 10 2 lx 11 2 lx 12 2
free lx 14 3 lx 15 3 lx 16 3 lx 17 3
free lx 19 4 lx 20 4 lx 21 4 lx 22 4
free lx 24 5 lx 25 5 lx 26 5 lx 27 5
free lx 29 6 lx 30 6 lx 31 6 lx 32 6
value 1.0 lx 1 1 lx 7 2 lx 13 3 lx 18 4 lx 23 5 lx 28 6
path diagram
out it=100 ad=off nd=3 ss sc me=ml
```

<부록 6> 회사신뢰 및 상사신뢰 효과모형

```
data no=1057 ni=34 ma=cm
label
otrua   otrub   otruc   strua   strub   struc   ocoo1   ocoo2   ocoo3   ocoo4   ocoo5   oloy1
oloy2   oloy3   oloy4   oloy5   scoo1   scoo2   scoo3   scoo4   scoo5   sloy1   sloy2   sloy3
sloy4   sloy5   coma    comn    comc    ocba    ocbb    ocbc    ocbd    ocbe
cm sy
1.597
0.936   1.459
0.626   0.716   1.296
0.756   0.612   0.422   1.695
0.500   0.668   0.410   1.038   1.283
0.414   0.479   0.410   0.820   0.811   1.214
0.958   0.784   0.716   0.589   0.460   0.421   1.424
0.665   0.836   0.570   0.471   0.531   0.408   0.745   1.444
0.509   0.613   0.382   0.385   0.413   0.286   0.540   0.735   1.190
0.591   0.647   0.404   0.408   0.444   0.304   0.571   0.741   0.883   1.205
0.560   0.598   0.370   0.409   0.391   0.291   0.546   0.632   0.766   0.878   1.233
0.662   0.885   0.717   0.472   0.595   0.485   0.725   0.793   0.545   0.637   0.620   1.799
0.641   0.868   0.655   0.449   0.591   0.554   0.748   0.715   0.469   0.592   0.570   1.263   1.922
0.552   0.774   0.486   0.428   0.616   0.416   0.541   0.777   0.681   0.777   0.674   0.931   0.942   2.044
0.699   0.800   0.531   0.499   0.524   0.445   0.729   0.789   0.689   0.761   0.683   0.810   0.859   0.907
1.333
0.818   0.859   0.578   0.558   0.564   0.461   0.857   0.775   0.698   0.796   0.812   0.955   1.017   0.921
1.003   1.626
0.590   0.518   0.360   1.182   0.900   0.793   0.602   0.484   0.401   0.446   0.427   0.469   0.564   0.455
0.520   0.596   1.511
0.436   0.599   0.357   0.811   0.898   0.762   0.470   0.655   0.433   0.507   0.405   0.638   0.642   0.590
0.608   0.654   0.845   1.413
0.379   0.376   0.268   0.846   0.702   0.557   0.416   0.362   0.452   0.443   0.508   0.378   0.382   0.403
0.434   0.510   0.792   0.637   1.814
0.418   0.491   0.237   0.797   0.779   0.617   0.446   0.525   0.598   0.656   0.660   0.462   0.401   0.610
0.587   0.626   0.770   0.775   0.906   1.411
0.471   0.520   0.339   0.916   0.821   0.606   0.520   0.515   0.589   0.651   0.739   0.513   0.509   0.653
0.597   0.671   0.872   0.788   0.949   1.164   1.589
0.395   0.652   0.529   0.784   0.910   0.754   0.487   0.512   0.337   0.391   0.308   0.941   0.921   0.702
0.514   0.641   0.745   0.764   0.610   0.600   0.673   1.713
0.376   0.585   0.521   0.789   0.849   0.806   0.507   0.436   0.271   0.337   0.266   0.834   1.075   0.582
0.494   0.613   0.777   0.772   0.564   0.506   0.594   1.354   1.810
0.388   0.645   0.402   0.763   0.877   0.654   0.435   0.655   0.588   0.598   0.554   0.721   0.723   1.241
0.683   0.700   0.773   0.821   0.619   0.852   0.930   1.059   1.020   2.075
0.555   0.630   0.436   1.103   0.967   0.808   0.595   0.589   0.531   0.586   0.557   0.706   0.730   0.712
0.693   0.787   1.058   0.934   0.910   0.951   1.038   0.997   0.974   1.119   1.643
0.607   0.625   0.449   1.217   0.993   0.832   0.634   0.531   0.501   0.541   0.537   0.731   0.743   0.669
0.643   0.858   1.111   0.912   0.903   0.900   1.020   1.118   1.147   1.103   1.396   1.888
0.681   0.624   0.428   0.615   0.597   0.484   0.650   0.565   0.562   0.596   0.624   0.656   0.679   0.647
0.669   0.903   0.612   0.602   0.603   0.659   0.729   0.590   0.526   0.664   0.761   0.788   1.380
0.517   0.577   0.453   0.393   0.507   0.437   0.517   0.531   0.355   0.398   0.365   0.707   0.809   0.535
0.555   0.671   0.466   0.498   0.306   0.361   0.452   0.659   0.643   0.565   0.601   0.617   0.744   1.589
0.364   0.372   0.168   0.284   0.361   0.300   0.292   0.341   0.303   0.325   0.299   0.390   0.428   0.374
0.378   0.475   0.344   0.385   0.192   0.363   0.381   0.307   0.296   0.430   0.404   0.413   0.656   0.646
1.130
0.173   0.232   0.132   0.186   0.270   0.180   0.215   0.263   0.326   0.328   0.353   0.291   0.255   0.418
0.323   0.363   0.230   0.317   0.352   0.386   0.433   0.240   0.188   0.345   0.339   0.301   0.355   0.254
0.184   0.617
0.137   0.202   0.088   0.216   0.222   0.156   0.152   0.249   0.331   0.356   0.382   0.167   0.120   0.368
0.280   0.302   0.230   0.258   0.349   0.467   0.469   0.125   0.065   0.332   0.306   0.272   0.304   0.125
0.176   0.387   0.642
0.220   0.238   0.082   0.262   0.193   0.110   0.181   0.183   0.262   0.266   0.301   0.151   0.141   0.240
0.222   0.296   0.230   0.179   0.309   0.336   0.337   0.116   0.074   0.205   0.280   0.237   0.303   0.172
0.045   0.163   0.218   0.956
0.170   0.245   0.161   0.170   0.253   0.170   0.203   0.228   0.236   0.273   0.318   0.280   0.253   0.317
0.289   0.368   0.210   0.268   0.284   0.348   0.355   0.217   0.170   0.236   0.279   0.241   0.303   0.279
0.193   0.343   0.406   0.227   0.706
0.348   0.345   0.244   0.323   0.355   0.230   0.388   0.319   0.360   0.409   0.456   0.425   0.446   0.450
0.409   0.530   0.364   0.386   0.460   0.476   0.520   0.356   0.335   0.410   0.447   0.453   0.535   0.354
0.218   0.398   0.353   0.207   0.368   0.706
select
 1 2 3 7 8 9 10 11 12 13 14 15 16 17 18 19 20 21 22 23 24 25 26 27 28 29 30 31 32 33 34 4 5 6/
model nx=3 ny=31 nk=1 ne=7 lx=fu,fi ly=fu,fi td=di,fr te=di,fr ga=fu,fi be=fu,fi ph=sy,fr ps=di,fr
lk
s_trust
le
o_trust o_coop o_loya s_coop s_loya commit ocb
free lx 2 1 lx 3 1
free ly 2 1 ly 3 1 ly 5 2  ly 6 2  ly 7 2  ly 8 2 ly 10 3 ly 11 3 ly 12 3 ly 13 3 ly 15 4 ly 16 4
free ly 17 4 ly 18 4 ly 20 5 ly 21 5 ly 22 5 ly 23 5 ly 25 6 ly 26 6 ly 28 7 ly 29 7 ly 30 7 ly 31 7
free ga 1 1 ga 4 1 ga 5 1 be 2 1 be 3 1 be 6 3 be 6 5 be 7 2 be 7 4
value 1.0 lx 1 1 ly 1 1 ly 4 2 ly 9 3 ly 14 4 ly 19 5 ly 24 6 ly 27 7
path diagram
out it=300 ad=off nd=3 ss sc ef me=ml
```

・ 저자 ・

이영석　　・약 력・

인하대학교 행정학과(행정학학사)
인하대학교 대학원 행정학과(행정학석사)
성균관대학교 대학원 심리학과(철학박사: 산업 및 조직 심리학)

성균관대학교, 경상대학교, 한경대학교강사 역임
LS전선 HR팀 근무
ORP연구소 소장(현재)

・주요논저・

「연구논문」

한국기업조직에서 부하가 상사에 대해 갖는 신뢰와 불신의 기반(2000, 공저), 한
국심리학회지: 사회문제, 6(3)특집호
일가치감 및 그 결정 요인의 척도개발 및 타당화(2004, 공저). 한국심리학회지:
산업 및 조직, 17(2)
회사신뢰 및 상사신뢰의 결정 요인(2004, 공저). 한국심리학회지: 산업 및 조
직, 17(2)
일가치감에 미치는 일가치감 결정 요인의 효과: TVC 프로그램을 이용한 현장
실험(2004, 공저). 한국심리학회지: 산업 및 조직, 17(3)

핵심역량과 학습조직(2002, 공역). 시그마프레스
퍼실리테이션 쉽게 하기(2004, 공역). ORP연구소

외 다수

조직신뢰
- 회사신뢰와 상사신뢰를 중심으로 -

• 초판 인쇄	2007년 1월 5일
• 초판 발행	2007년 1월 5일
• 지 은 이	이영석
• 펴 낸 이	채종준
• 펴 낸 곳	한국학술정보㈜
	경기도 파주시 교하읍 문발리 526-2
	파주출판문화정보산업단지
	전화 031) 908-3181(대표) · 팩스 031) 908-3189
	홈페이지 http://www.kstudy.com
	e-mail(출판사업부) publish@kstudy.com
• 등 록	제일산-115호(2000. 6. 19)
• 가 격	27,000원

ISBN 978-89-534-6191-8 93350 (Paper Book)
      978-89-534-6195-6 98350 (e-Book)